FALKEN
BÜCHEREI

Helmut Hans

# So werde ich erfolgreich

FALKEN VERLAG

Zum Thema »Erfolgreich im Beruf und Privatleben« sind im Falken-Verlag zahlreiche Titel erschienen. Hier eine kleine Auswahl:
Umgangsformen heute (Nr. 4015)
Die Redekunst (Nr. 0076)
Die Bewerbung (Nr. 4138)
Erfolgstips für den Schriftverkehr (Nr. 0678)

CIP-Kurztitelaufnahme der Deutschen Bibliothek

**Hans, Helmut:**
So werde ich erfolgreich: Ratschläge und Tips f. Beruf u. Privatleben / [Helmut Hans]. Niedernhausen/Ts.: Falken-Verlag, 1987
(Falken-Bücherei)
ISBN 3-8068-0918-6
NE: HST

ISBN 3 8068 0918 6


Die Ratschläge in diesem Buch sind von Autor und Verlag sorgfältig erwogen und geprüft, dennoch kann eine Garantie nicht übernommen werden. Eine Haftung des Autors bzw. des Verlages und seiner Beauftragten für Personen-, Sach- und Vermögensschäden ist ausgeschlossen.
Satz: LibroSatz, Kriftel bei Frankfurt
Druck: Wiesbadener Graphische Betriebe, Wiesbaden

817 2635 4453 6271

# Inhalt

# Vorwort

»... höchstes Glück der Erdenkinder sei nur die Persönlichkeit!« – sagt der Dichter Johann Wolfgang von Goethe, und dabei dachte er an den Menschen als Ganzes und seine Möglichkeit und Fähigkeit, **sich zu höchster geistiger und seelischer Reife zu entwickeln.**

Wie steht es aber heute um die Entwicklung der Persönlichkeit? Heute, im Zeitalter der Maschinen, Automaten, der Technik, der Fabrikation und des Geschäfts, im Zeitalter der Computer, in dem wir trotz der Arbeitszeitverkürzungen immer weniger Zeit aufwenden, uns um unsere Persönlichkeit zu bemühen? Wir wundern uns, daß der berufliche Aufstieg auf sich warten läßt, können nicht verstehen, daß wir kein Glück haben, und sind neidisch auf jene, die, wie wir meinen, vom Schicksal bevorzugt werden. Persönlichkeit aber ist keine Sache des Schicksals, sondern der Arbeit an sich selbst.

# Einleitung

Ziel des vorliegenden Buches ist es, Ihnen Mittel und Wege aufzuzeigen, wie Sie Ihre Persönlichkeit erfolgreich entwickeln können. Erkenntnisse moderner Psychologie werden dabei ebenso zu Rate gezogen, wie die Kunde der Motivationsforschung, der Rhetorik, des richtigen Benehmens und der Möglichkeiten menschliche Fähigkeiten zu steigern, beispielsweise durch Gedächtnistraining, Kontaktschließen, und das richtige Erkennen und Auswerten der vorhandenen und angeborenen Fähigkeiten und Talente. Das Buch ist kein wissenschaftliches Werk, sondern ein knappgefaßtes, aber doch komplexes, leicht verständliches Lehrbuch, das man ohne Vorkenntnisse allein für sich durcharbeiten kann. Erkenntnisse und Lebenserfahrungen sind in diesem Buch systematisch gegliedert und zusammengefaßt. In diesem Buch werden Sie Antworten auf Fragen finden, die Sie seit langem interessieren oder bedrücken. Der klare und folgerichtige Aufbau des Buches zeigt Ihnen den Weg zur Selbstfindung, zu Erfolg und Lebensglück.

Die Charaktereigenschaften und die innere Reife sind die Seele der Persönlichkeit, die Kraft spendenden, Halt gebenden Wurzeln.

Im Kapitel »Der Mensch/Menschenkenntnis und Charakterisierung« wird Ihnen das erforderliche Wissen vermittelt, mit dem Sie sich eine entsprechende Grundhaltung aneignen können. Es wird Ihnen Einblick in Ihre Seele vermittelt.

Das Kapitel »Der Umgang mit Menschen« beschäftigt sich mit den Äußerlichkeiten, mit der Erscheinung und den Umgangsformen.

Diejenigen Fähigkeiten, die ganz wesentlich zur Persönlichkeit beitragen, wie zum Beispiel Redegewandtheit, Phantasie, Konzentrationsfähigkeit, ein gutes Gedächtnis und produktives Denken werden im Kapitel »Geistige Fähigkeiten« behandelt.

Im Kapitel »Sprachtechnik und Rhetorik« geht es um die richtige Artikulation, um Sprechtechnik und eine erfolgreiche Rhetorik.

Das Kapitel »Werbepsychologie« geht auf wirksame Werbereden, Verhandlungs- und Verkaufsgespräche ein.

Das Kapitel »Der Erfolg« beantwortet die Frage nach dem persönlichen Erfolg.

Als Anhang ist eine Bewerbung mit den dazugehörigen Unterlagen ausgearbeitet, die sich besonders als Stellengesuch an größere und große Firmen in der Praxis hervorragend bewährt hat.

Liebe Leserin, lieber Leser! Wenn Sie nun mit dem Studium des umfassenden Gebietes der Persönlichkeitsentwicklung beginnen, werden Sie schon bald merken, daß in einem Buch nicht erschöpfend darüber geschrieben werden kann. Wir mußten uns auf das Wesentliche beschränken, dennoch war es uns möglich, Ihnen ein Lehrbuch vorzulegen, das in klarem Aufbau die ganze Problematik der Persönlichkeit und des wahren Erfolges in anschaulich, leicht verständlicher Sprache mit den erforderlichen Beispielen aufzeigt.

# Der Mensch / Menschenkenntnis und Charakterisierung

## I. Der Charakter

### 1. Aussehen

Sie sehen das Äußere Ihrer Mitmenschen, Sie sehen auch ihr Handeln, und Sie hören sie sprechen. Sokrates pflegte zu sagen: »Rede, damit ich dich sehe!« Er wollte den Menschen also nicht nur nach seiner Erscheinung und nach seinem Tun beurteilen, wichtiger war ihm bei der Charakterisierung die Unterhaltung, das, was aus den Worten spricht: der Geist und das Gefühl.
Das Äußere eines Menschen kann aber bereits einigen Aufschluß über sein Wesen geben.
Dabei kann man sehr grob drei Charaktertypen unterscheiden: den Pykniker, den Leptosomen und den Athleten. Der **Pykniker** ist mittelgroß, gedrungen und neigt zur Fettleibigkeit. Die Hautfarbe des weichen, breiten Gesichtes ist rötlich. Seine Handflächen sind breit, gepolstert, die Finger kurz und dick. Alles an ihm erscheint rundlich.
Sein gefühlsbetontes, mitfühlendes Denken und seine Gutmütigkeit dehnen sich oft zur Weichlichkeit aus. Seine Sprechfreudigkeit, sein anschauliches Denken, seine genießerische Einstellung, seine praktische Lebensanschauung und sein Optimismus machen ihn zu einem kontaktfreudigen, aufgeschlossenen Menschen mit großem Bekanntenkreis. Obwohl er fröhlich – nie fanatisch – ist und auch Sinn für derben Humor hat, braust er leicht auf. Er ist jedoch nicht nachtragend. Durch seinen Weitblick erscheint der Pykniker den meisten Menschen klug, sein Geist ist beweglich. Sorglosigkeit und unterhaltsame Art verschaffen ihm gute, dauerhafte Beziehungen. Es besteht nur die Gefahr, daß er sich für zu viele Dinge interessiert und sich dadurch leicht verzettelt. Seine

Vorliebe, alles mündlich regeln zu wollen, kann dahin führen, daß er den Schriftverkehr völlig vernachlässigt. Der Pykniker ist das Gegenteil einer Strebernatur, er hängt nicht am Eigentum, sondern ist freigebig. Trotz dieser Eigenschaft ist er oft eine ausgesprochene Führungspersönlichkeit. Sein Betätigungsfeld sollte jedoch nicht allzuviel Geduld, Genauigkeit und Gewissenhaftigkeit von ihm fordern. Dagegen sollte es vielseitig und interessant sein und ihn möglichst mit anderen Menschen zusammenbringen (z. B.: Kaufmann oder Teamarbeiter). Für ihn existiert vordergründig das Äußere, die Umwelt.

Hager, lang und schmal ist der **Leptosome.** Sein scharfkantiges Gesicht hat eine fahle Farbe. Die Finger sind lang und feingliedrig.

Er handelt verstandesmäßig und wirkt daher kühl. Als Grübler findet er nur schwer Kontakt. Darum liegt ihm mehr eine Arbeit, die er ohne fremde Hilfe ausführen kann, möglicherweise eine Arbeit, die sogar eine gewisse Pedanterie erfordert. Rein geistige Arbeiten liegen ihm naturgemäß, besonders wenn sie Probleme enthalten, die gründlich durchdacht sein wollen. Diesen Anlagen entsprechend, ist der Leptosome der geborene Spezialist. Humor ist nicht seine stärkste Seite, seine Witze fallen eher ironisch aus. So sicher und bewandert er in der schriftlichen Form ist, so unbeholfen kann er im mündlichen Ausdruck sein. Eine Idee kann ihn zum glühenden Fanatiker machen, andererseits aber wird er schnell müde und mutlos, wenn er ohne Ziel ist.

Straff spannt sich die Haut über den mittelgroßen, kraftvollen, muskulösen Körper des **Athleten.** Seine Schultern sind breit, seine Hände stark. Das Gesicht wird durch ein ausgeprägtes Kinn bestimmt. Zwar finden sich beim Athleten ein starker Wille und eine ausgeprägte Konzentrationsgabe, aber er ist allgemein denkträge und reagiert demgemäß gern etwas langsam. Das beruht wohl auf einem Mangel an Phantasie. Das Praktische liegt ihm näher als das Theoretische.

Diese typischen Charaktereigenschaften sind selbstverständlich nur in ganz wenigen Fällen so eindeutig ausgeprägt wie hier geschildert. Im Normalfall tritt keiner dieser Grundtypen rein auf, meist sind sie mit Tendenzen und Eigenschaften der beiden anderen Typen vermischt. Das soziale Umfeld prägt den Menschen und trägt dazu bei, daß bei einem Menschen, der eigentlich als Pykniker einzuordnen wäre, Eigenschaften eines Leptosomen vorherrschen – oder umgekehrt. Ein vor Jahren in den USA durchgeführter Psychologietest ergab, daß etwa 74% der Befragten Hauptneigungen zum Leptosomen, 19% zum Pykniker und 4% zum Athleten besaßen. Der Rest (3%) fiel unter keine dieser Kategorien.

## 2. Körperhaltung

Jeder Mensch hat seine ganz eigene Mimik; seine Bewegungen, seine Haltung und sein Gang sind ihm eigentümlich. Haben Sie einen Menschen schon wiederholt beobachtet oder leben gar mit ihm zusammen, so werden Sie ihn wahrscheinlich allein am Geräusch seiner Schritte oder an seinen Bewegungen und seiner Haltung erkennen können. Die Art und Weise wie sich ein Mensch bewegt, ist nicht reine Angewohnheit, wie man vermuten könnte, vielmehr prägt der Charakter Haltung und Bewegungen. Man kann also, wenn man die entsprechende Kenntnis besitzt, von den Äußerlichkeiten auf das Innere eines Menschen schließen.

Aufrechte Haltung und zielstrebiger Gang zeugen von starkem Willen. Allzu schnelles, hastiges Gehen bekundet innere Unruhe. Die Bewegungen und der Gang des Denkers sind eher unkonzentriert und langsam. Regelmäßiger Rhythmus in den Bewegungen offenbart Ausdauer und Mut, unregelmäßiger dagegen rege Phantasie. Wer plump und stampfend geht und eine nachlässige Körperhaltung hat, beweist Stumpfsinnigkeit. Ein Zehengang verrät den Heuchler, den Menschen, der sich verstellt. Hackengang und tollpatschige Bewegungen lassen Ehrlichkeit, ja eine gewisse Naivität vermuten.

Begehen Sie nun nicht den Fehler, besondere Umstände außer acht zu lassen! Ein müder, abgearbeiteter Mensch wird kaum noch aufrecht gehen und forsch ausschreiten. Um sich also ein aussagekräftiges Bild machen zu können, muß man einen Menschen unter normalen Umständen und Bedingungen beobachten. Vor allem sollte man sich vor voreiligen Schlüssen hüten!

## 3. Stimme und Sprechweise

Sicherlich machen auch Sie sich beim bloßen Hören einer Stimme ein Bild vom Äußeren des zugehörigen Menschen, sei es, daß Sie eine Stimme am Telefon, aus dem Radio oder Nebenzimmer hören. Eine behäbige, gemütliche Stimme verrät häufig den wohlbeleibten Menschen, der kraftvolle, dunkle Klang läßt auf einen großen, vielleicht etwas ungeschlachten Menschen schließen, während die klanglose Fistelstimme von einer schmächtigen Figur zeugt.

Psychologische Versuche ergaben: Die tief tönende Stimme strahlt Kraft und großes Selbstvertrauen aus. Achten Sie einmal darauf! Wenn Sie ausgeruht (kraftvoll) sind und an der Unterhaltung Wohlgefallen (Selbstvertrauen) haben, ist Ihre Stimme dunkler, als wenn Sie aufgeregt sind und sich streiten. So ist auch die Charaktergrundeinstellung: dünne, hohe Stimmen erwecken leicht

den Eindruck von Zanksucht und Aufgeregtheit. Diese Menschen sind mitunter ängstlich und häufig wenig intelligent. Deutlich und klar spricht, wer ruhig und ausgeglichen und auch seinem Partner überlegen ist. Der Temperamentvolle spricht laut und schnell. Jähzorn offenbart dagegen die schwankend zitternde Stimme. Seien Sie bei solchen Menschen vorsichtig mit Ihren Äußerungen!
Auch hier gilt natürlich, was über die Körperhaltung gesagt wurde: Immer muß man die besonderen Umstände berücksichtigen. Beurteilen Sie einen Menschen also nicht allein danach, wie er in einer ganz bestimmten Situation spricht, sondern beobachten Sie sein Sprechverhalten über längere Zeit in unterschiedlichen Situationen.

## 4. Steigerung der Urteilsfähigkeit

Der **erste Eindruck** spielt eine ganz wichtige Rolle, wenn wir uns ein Urteil über einen Menschen bilden. Zwar sind wir häufig gezwungen, unser erstes Urteil später zu überdenken; dennoch ist der erste zumeist auch ein unauslöschlicher Eindruck. Was ist nun der erste Eindruck?
Aufgrund einer Vielzahl persönlicher Erfahrungen sind wir in der Lage – oder glauben, in der Lage zu sein – das »Innere« eines Menschen auf den ersten Blick erkennen zu können.
Sie kannten vielleicht jemanden, der ähnliche Gesichtszüge hatte wie der Mensch, den Sie jetzt beurteilen wollen. Hat Sie nun jener Mensch betrogen, hintergangen, hat er ehrlich gehandelt, war er gutmütig oder hinterlistig, haben Sie ihn gehaßt oder geliebt? Alles das wird wahrscheinlich für den ersten Eindruck, den Sie von Ihrem jetzigen Gegenüber gewinnen, mitbedeutend sein. Sind das Vorurteile, von denen sich unser Gefühl leiten läßt, oder sind es Erfahrungen, die unser Verstand auswertet? Beides trifft zu.
Es kommt darauf an, welcher Lebensart Sie und der zu Beurteilende sich angeschlossen haben. Sie werden die drei Lebensformen kennen:
– Menschen, die, wie man sagt, ihr Gefühlsleben und ihr Denken auf der Zunge tragen bzw. in ihrem Handeln offensichtlich äußern. Sie können und wollen sich nicht verstellen. Dies sind vorwiegend athletische, aber auch pyknische Typen.
– Menschen, deren Inneres sich nicht nach außen hin zeigt. Aus diesen, meist handelt es sich um Leptosome, wird man anfangs nicht recht klug. Man kann sich nach dem ersten Eindruck kein rechtes Bild von dem Menschen machen. Mit der Zeit erst lernt man ihn kennen und verstehen.
– Menschen, deren Inneres bewußt vor der Öffentlichkeit zurückgehalten

wird. Sie schauspielern aus verschiedenen Gründen, vielleicht aus Berechnung, weil sie sich einen Nutzen davon versprechen, vielleicht wollen sie angeben, vielleicht aber schauspielern sie auch aus Gründen der Rücksichtnahme, des Taktes.

Auch wenn der bekannte Psychologe Johann Kaspar Lavater rät: »Traue deiner ersten, schnellsten Empfindung immer am meisten«, so wollen wir doch hinzufügen, daß der erste Eindruck immer durch weitere bestätigt oder korrigiert werden muß. Es ist durchaus logisch, daß die erste Empfindung einem bisher fremden Menschen gegenüber vielschichtig und doch festumrissen sein kann. Nicht ganz so logisch ist dagegen oft die Rechtfertigung, die wir für unser erstes Urteil vorbringen können, denn nur wenige Menschen sind vorurteilslos. Eine einigermaßen realistische Beurteilung hängt von drei mitbestimmenden Umständen ab:

- der Fähigkeit des Beurteilers
- der Eigenart des zu Beurteilenden
- dem Zweck und den äußeren Gegebenheiten der Beurteilung

Die Fähigkeit des Beurteilers setzt sich zusammen aus Lebenserfahrung, Selbstverständnis, Intelligenz, der Vielseitigkeit seiner Neigungen.

Die Eigenart des zu Beurteilenden richtet sich nach seinem Typ (siehe vorhergehend: Menschentypen).

Zweck und äußere Gegebenheiten beeinflussen eine Beurteilung insofern, als Erwartungen und Besorgnisse das Bild des zu beurteilenden Menschen tönen und verändern.

Zu berücksichtigen ist der **Ähnlichkeitsvorteil:** Gleichgeschlechtliche Menschen haben einen weitgehenderen und tieferen Blick für ihresgleichen, d. h. eine Frau kann leichter eine andere Frau, ein Mann leichter einen Mann beurteilen. Genauso verhält es sich mit besonders hervorstechenden charakterlichen Eigentümlichkeiten, auch hier »erkennen« sich Menschen mit ähnlichen Eigenschaften meist rasch. Charaktereigenschaften (z. B. Hemmungen, Sentimentalität, Verschlagenheit) können ohnehin leichter erkannt werden, als Fähigkeiten und Fertigkeiten (Begabung zu künstlerischen, erfinderischen oder schriftstellerischen Leistungen, Intelligenz, Gedächtnis).

Wir wollen einmal den Vorgang des ersten Eindrucks untersuchen: Er besteht aus vier ungefähr gleich umfangreichen Stufen:

- Empfinden aus der ersten Gemütsbewegung wie: »Eine arrogante Erscheinung!«
- Direkte Behauptungen über Charakter und Fähigkeiten wie: »Macht einen intelligenten Eindruck.«
- Symptomatische Anknüpfungen wie: »Das schmale, feingeschnittene Gesicht verrät den Leptosomen.«

– Verbindende Erinnerungen wie: »Der gleiche Typ wie mein Tanzlehrer!«
Häufigste Fehlerquellen bei dieser Art der Urteilsfindung sind:
– Der »Halo-Effekt«, die Neigung zur bequemen Vereinfachung. Einige wenige Wesenszüge (z. B. »Schönheit«, »Lächeln«) oder im voraus Bekanntes (z. B. »Er ist Studienrat«) treten in den Vordergrund und geben dem Denken die Richtung. Man versäumt, ernsthaft zu prüfen, genau zu beobachten.
– Die »Wunschbildirreführung«. Fast jeder hat eine Vorstellung von dem seiner Meinung nach idealen Menschen. Sie formt sich ihm durch Familien- und Umgangseinwirkungen, durch Beeinflussung seitens des Lehrers, Lehrherrn oder Chefs, der Kirche, der indirekten und direkten Werbemittel (Funk und Film, Fernsehen, Presse und Buch) und durch vieles mehr. Auf der Suche nach diesem idealen Menschen sehen wir oft kaum noch andere Typen, oder wir treten diesen von vornherein ablehnend gegenüber, sehen nur ihre Nachteile, während diese bei denen, die unserem Typ entsprechen, übersehen werden.
– Die »Central-tendency«: Angleichung an Standardtypen (Vorurteile) oder Charaktermittelwerte. Es entstehen unterbelichtete Bilder, teilweise aus Unkenntnis, teilweise aber auch aus der Angst vor Extrembeurteilungen. Oder es entstehen sogenannte »unscharfe Bilder« dadurch, daß allzu großer Respekt vor der zu beurteilenden Person den Blick für deren Schwächen oder Fehler trübt. Der gegenteilige Fall ist, daß man die Person nicht genügend achtet, um deren gute Qualitäten überhaupt suchen zu wollen.
– Die »Projektion«: Die Neigung, eigene Fehler und Schwächen (z. B. Geiz, starker Trieb, Sucht, Hemmungslosigkeit), die man selten vor sich wahrhaben will, bei anderen unbewußt zu sehen.
Bleibt zum Schluß die Frage, wie man seine Eindrücke überprüfen und sein Urteilsvermögen ausbauen kann. Vergleichen Sie Ihren Eindruck mit den Eindrücken anderer (dabei den Ähnlichkeitsvorteil beachten!). Oder Sie malen sich aus, wie derjenige, den Sie zu beurteilen versuchen, bei bestimmten persönlichkeitsrelevanten Tatbeständen reagieren würde.
Am sichersten, aber auch schwierigsten ist es, wenn man sich aus persönlichem Empfinden und der Anwendung der Erkenntnisse der Psychologie einen Gesamteindruck schafft. Das heißt, man muß seine Lebenserfahrung durch das Studium der Charakterkunde vervollständigen, muß bereit sein, seine gefühlsmäßig geprägten Eindrücke gegen Verstandsurteile abzuwägen. Sie sehen so viel, jedoch das meiste nur automatisch. Sie nehmen nur das wirklich war, was Sie direkt angeht, was Sie interessiert. Machen Sie einmal den Versuch: schließen Sie, nachdem Sie im Vorbeigehen einem Passanten ins Gesicht geschaut haben, die Augen, und versuchen Sie dann, sich dessen Gesichtszüge in Ihr geistiges Auge zurückzurufen. Wahrscheinlich wird das Ergebnis nicht sehr zufriedenstellend sein. Bei Tests stellte man immer wieder diesen Mangel

fest. Trifft dies auch bei Ihnen zu, so ist Ihnen unbedingt anzuraten, daß Sie Ihre Beobachtungsfähigkeiten schulen; überall und zu jeder Zeit bieten sich Ihnen dazu Gelegenheiten, sie drängen sich Ihnen förmlich auf. Schafft man ausdauernd den ersten Schritt auf diesem Weg nach vorn, folgen die anderen automatisch, es wird Ihnen Freude bereiten und Ihnen bei der Menschenbeurteilung von Nutzen sein. Sie werden die Welt, den Alltag und die Begebenheiten jetzt erst richtig kennenlernen und sich an dem bisher für unwesentlich Erachteten erfreuen und von ihm profitieren. Vor allem aber: Diese Fähigkeit bewahrt Sie automatisch vor übereilten Schlußfolgerungen über den Charakter eines Menschen. Die übliche Stellenbewerbung (in ihrer Stellungnahme zur Person) ist das beste Beispiel für die schlechte Beobachtung eines Menschen. Legt man sie zugrunde, kann man sich den Bewerber kaum vorstellen. Beobachtungsvermögen kann man dagegen mit einer Beschreibung wie der folgenden beweisen:
Wenig äußerliche Sorgfalt, zwar vornehme Kleidungsstücke, jedoch Schuhe schlecht geputzt. Hose hat ausgebeulte Knie, Krawatte ist nachlässig gebunden und sitzt schief, Hemd ist ein wenig angeschmuddelt. Klein, dick, alles an ihm ist rundlich; die kleinen, fast kreisrunden Augen strahlen leutselig und aufgeschlossen, aber huschen auch pfiffig hin und her. Unter den Augen und um dem Mund zeichnen sich deutlich Lachfalten ab.
Aus einer derartigen Beschreibung läßt sich viel ableiten und erkennen. Bemühen Sie sich, pedantisch gründlich zu sehen! Stellen Sie sich Aufgaben wie: die Beschreibung eines Menschen, den Sie bei einer bestimmten Tätigkeit beobachtet haben. Beschreiben Sie nur das, was Sie vorher auch wirklich gesehen haben, und zwar bewußt und intensiv, und so genau, wie Albrecht Dürer zeichnete. Zeichnen ist übrigens eine wirksame Methode, erfolgreich beobachten zu lernen.
Will man einen Menschen beobachten, so kann man das am besten als Unbeteiligter. Man ist dann nicht nur imstande, weit mehr Eindrücke aufzunehmen, man wertet sie auch objektiver aus, und hat zudem mehr Zeit und Ruhe, sie zu verstehen.
Die Beobachtung des Aussehens und des Verhaltens reicht freilich für die Beurteilung des Charakters eines Menschen nicht aus, sie sind lediglich Hilfsmittel. Wichtig bei der Fremdbeobachtung sind auch der persönliche Eindruck und das Erlebnisattribut. Machen Sie sich auch zum Prinzip, die Selbstbeobachtung als Vergleichsbasis zugrunde zu legen. Nur wer sich selbst klar und kritisch zu sehen und zu beurteilen vermag, kann auch andere sehen und beurteilen.

# II. Einflüsse auf die menschliche Entwicklung

## 1. Entwicklung

Neben den Erbanlagen sind Erziehung und Erfahrung für die Bildung der Persönlichkeit entscheidend. Nach Charlotte Bühlers Phasenschema läßt sich der Lebenslauf in fünf Hauptphasen einteilen. Die erste beschränkt sich auf die Kindheit und Jugend, reicht also ungefähr bis zum 20. Lebensjahr. Der erste Abschnitt dieser Phase ist das erste Lebensjahr, in dem das Objektbewußtsein, die Bewegungsgestaltung und das Erfassungsvermögen für die Dingwelt gebildet werden. Der Abschnitt des zweiten bis vierten Lebensjahres widmet sich dem Subjektiven, es werden die persönliche Einstellung, Wertvorstellungen und Abstrakta angeeignet und begriffen.

Die Einordnung in die Gemeinschaft, Rivalität mit dem gleichgeschlechtlichen Elternteil, das Lernen und das Erkennen der Begriffe »Leistung«, »Werk«, »Arbeit« und »Pflicht« erfaßt der dritte Abschnitt im fünften bis achten Lebensjahr. Der vierte Abschnitt beschäftigt sich wieder mit dem Subjektiven, bezieht sich auf die Abhebung des Ichs und des »Insichkehrens«, auf das unbewußte Zurücktreten der Triebansprüche und auf das Streben zum Vorbild. Dies geschieht im 9. bis 13. Lebensjahr. Der letzte Abschnitt dieser Phase umschließt im Gegensatz zum vorigen die Hingabe an andere Menschen, Dinge, Werte und Ideen. Es ist aber auch die Zeit des Geltungsdranges und des Konkurrenzkampfes.

In der zweiten Hauptphase (20. bis 30. Lebensjahr) wird das Lebensziel gesetzt und Verantwortung übernommen. Zwar dient sie auch der Selbstbestimmung, aber der Charakter hat sich noch nicht endgültig gebildet.

In der daran anschließenden dritten Phase, dem 30. bis 50. Lebensjahr, bildet sich der feste Charakter mit den eigentlichen Bindungen und Entscheidungen heraus.

Die vierte Phase, das 50. bis 60. Lebensjahr, ist der Aufgabe der Einordnung des eigenen Lebens in einen größeren Zusammenhang gewidmet. In der letzten Phase stehen die Rückschau und die Vorbereitung auf den Tod im Vordergrund.

Das Werden des Menschen bis ungefähr zum achten Lebensjahr wird maßgeblich von der häuslichen Erziehung geformt und beeinflußt. Im 9. bis 13. Lebensjahr wirken Umwelteinflüsse mit, daran anschließend bis zum 20. Lebensjahr und begrenzt darüber hinaus ist der Umgang mit Menschen allgemein ausschlaggebend. Schon in der frühen Kindheit aber auch später können sich seelische Hindernisse bilden. Darauf geht das folgende Kapitel ein.

## 2. Hemmungen und Komplexe

Hemmungen und Komplexe sind Umstände, die einen dauernden Einfluß auf das Seelenleben ausüben. Wie kommt es aber, daß seelische Hinderungsmomente einen so großen Einfluß haben? Der größte Teil der wirksamen Antriebe unseres Denkens ist emotionaler und unbewußter Natur. Um Hinderungsmomente beseitigen zu können, ist es notwendig, sie zu untersuchen, sie zu erkennen und sie zu beobachten. Haben Sie beispielsweise ein genaues Bild Ihrer eigenen Hemmungen, so können Sie die Entstehung nachvollziehen oder den Grund suchen, sollte er nicht schon offensichtlich sein. Allgemein bilden sich Hemmungen durch Erlebtes, aber sie können auch auf ererbten Anlagen beruhen. Während Sie sich der Komplexe und Hemmungen, die in Ihren Erlebnissen begründet sind, ganz entledigen können (Schüchternheit, Geltungsbedürfnis, Pessimismus, Stil- und Lügendrang), kann man ererbte Hemmungen im allgemeinen nur einschränken und unter Kontrolle bringen.

## 3. Beseitigung seelischer Hindernisse

Sie wollen sich Ihrer seelischen Hindernisse entledigen? Denken Sie jedoch daran, daß völlige Hemmungslosigkeit auf jeden Fall abstoßend wirkt! Es wird Ihnen gelingen, mit den meisten Ihrer Hemmungen und Komplexe fertig zu werden, da sie nur im Gefühl existieren. Wäre man in der Lage, in jeder Situation rein verstandesgemäß zu handeln, so könnten die Hinderungsmomente gar nicht in Erscheinung treten. Sicherlich haben Sie sich schon oft Gedanken über Ihre Hemmungen und Komplexe gemacht. Wahrscheinlich sind Sie dann auch, wenn Sie vernünftig überlegt haben, zu der Einsicht gekommen, daß Ihre Ängste und Hemmungen völlig unbegründet und absurd sind, daß Ihnen nur der Mut fehlt, in den einzelnen Situationen den Verstand sprechen zu lassen. »Haben Sie den Mut, gegen Ihre **Minderwertigkeitskomplexe** anzugehen!« heißt nichts anderes als: »Haben Sie den Mut zur Blamage!« Brechen Sie mit Ihrer falschen Eitelkeit, Ihrer Prahlsucht und Arroganz! Tauschen Sie diese drei nachteiligen Wesenszüge, die sehr häufig nur das eigentlich zugrunde liegende Minderwertigkeitsgefühl überdecken sollen, gegen eine taktvolle, liebenswürdige und offene Haltung! Es kommt nicht nur darauf an, was Sie sind

und was Sie haben, sondern vor allen Dingen wie Sie sind. Haben Sie es noch nicht sehr weit gebracht, haben Sie keinen oder wenig Besitz, so kann Ihnen schlecht jemand etwas neiden.
Doch nicht nur darum sollten Sie offen und ehrlich sein; ständige Aufschneidereien schwächen auch Ihr Selbstvertrauen. Sie müssen ja immer darauf bedacht sein, daß Sie nicht als Schwindler entlarvt werden, und das dürfte genügend Unannehmlichkeiten und Angst erzeugen.
Genausowenig sollten Sie Ihr tatsächliches Können, Ihr Sein und Ihr Haben so hervorheben, daß es auf andere abstoßend oder deprimierend wirkt. Es ist jedoch auch nicht nötig, daß Sie Ihr Licht unter den Scheffel stellen. Selbstverständlich gibt es Situationen, in denen Sie lügen oder übertreiben, untertreiben oder etwas verschweigen müssen, wenn es die Sachlage oder der Gegenstand unbedingt erfordert. So berechtigt es sein mag, eine Notlüge zu gebrauchen, um dem anderen nicht weh zu tun, so unangebracht ist es, mit Hilfe von Lügen glänzen zu wollen. Daß Minderwertigkeitsgefühle und Mangel an Selbstvertrauen im allgemeinen keinerlei Berechtigung haben, wird im folgenden Abschnitt (III.1) deutlich gemacht.
In engem Zusammenhang mit dem Minderwertigkeitskomplex steht der **übertriebene Pessimismus.** Der Pessimismus hat durchaus seine Berechtigung im Leben, er hilft, die Dinge realistisch einzuschätzen. Leider kommt es vor, daß sich ein gesundes Maß an Pessimismus zur allgemeinen Haltung verkrampft. Solche Menschen werden wenig Freude und selten Erfolg im Leben haben, da sie sich nicht nur die Vorfreude nehmen, sondern sich überhaupt nicht so recht über etwas freuen können, weil sie nur die Nachteile und die vermeintlich nachteiligen oder schlimmen Folgen sehen.
Oftmals entwickeln sich aus dem Pessimismus weitere Hemmungen, wie **Schüchternheit, Befangenheit** und der Weg zu **Vorurteilen.** Schüchternheit und Befangenheit kann man durch gezieltes Training überwinden. Pflegen Sie Umgang mit Menschen! Geben Sie sich Mühe, Gesprächsstoff zu finden; interessieren Sie sich für Dinge – und sei es auch nur am Rande –, die allgemein den Gesprächsstoff Ihrer Umgebung liefern, wie Sport, Politik, Wirtschaft und Technik oder Ihrem Berufsfach verwandte Gebiete. Sprechen Sie bei Gesellschaften andere Menschen an, gehen Sie darauf ein, wenn man Sie anspricht!
Menschen mit starken Vorurteilen sind entweder engstirnig oder bequem. In beiden Fällen sollte man bemüht sein, zuerst neutral dem Problem oder dem Tatbestand die volle Aufmerksamkeit zu schenken, gewissenhaft das Für und Wider gegeneinander abzuwägen und dann zunächst ein vorläufiges Urteil zu fällen, das man entsprechend den weiteren Erfahrungen differenziert.
Zu beneiden sind Menschen mit einem gesunden Verhältnis zum **Geltungsbedürfnis.** Und auch solche, die durch innere Werte auf andere Wirkung erzielen

wollen, erwecken selten einen schlechten Eindruck. Zu verurteilen oder zu bemitleiden sind die, die sich nur durch das Äußere Geltung zu verschaffen suchen. Man nennt das schlicht **Eitelkeit.**

Das Äußere soll nicht vernachlässigt werden, jedoch darf es nie Selbstzweck sein. Der Eindruck, den man hinterläßt, ist meist ohnehin nicht von Dauer, wenn er sich nur auf Äußerlichkeiten stützt. Wirkliche Achtung und Sympathie gewinnen Sie nur durch Ihr Wesen selbst. Durch Freundlichkeit und Güte wird Ihr Lebensweg leichter, angenehmer und erfolgreicher. Ein Lächeln verschönt Ihr Äußeres weit mehr als extravagante Kleidung.

So ist auch Sparsamkeit zu begrüßen; Geiz dagegen ist ebenso nachteilig wie **Verschwendungssucht.** Ob Geiz als Komplex bezeichnet werden kann, ist zweifelhaft; er hemmt den Menschen aber in vielerlei Hinsicht. Und Verschwendungssucht? Sehen wir einmal von der Wirkung auf den Geldbeutel ab, so gibt doch der negative Einfluß auf den gesamten Charakter genug zu denken. Der Verschwendungssüchtige liebt kostspielige Vergnügungen, das bedingt, daß er nach Möglichkeiten suchen muß, schnell und leicht zu Geld zu kommen. Es kann geschehen, daß solche Menschen der Kriminalität verfallen oder drogenabhängig werden.

Kennen Sie Leute, die, wenn sie Ihnen etwas erzählen wollen, so anfangen: »Herr Schmidt, ich muß Ihnen unbedingt erzählen, was meiner Nichte passiert ist, die ist übrigens mit Herrn Dr. Ackermann verheiratet. Sie wissen doch sicher, das ist der Hals-Nasen-Ohrenarzt hier um die Ecke, der muß jetzt zum 31. seine Praxis in die Bücherstr. 67 verlegen, und zwar, weil das Haus, in dem er jetzt seine Praxis hat,...«? Was wollte diese Person Herrn Schmidt eigentlich sagen? Nun, daß der Nichte irgendetwas passiert ist. Ob der Sprecher noch darauf zurückgekommen ist?

Sicherlich haben Sie schon erkannt, daß es sich hier um den **Wahrheitsfanatiker** handelt. Er spricht nicht durchdacht oder zweckgerichtet, vielmehr hat er das Bedürfnis, anderen Menschen alles zu berichten, was er weiß oder fühlt. Sollten Sie selbst dieser Unart frönen, gewöhnen Sie sie sich so rasch wie möglich ab! Einmal, weil Sie auch das erzählen, was Sie besser für sich behalten sollten, und zum anderen, weil Sie außerordentlich ermüdend auf die Zuhörer wirken. Legen Sie sich vorher in Gedanken genau zurecht, was Sie sagen wollen. Nach der Unterhaltung prüfen Sie sich dann, ob Sie auch tatsächlich alle Punkte angesprochen haben, denn Wahrheitsfanatiker schweifen schon beim ersten Punkt so weit von Ziel und Zweck der Unterhaltung ab, daß es Ihnen zeitlich gesehen, oft unmöglich ist, auch nur noch einen anderen Punkt in Angriff zu nehmen. Sie müssen ferner üben, Dinge für sich behalten zu können. Nehmen Sie irgendwelche Geschehen, die direkt niemanden etwas angehen, und versuchen Sie, diese für sich zu behalten!

Andererseits kennen Sie bestimmt auch Menschen, die maßlos übertreiben, ihrer Phantasie freien Lauf lassen und bei denen doch alles, wie sie selbst in jedem zweiten Satz sagen, »hundertprozentig« und ganz »ehrlich« ist. Was sind das für Menschen? Diese, die es mit den Tatsachen, der Wahrheit, nicht so genau nehmen, kann man in zwei Gruppen einteilen. Die einen, die zweckgerichtet und berechnend übertreiben, und die anderen, die nur unterhaltsam sein wollen. Bei den letzteren kann es sich um eine Einstellung mit komplexartigem Charakter handeln. Ihr ist energisch entgegenzutreten, denn solche Menschen verlieren nicht nur das Zutrauen ihrer Zuhörer, sie stehen auch leicht als Schwätzer und Aufschneider da. Um sich von dieser Angewohnheit zu lösen, ist es am besten, man übt knapp, kurz und wahrheitsgetreu zu erzählen. Phantasiezutaten sind wegzulassen, auf jedes Wort ist besonders zu achten. Dazu gehört auch, daß man nicht zuviel absolute Behauptungen aufstellt und möglichst auch Superlative vermeidet. Nehmen Sie irgendein Geschehen (z. B. Film, Streit mit einem Kollegen) und achten Sie, um sich zu testen, darauf, wie Sie selbst das Ereignis weitererzählt haben. Wenn nötig, üben Sie, sich mit Ihren Worten strikt an die Fakten zu halten.

Nur sehr wenige Menschen besitzen die erforderlichen Voraussetzungen, um andere ihrem Ziel entsprechend umzuformen, aber fast alle haben das Bedürfnis oder die Angewohnheit, andere Menschen zu beeinflussen. Zugegeben, in vielen Fällen gelingt es auch, oder es besteht zumindest die Möglichkeit. Nur ist die Frage, wieviel Zeit und Energie Sie aufwenden müssen, und wie oft Sie erst nach einiger Zeit feststellen, daß Sie in diesem Fall gescheitert sind. Wer klug und rationell denkt, wird die Menschen allgemein so nehmen, wie sie sind, sie nur in einzelnen wichtigen Punkten zu beeinflussen trachten und vor allem kritisch überdenken, ob es ihm überhaupt zusteht, den anderen zu beeinflussen. Nicht in diesen Rahmen fällt der fast seelsorgerische Versuch, Menschen, die auf die schiefe Bahn geraten sind, umwandeln zu wollen, sie wieder, wie man sagt, »auf den richtigen Weg bringen« zu wollen.

Ist man »nichts« gewesen und »etwas« geworden, so sieht man meist nicht mehr zurück, und sich selbst als Menschen betrachtet man auch oft weniger kritisch. Sie sehen Ihre Stellung, was Sie besitzen und was Sie besitzen könnten und kommen dem Größenwahn immer näher. Häufig ergibt sich diese rein oberflächliche, ichbezogene Einstellung durch äußerliche Einwirkungen, wie allzu ergebene Angestellte. Eine charakterliche Veranlagung muß ursprünglich nicht vorgelegen haben, wenn man plötzlich dazu tendiert, sich für vollkommen und allwissend zu halten. Die Wirkung auf die Mitmenschen ist verständlicherweise negativ. Oftmals greift hier das Schicksal ein, zeigt diesem Menschen durch empfindliche Härten und Fehlschläge, wie klein, unvollkommen und abhängig er ist.

Ist es nicht so, daß Sie sich oft sagen müssen: »Das hast du falsch gemacht, das hättest du nicht sagen dürfen?« Häufig liegt das an einer unüberlegten, unkonzentrierten Redeführung oder Handlungsweise, häufig aber auch fehlt die Beherrschung. Dieser Mangel wiederum ist hier und da auf **Jähzorn** zurückzuführen. Die Schule der Selbstbeherrschung beginnt mit der Selbstbeobachtung. Dazu ist es nötig, daß man zu sich selbst einen gewissen Abstand gewinnt. Wer im richtigen Moment schweigen kann, hat den ersten Schritt zur Selbstbeherrschung getan. Ist es Ihnen nun während einer Unterhaltung oder auch eines Streitgespräches unmöglich zu schweigen, dann machen Sie es wie Julius Cäsar, zählen Sie vor Ihrer Äußerung bis zwanzig. Halten Sie sich an das chinesische Sprichwort: »Das Ruhige ist des Unruhigen Herr.«
Menschen, die sich schlecht oder gar nicht unter Kontrolle haben, verlieren nicht selten den Kontakt zu sich selbst. Sie leben nicht mehr ihr eigenes Leben, weil sie sich selbst zu wenig kennen, weil sie versäumen, sich zu beobachten. Mangel an Selbstkontrolle kann **Haß, Rachsucht** und auch der **Liebe** entspringen. In diesen drei Fällen konzentrieren sich die Hauptgedankengänge auf eine bestimmte Person, auf die sich der Komplex richtet; die Umwelt und die eigene Person werden stark vernachlässigt. Nicht nur Liebe, auch Haß und Rachsucht machen blind für Dinge, die nicht im Zusammenhang mit dem ins Blickfeld gerückten Menschen stehen. Da Menschen in diesem Zustand den Verstand teilweise oder ganz abschalten und dem Gefühl gehorchen, sind unverantwortliche Kurzschlußhandlungen durchaus möglich. Haben Sie das Gefühl, von Haß oder Rachsucht oder in übertriebenem Maße von Liebe geleitet zu werden, so bewahren Sie sich Ihre Selbständigkeit und die Kontrolle über Ihre Handlungen, indem Sie sich selbst zielgerichtete Fragen stellen, diese ruhig und sachlich durchdenken und so objektiv wie möglich beantworten und dann versuchen, danach zu handeln.

# III. Wachse an dir!

## 1. Grundlagen des Selbstvertrauens

Warum sollten Sie sich nicht selbst vertrauen? Zweifeln Sie an Ihrem Charakter, an Ihren Fähigkeiten? Wenn das der Fall ist, und es trifft zweifellos bei vielen mehr oder weniger zu, so sei hier festgestellt, vollkommene Menschen und Menschen ohne Fehler gibt es nicht. Beim Aufbau eines gesunden Selbstvertrauens wird Ihnen die **Autosuggestion** ein großer Helfer sein können. Das

Prinzip dieser Selbstbeeinflussung beruht auf den Erkenntnissen der Hypnose. Benutzen Sie die Minuten vor dem Einschlafen zu diesem Training. In einem Zustand absoluter Entspannung wechseln Sie von Ihrem Bewußtsein zu Ihrem Unterbewußtsein über und beeinflussen dieses in für Sie vorteilhafter Weise, und zwar indem Sie sich begründete Gedankengänge mit nur positiven Begriffen einprägen. Sie nehmen so den schädlichen Gedanken und Vorstellungen die Möglichkeit, sich in Ihrem Unterbewußtsein zu verankern.

Wählen Sie als Gedankengänge leicht faßliche und markante Sätze, beispielsweise: »Ich habe allen Grund, mir selbst mehr als anderen zu vertrauen.« Falsch wäre eine negative Formulierung, wie etwa: »Ich fühle mein Minderwertigkeitsgefühl mehr und mehr schwinden.« Dann nämlich bildete ein negativer Begriff – nämlich »Minderwertigkeit« – den Ausgangspunkt. Der Ausgangspunkt muß so gewählt sein, daß man sich daran anklammern kann. Die Wörter selbst sind mit größtmöglicher Intensität und Beharrlichkeit in das Unterbewußtsein einzuprägen. Jedoch bleibt der erhoffte Erfolg aus, wenn der Glaube an die Möglichkeit dieser Methode fehlt.

Daß Gedanken stark machen können, ist für die Psychologie schon seit langem eine bekannte Tatsache, die angewendet und ausgewertet wird. Während der Mensch allgemein schlechten, unvorteilhaften Gefühlen große Bedeutung beimißt, vertraut man der Macht günstiger, bejahender Vorstellungen sehr viel weniger. Fehlt der Mut, sich das, was man sich wünscht, als sein Eigen vorzustellen, oder ist grundsätzlich die Erwartung pessimistisch gefärbt, so wird der Betreffende größtenteils Recht behalten. Es ist nicht nur der Wille, der uns weiterbringt, der Vorstellungskraft und dem Einbildungsvermögen wird in der modernen Psychologie sogar größere Bedeutung beigemessen. Sie sagt, daß derjenige, der es erreicht, sich selbst etwas glaubhaft zu machen, dem Menschen, der nur will, überlegen ist. Wer will, aber es nicht zu können glaubt, wird bald aufgeben oder erst gar nicht beginnen. Wer hingegen glaubt, daß er etwas erreichen kann und wird, hat eine bessere Ausgangsstellung und wird wahrscheinlich auch bald das Ziel erreichen.

Kann aus einem jungen Menschen, dem ständig vorgehalten wird: »Aus dir wird doch nie etwas!« etwas werden? Durchaus, wenn er über einen äußerst stark ausgeprägten Willen verfügt (der ständig sagt: »Denen werde ich's zeigen!«). Doch ein Mensch, der – wie in unserem Beispiel – so unausgesetzter Entmutigung ausgeliefert ist, wird nur durch unverhältnismäßig hohen Aufwand an Energie sein Ziel erreichen. Im Normalfall erreicht man mit derartigen Prophezeiungen das, was sie voraussehen. Man entmutigt den Betreffenden, nimmt ihm den Glauben an die Möglichkeit, sein Ziel zu erreichen und damit sein Selbstvertrauen. Man nimmt bei einer solchen Einstellung dem anderen – oder auch sich selbst, wenn man sich nichts zutraut – die so notwendige Lebensfreude! Eine gewisse Skepsis gegenüber äußeren Einwirkungen und Kräfte, die sich gegen Sie richten, ist durchaus angebracht, schädlich aber wirkt sich aus, wenn solche Gedanken die Überhand gewinnen. Malt man sich in seiner Einbildung etwas aus, gibt ihr also eine positive Richtung, ein günstiges Betätigungsfeld, so gelangen die mächtigen seelischen Kräfte in für Sie günstiger Form zur Auswirkung.

Zunächst ist der Erfolg eine Frage des Gemüts. Menschen, die bereits resigniert haben oder vom Neid verzehrt werden, wollen dies nur nicht wahrhaben. Im Endeffekt ist es so, daß unser kraftvolles Gemüt, unser Gefühl oder unsere Gedankengänge Entschlüsse erzeugen, beeinflussen und entscheiden. Man spricht hier von der Siegesgewißheit, der sich andere und vor allem auch das eigene Ich unterwerfen.

Eine gute Grundlage für Ihr Selbstvertrauen bildet ein fester eigener Standpunkt, und zu dem können Sie gelangen, indem Sie sich Grundsätze und Prinzipien zulegen, die allerdings Ihrer Natur und Umwelt entsprechen müssen. Was sich gegen diese Prinzipien und Grundsätze richtet, lehnen Sie (mit Vorbehalt) ab, es sei denn, Sie haben mit der Zeit oder durch eingetretene Umstände erkannt, daß Ihre Vorbehalte falsch sind. Unvorteilhaft ist ein Festhalten an Grund- und Vorsätzen nur um ihrer selbst willen. Dann sind sie Ihnen nämlich nicht mehr dienlich, sondern oftmals hinderlich. Schlafen Ihre Überlegungen ein, machen Sie sich keine eigenen Gedanken bei einer Unterhaltung, so hat Ihr Willen keine Anhaltspunkte, keinen Grund, auf dem er fest stehen kann. Ihr Freund versucht, Sie zum Besuch einer kostspieligen Bar zu überreden. Sie haben auch das notwendige Geld, müßten jedoch, so rechnen Sie sich aus, eine notwendige Anschaffung einstweilen zurückstellen, wenn Sie Ihr Geld jetzt in der Bar verpulvern. Haben Sie dann den Mut und schlagen ihm den Wunsch ab! Es schafft durchaus keine Feindschaft, wenn Sie offen und ehrlich sagen, wie es ist. Im Gegenteil, wahrscheinlich wird sich Ihr Freund dann mit einem einfachen Tanzlokal zufriedengeben, und, wie Sie, froh sein, Geld gespart zu haben. Zu einem gesunden und natürlichen eigenen Standpunkt gehört nicht nur der Mut, seine seelischen Barrieren zu überwinden, sondern auch, sich offen zu zeigen. Offenheit gewinnt. Angst vor Hohn oder Ablehnung ist meist unbegründet. Dieses Verhalten birgt zudem den Anreiz zu lernen, sich und seine Meinung zu rechtfertigen. Würden Sie unbesorgt einem Verschlossenen und dazu noch unnötig Zögernden Ihr Vertrauen schenken? Wer den Eindruck erweckt, daß er wirklich so ist, wie man ihn sieht, dem bleibt der Erfolg auf die Dauer nicht verschlossen. Furchtlosigkeit ist genauso unerläßlich wie eine gewisse elastische und wendige Denkfähigkeit. Furchtlosigkeit darf freilich nicht mit Draufgängertum und Gleichgültigkeit verwechselt werden. Man sollte sich nicht mutwillig in Gefahr begeben. Ziel ist, sich auf einfache Weise

seine Angst zu nehmen, seine Denkklarheit und Konzentrationsfähigkeit zu bewahren. Zu einem eigenen Standpunkt gehört auch, daß Sie Ihrem Sach- und Werturteil die entsprechende Bedeutung beimessen.
Ihre gesamte Lebenseinstellung hat für die Steigerung des Selbstvertrauens große Bedeutung. Nicht die stets pessimistische, die unlustige, alles ablehnende Lebenseinstellung hilft Ihnen weiter. Bemühen Sie sich um die bejahende Lebenseinstellung.
Gleich morgens beim Aufstehen sollten Sie daran denken, worüber Sie sich im Lauf des Tages freuen und wie Sie andere erfreuen könnten.
Sie werden sicher schon selbst festgestellt haben, daß der Eindruck, Ihre Gangart, Ihre Körperhaltung, Ihr Aussehen (Kleidung und Körperpflege), Ihre Sprechweise und Ihr Gesichtsausdruck wie ein Spiegel nach innen wirken. Wer sich physisch nicht unterkriegen läßt, den Kopf immer aufrecht hält, wem ein Lächeln nicht zu kostspielig ist und wer zudem Wert auf gepflegte Kleidung legt, der wird leichter innerlich ausgeglichen sein können. Zeigt Ihr Äußeres Selbstsicherheit und das Bewußtsein, gern gesehen zu sein, so werden die Menschen an Sie glauben. Dieser Glaube verstärkt wiederum den Glauben an sich selbst. Beherrscht und gelassen müssen Sie darauf bedacht sein, stets alles überblickend, Herr der Lage zu bleiben.
Wird jedoch aus Selbstsicherheit Selbstgefälligkeit, ist also Selbstsicherheit Eigenzweck, so wird man auf die Dauer meist nur das Gegenteil erreichen: Man wirkt abstoßend.

## 2. Eigener Wille, Ehrgeiz, richtige Entscheidungen

Die erste Willensbildung des Menschen findet bereits in den frühesten Lebensjahren statt. Zu formen beginnt sich der Wille in der Pubertät. Die Welt wird entdeckt und eine eigene Auffassung gebildet. In dieser Zeit gibt oder nimmt die Erziehung viel. Zwar sollen die Eltern ihrem Kind nicht alles erlauben, sie dürfen ihm aber auch nicht den Willen brechen oder ihn etwa nicht zur Entfaltung kommen lassen. Derartig Geschädigte hängen häufig Idealen nach, verehren andere, klammern sich an sie und werden vielleicht sogar hörig. Den Eltern ist es überlassen, in ihrer Erziehungsweise die richtige Mitte zu finden, das Kind für das Gute zu interessieren und ihm einen vorteilhaften Umgang zu geben.

### 2.1 WILLENSBILDUNG

Die Willensbildung beginnt mit dem Vorsatz, sich ein Ziel zu setzen und es erreichen zu wollen. Viele Menschen schliddern dabei ab ins Träumen und

Wünschen. Sie stecken sich zu hohe Ziele, von denen sie selbst im voraus wissen, daß sie sie nicht erreichen können. Die Ziele sollten anfangs nicht zu weit gesteckt sein. Zu empfehlen sind Teilziele als Etappen auf dem Weg zum Erfolg. Wünsche und Ziele sollten in einer Liste festgehalten werden. Von Zeit zu Zeit prüfen Sie dann, ob sie wirklich noch erstrebenswert, naheliegend und nutzbringend sind. Notwendig für die Verwirklichung der gesteckten Ziele sind eine systematische Planung und der feste Vorsatz, alle Hindernisse nehmen zu wollen.

Der erste Schritt der Willensschulung ist die Körperbeherrschung. Sie erreichen dies durch bewußte Entspannung. Außerdem sammeln Sie (Ihr Wille) in diesem Zustand des Abschaltens neue Kräfte. Durch Phantasieübungen schulen Sie Ihren Willen, weil Sie sich jede Handlung bildhaft in allen Einzelheiten vorstellen und später danach handeln können. Die Ausführung Ihres Vorsatzes (etwa die Vorsprache beim Chef, weil Sie um eine Gehaltserhöhung bitten wollen) vollzieht sich dann beinahe automatisch, man sagt in etwa das, was man sich vorher zurechtgelegt hat.

Willensschulung kostet Energie. Der Mensch ist in großem Maße Reizen ausgesetzt und reagiert in Reflexhandlungen oder Reflexgedanken. Vielleicht haben Sie sich vorgenommen, am Abend eine wichtige Sache zu erledigen, dann sehen Sie aber, daß im Fernsehen ein Film läuft, den Sie schon lange gern mal gesehen hätten – wahrscheinlich werden Sie dem Wunsch fernzusehen nachgeben, oder Sie arbeiten unlustig (die Gedanken kreisen um den Film). Neben den äußeren Reizeinwirkungen sind die bedeutend, die der Körper (Müdigkeit, Unlust, Tatendrang) selbst hervorruft.

Folgende Übungen und Anregungen können Ihnen helfen, sich eine bewußte Lebensweise zu erarbeiten. In der ersten Woche lesen Sie in Ihrer Tageszeitung nur die Berichte, die für Sie von vornherein interessant sind. Zwingen Sie sich dabei, die anderen, nicht zu Ihrem Interessengebiet gehörenden Berichte zu übergehen. Späteres Endziel ist das systematische Zeitungslesen.

In der zweiten Woche übertragen Sie das Vorgenannte auf das Fernsehen. Dauernde Aufmerksamkeit (das Sehen jedweder Sendung) stumpft ab und wirkt sich negativ aus auf das Aufnehmen des für Sie wichtigen Stoffes. Das heißt nicht, daß man sich jeder Entspannung berauben soll – auf die Dosierung kommt es an!

Zu Beginn der dritten Woche legen Sie Ihre Verabredungen und Termine fest. Fragen Sie sich, ob diese zweckentsprechend und notwendig oder nur zeitraubend sind. Überlassen Sie, soweit es Ihnen möglich ist, nichts dem Zufall.

Während der vierten Woche gestalten Sie Ihre Freizeit kontrolliert nach vernünftigen Gesichtspunkten. Legen Sie alles terminlich und inhaltlich genau fest.

Die fünfte und in dieser Übungsreihe letzte Woche dient der gewollten

Abkehr von unmittelbaren und ungewollten Reizeinwirkungen. Sie besteht darin, zwischen Reiz und Reaktion eine bewußte Pause einzulegen, sich also nicht vom Reiz lenken zu lassen, sondern selbst zu lenken. Als Beispiel: Klingelt Ihr Telefon, so zählen Sie, bevor Sie den Hörer abnehmen, bis fünf.

## 2.2 EHRGEIZ

Der nächste Schritt auf dem Weg zu Persönlichkeit und Erfolg ist die Ausbildung von Ehrgeiz. Der einfachste und wirksamste Weg, zu ihm zu gelangen, ist, sich bewußt nachahmenswerte Vorbilder zu suchen. Die Devise lautet: »Nicht neiden, sondern lernen und noch besser machen!« Nun gibt es Menschen, die von zuviel Ehrgeiz getrieben werden. Sie sind leicht unausgeglichen, rastlos und stets unzufrieden mit sich selbst. Befriedigung und somit Lebensfreude finden sie kaum. Solche Menschen täten gut daran, ein wenig besinnlicher zu werden und jeden ihrer Erfolge, auch den kleinsten, entsprechend zu würdigen und zu feiern. Vergleichen Sie sich ruhig auch einmal mit denen, die nicht soviel erreicht haben wie Sie. Den meisten Menschen aber fehlt es an Zielstrebigkeit, an Ausdauer und Energie. Sie sind zu faul, ernsthaft und gründlich darüber nachzudenken, warum dieser eine höhere Position bekleidet, jener bessere Geschäfte macht, warum andere mehr erreichen. Sie sind auch zu faul, sich neben ihrem Beruf aus eigenem Antrieb weiterzubilden und sich im Umgang mit Mitmenschen darin zu üben, Beziehungen und Verbindungen aufzubauen. Oder aber sie bringen es nicht einmal fertig, sich Ziele zu setzen. Dagegen bringt Faulheit, richtig kanalisiert, wesentliche Vorteile. Sie regt zu der Überlegung an: »Wie kann ich dies und jenes bequemer und einfacher machen?« Auch kann sie in uns ein wertvolles Beharrungsvermögen bilden. Wie wichtig sind oft **Geduld und Ausdauer?** Wer nicht abwarten kann, handelt oft unüberlegt oder gibt unnötig kurz vor dem Ziel auf. Strebsamkeit und Selbstbeherrschung gehören zusammen. Im Wege stehen dem Ehrgeiz oft seelische Spannungen. Immer bleibt zu überlegen, ob man im richtigen, passenden Lebenskreis oder Beruf steht. Entsprechen Ihr Betätigungsfeld und Ihre Umgebung in keiner Weise Ihren Neigungen und Interessen, können seelische Spannungen eintreten, die Sie unlustig, gleichgültig oder unzufrieden werden lassen.

Die körperlichen, geistigen und seelischen Energien sind knapp bemessen. Wer sie verschwendet, sei es, weil er von vornherein zuviel beginnt, oder aber, weil er zuviel riskiert und so immer von vorn anfangen muß, ist frühzeitig verbraucht.

Ferner wird unser Ehrgeiz durch die Angst vor Fehlern und Mißerfolgen beeinträchtigt. Wer den Erfolg ersehnt, ohne ein Risiko eingehen zu wollen, wird ihn schwerlich erreichen. Dennoch oder gerade deshalb sollte der Vergleich des

möglichen Erfolges und Mißerfolges mit der vorhandenen Situation so aussehen, daß man seinen Entschluß nie zu teuer bezahlt. Wer also noch nicht viel erreicht und gewonnen hat, hat wenig zu verlieren und kann viel wagen. Tut er das nicht, wird er kaum jemals vorwärtskommen. Je mehr Teilziele man aber erreicht hat, desto vorsichtiger sollte man kalkulieren. Nie sollte man alles bisher Erreichte gefährden.
Der Angst, einen Fehler zu machen, begegnet man meist mit Verzicht. Man verharrt in seiner alten Situation und will nicht einsehen, daß die meisten Sorgen unbegründet oder unbedeutend sind. Tatsächlich ist man ganz ohne Glück machtlos, aber wer etwas leisten will, wer einmal eine Führungsposition einnehmen will, darf die Gefahr nicht scheuen; sie gehört wie das Glück zum Weg des Erfolges.
Ehrgeiz, das ist die Triebfeder, und Erfolg ist das Resultat von Fähigkeiten und Qualitäten, die eingesetzt und vom Ehrgeiz vorwärts getrieben wurden. Der große Erfolg, auf den viele warten, ist nur in ganz seltenen Fällen reines Glück. Er will angestrebt, vor allen Dingen aber vorbereitet und erarbeitet werden. Welches ist die richtige Möglichkeit? Welches ist das richtige Ziel? Entscheiden Sie richtig mit Bleistift und Papier! Erarbeiten Sie sich für jede der Möglichkeiten, zwischen denen Sie wählen können, eine Bilanz! Ihr Saldovergleich erleichtert Ihnen die Entscheidung. Die linke Seite der Bilanzen ist für die Vorteile vorgesehen. Auf der rechten Seite notieren Sie die Nachteile.
Wichtige Probleme, die Ihre Entscheidung fordern, sollten Sie umsichtig, ja sogar pedantisch angehen, untersuchen und abwägen, nicht impulsiv entscheiden oder gleichgültig Fehler in Kauf nehmen. Wie löst man ein Problem? Indem man es distanziert betrachtet und überschläft (wenn es die Zeit zuläßt), gewinnt man hinreichend Übersicht, um unbeeinflußt und kontrolliert entscheiden zu können. Oft findet man in dieser Zeitspanne völlig neue Gesichtspunkte und Argumente. Ein Problem, das ins Unterbewußtsein absinkt, geht dort nicht verloren. Ihr Unterbewußtsein arbeitet insgeheim daran weiter und bringt oft gesündere und bessere Lösungen und Entscheidungen als das Bewußtsein. Wenn man sich also nicht mehr intensiv und bewußt mit dem Problem auseinandersetzt, steht einem unter Umständen nach gewisser Zeit die Lösung klar vor Augen, obwohl das »Oberbewußtsein« keine Antwort geben konnte.

## 2.3 ENTSCHEIDUNGEN

Wenn man eine Entscheidung fällt, spielen dabei drei psychologische Kategorien eine Rolle: der Verstand, das Gefühl und der Trieb. Diese drei Elemente bestimmen unser Tun und Denken. Oftmals finden wir den Trieb im Vordergrund. Die zweite Stelle nimmt dann gewöhnlich das Gefühl ein. Der Verstand ist eine Besonderheit für sich. Oft meint man (besonders bei wichtigen Entscheidungen), man habe ihn sprechen lassen, und beinahe genauso oft irrt man darin. Bei wichtigen Entscheidungen, wie der Berufswahl, ist es selbstverständlich besser, möglichst nur den Verstand sprechen zu lassen. Haben Sie eine Entscheidung getroffen, müssen Sie einen Weg finden, Ihr Ziel zu erreichen. Hierbei sind entsprechende Fragestellungen hilfreich (wie, wo, wann kann ich etwas erreichen?). Am schwersten fällt wohl immer der Entschluß, ein Ziel, das man nicht erreichen kann, aufzugeben. Mit dem, was man nicht ändern kann, muß man sich nicht nur abfinden, sondern zufriedengeben. Man sollte sich sogar ein wenig zwingen, Gefallen am Erreichten zu finden. Es gilt, sich dann eben auf dem augenblicklichen Gebiet oder einem neuen einzurichten. Wer sich nicht zufriedengeben oder umstellen, sich also innerlich nicht für einen neuen Weg entscheiden kann, wird unzufrieden, freudlos, im Extremfall haßerfüllt, wirklichkeitsfremd und träumerisch oder gleichgültig und sarkastisch – je nach Veranlagung – und verzettelt so seine Energie.

## 2.4 DER WEG

Sehr viele große erfolgreiche Menschen sind aus einer vorwärtstreibenden Unzufriedenheit heraus das geworden, um was man sie heute beneidet. Sind diese Menschen nun unglücklich, unzufrieden mit sich selbst gewesen? Ganz im Gegenteil, gerade ihre Unzufriedenheit stellte ihnen Aufgaben, die sie interessiert und begeistert zu lösen versuchten. Und jeder Erfolg auf diesem Wege gab ihnen Genugtuung und Befriedigung, machte sie glücklich. Im Grunde ist die Unzufriedenheit der Motor unserer Welt, sie verändert sie noch heute, läßt Fabriken und Werke, Erfindungen, Verbesserungen und Vereinfachungen auf den verschiedensten Gebieten entstehen. Nur die Zufriedenheit, die aus der Unzufriedenheit entsteht, ist wünschenswert, diese Unzufriedenheit könnte man also als produktive Unzufriedenheit bezeichnen. Immer angebracht ist Unzufriedenheit also dort, wo es gilt, sich zu verbessern, sei es in der Schule, während der Ausbildung, im Beruf oder auch im privaten Lebensbereich oder, wo die Möglichkeit besteht, einen Arbeitsgang, eine Qualität, eine Einrichtung zu verbessern oder zu erneuern.
Warum werden häufig Ziele aufgegeben, die durchaus hätten erreicht werden können? Man hat buchstäblich vor dem letzten, winzigen Schritt schlapp gemacht. Man verlor Lust, Interesse, Ausdauer oder Vertrauen, und der große Erfolg ging an einem vorüber. Wie kann so etwas geschehen? Nun, es fehlte die nötige Begeisterung für die Arbeit, die man durchaus künstlich erzeugen oder erzwingen kann. Ein **vernünftiges, zweckmäßig gesetztes Ziel** sollte Herr unseres Denkens und Handelns sein, bis wir es erreicht haben.

Das Ziel ist zwar nicht gleichbedeutend mit dem Leben, es muß aber in jeder Lebenslage den Sieg davontragen, über jeden Zweifel, über jeden Mißerfolg hinweggerettet werden, wenn man es wirklich ernsthaft erreichen will. Brechen Sie Brücken hinter sich ab, legen Sie sich vor Freunden auf das Ziel fest. Furcht vor der Blamage kann ein guter Ansporn sein! Geben Sie Ihrer Phantasie genügend Gelegenheit, sich die Einlösung eines realistischen Zieles so wünschenswert wie nur möglich vorzustellen! Reden Sie Ihrem Gefühl immer wieder von neuem ein, daß Sie es schaffen werden. Arbeiten Sie nach einem genau ausgearbeiteten Zeitplan, und lassen Sie sich von Fehlschlägen nicht entmutigen oder beirren! Denken Sie sich einen verlockenden, markanten Leitsatz aus, den Sie sich immer dann ins Gedächtnis rufen, wenn Sie Unlust und Zweifel vom Ziel ablenken wollen! Steigern Sie Ihre Begeisterung, indem Sie sich nachahmenswerte Vorbilder suchen oder sich auf einen stillen Wettstreit mit Kollegen oder Freunden einlassen. Wer nicht von den Leistungen anderer angespornt wird, wer keine Vergleichsmöglichkeit hat, weiß nicht, wo und wie er steht, und verfällt nur zu leicht in eine Zufriedenheit, die Stillstand oder gar Rückgang bedeuten kann.
Wer sich ein Ziel gesetzt und alles gut geplant hat, der muß sich auch bewußt sein, daß er nicht nur einen materiellen, sondern auch einen seelischen Verlust erleiden würde, wenn er dies Ziel aufgibt. Jeder nicht vollendete Plan vergrößert den Mangel an Selbstvertrauen und an Selbstbewußtsein. Jede Vollendung bedeutet dagegen Vermehrung der Selbstachtung, Lebensfreude und Überlegenheit.

# Der Umgang mit Menschen

## I. Umgangsformen

### 1. Charakter und gutes Benehmen

Der richtige Umgang mit Menschen erfordert sichere Umgangsformen und Menschenkenntnis.
Grundlagen des Zusammenlebens der Menschen sind Freundlichkeit und Toleranz, Taktgefühl, ein offenes Ohr für den Mitmenschen sowie Selbstbeherrschung.
Freundlichkeit und Höflichkeit – haben diese Eigenschaften ihren Ursprung im Charakter, oder sind sie nur Fassade? Sie sollen ausgleichend und überbrükkend die Unterschiede und Gegensätze unter den Menschen im Privat- und Geschäftsleben erträglich machen. Und man möchte annehmen, daß niemand über soviel Energie verfügt, eine Fassade aufrechtzuerhalten, die ohne Fundament steht und gegen die im Alltag Sturm gelaufen wird. Außerdem muß es ja dem Mitmenschen mit der Zeit auffallen, wenn die Freundlichkeit geheuchelt oder gekünstelt ist. Das Herz muß mitsprechen, das gezeigte Gefühl muß echt sein, um wirksam sein zu können.
Die Art wie man lebt, handelt und spricht, überträgt sich auf den Charakter, formt und verändert ihn. Das heißt also, daß einem Menschen Freundlichkeit und Höflichkeit nicht angeboren zu sein brauchen, sondern daß er beides seinem Charakter anerziehen kann.
Während Freundlichkeit und Höflichkeit Aktivität fordern, sind Takt und Toleranz mehr ein Unterlassen. Takt ist Rücksichtnahme auf menschliche Schwächen. Wichtiger als die Zurechtweisung, Beschämung und Verletzung ist der Freund, der Mensch. Wer rücksichtslos ist, Gefühl und Ehre eines anderen Menschen angreift und erniedrigt, um selbst zu glänzen, beweist nur mangelnde Herzensbildung und Dummheit; denn erstens gewinnt man durch Taktlosigkeit kein Ansehen, und zweitens schafft man sich Feinde. Wer taktvoll

handeln will, spricht nicht von Dingen, über die der andere nicht mitreden kann, sei es, weil er nicht über das Wissen verfügt, weil er finanziell schwächer ist, sein Horizont enger begrenzt ist, er gesundheitlich nicht auf der Höhe ist, oder sei es, daß irgendein anderer Grund vorliegt. Wer taktvoll sein will, äußert sich auch nicht in direkter Widerrede (wie: »Ich kann nicht verstehen, wie du so etwas überhaupt sagen kannst. Das ist doch...«), bemängelt und kritisiert nicht herablassend und zurechtweisend, schon gar nicht im Beisein Dritter. Ehrfurcht und Achtung nicht nur vor dem Menschen, der Ihnen an Wissen, Fähigkeiten, Charakter, Lebenseinstellung und Lebensstandard voraus ist, sondern auch vor dem in diesen Dingen Unterlegenen, vor dem Alter, vor dem, den das Schicksal hart schlug, und vor dem, was anderen Menschen heilig und wert ist, sollte ein fester Bestandteil Ihrer Umgangsformen sein oder werden.

Nichtachtung würde verletzend wirken; sie könnte aber auch schlicht ein fachlicher Fehler sein; darum sollte man nie leichtfertig ein Werturteil abgeben oder die eigene Unwissenheit und Unsicherheit mit Frechheit oder Mißachtung zu überdecken suchen. Wer anderen Achtung entgegenbringt, wird selbst geehrt, findet offene Herzen, Wohlwollen und Freunde.

Man ist in diese Welt hineingeboren, in eine Welt, die einem durchaus nicht wohlgesonnen zu sein braucht und die auch nicht immer der eigenen Vorstellung entspricht, von der man sich aber nicht loslösen kann. Man muß bemüht sein, sich mit dem abzufinden, was nicht zu ändern ist und sich darin einzurichten, um auskommen zu können. Dazu muß jeder bemüht sein, Harmonie in der Gemeinschaft anzustreben.

Wie teuer Mangel an Selbstbeherrschung zu stehen kommen kann, hat sicher schon jeder irgendwann einmal erfahren müssen. Sich selbst beherrschen, das große Ziel der Persönlichkeit, ist wohl das schwierigste Ziel, das sich ein Mensch setzen kann – aber es ist auch das dankbarste und größte, es ist, so könnte man sagen, die Vorstufe zur Vollkommenheit. Der Alltag erfordert tausendfach Selbstbeherrschung, das Leben und Streben bedingt die Zurückstellung menschlicher Schwächen und Wünsche. Es ist Selbstbeherrschung, wenn man es fertigbringt, im gegebenen Moment unpassende, harte Worte zurückzuhalten. Selbstbeherrschung ist keine äußerliche Angelegenheit, sondern eine Frage der Lebenseinstellung und des Charakters. Man könnte sagen: Äußerliche Beherrschung ist ein Produkt des Willens, innere, charakterliche Selbstbeherrschung ist eine Erkenntnis, eine energievolle Lebensführung.

Wie lernt man nun gutes Benehmen, das den Forderungen unserer Gesellschaft entspricht? Die Richtlinie des äußeren Verhaltens bestimmt die jeweilige Gesellschaft, nicht das menschliche Gewissen. »Guter Ton« ist eine Sache der jeweiligen gesellschaftlichen Konvention. Darum ist auch ein Verhalten, das der herrschenden Norm nicht entspricht, nicht unbedingt moralisch schlecht.

Andere Länder (andere Zeiten), andere Sitten. Auch ist eine Handlung nicht unbedingt unsittlich, wenn sie gegen die »guten« Sitten verstößt: Unsittlich ist, was sich gegen unsere inneren sittlichen Gefühle (wie z. B. Scham- oder Ehrgefühl) richtet. Wer also das Brötchen schneidet, statt es zu brechen, verstößt zwar gegen eine bestehende »gute« Sitte, handelt jedoch keineswegs unsittlich. Entsprechen Sie der Sitte nicht nur aus Berechnung und Zwang, sondern formen Sie sich um Ihrer selbst willen hierfür ein inneres Bedürfnis! Es fällt Ihnen dadurch dann auch in Gesellschaft leichter. – »Benimm dich, wenn du allein bist, als seist du in Gesellschaft, dann kannst du dich in Gesellschaft benehmen, als wärest du allein.«

## 2. Regeln bei Tisch

– Setzen Sie sich als Gast, wenn die Gastgeberin sich setzt! Sie beginnen mit dem Essen und verlassen auch den Tisch nach dem Hausherrn (Hausfrau).
– Die Serviette wird auf den Schoß gelegt, nicht in den Westenausschnitt oder Hemdkragen gesteckt. Nach dem Essen legt man sie leicht zusammengedrückt neben den Teller.
– Die Haltung ist nicht steif, sondern zwanglos, aber nicht lässig. Legen Sie die Unterarme oberhalb des Handgelenks auf den Tisch; nicht die Ellenbogen auf den Tisch aufstützen.
– Rauchen ist während des Essens nicht gestattet und nach dem Essen auch nur mit erbetener Genehmigung.
– Trocknes Brot und Brötchen bricht man, Klöße und Kartoffeln halbiert man mit der Gabel (man zerdrückt sie also nicht). Geschnitten wird nur, wenn es anders nicht geht.
– Löffel und Gabel werden zum Mund geführt, ohne daß man sich dabei tief über den Teller beugt. Essen Sie von der Spitze, nicht von der Seite des Löffels!
– Nehmen Sie Teller, Löffel und Gabel nie zu voll!
– Restliche Soße läßt man auf dem Teller.
– Auf den Tisch Gefallenes legen Sie mit Gabel oder Löffel auf Ihren Tellerrand.
– Trinken Sie nicht während der Suppe, auch nicht mit vollem Mund!
– Legen Sie Ihr Besteck gekreuzt auf den Teller, wenn Sie von der gleichen Speise noch etwas nachwünschen. Parallel gelegtes Besteck besagt, daß Sie satt sind. Den Löffel legen Sie nach Gebrauch nicht neben, sondern auf den Teller.
– Wenn Sie den Zahnstocher unbedingt benutzen müssen, so tun Sie das hinter der vorgehaltenen Hand oder Serviette.

– Kompott wird mit dem dazugehörigen Löffel, Salat mit der Gabel gegessen. Pflaumen- oder Kirschsteine läßt man auf den Löffel gleiten und legt sie dann auf den Tellerrand.
– Bei Fischgerichten werden entweder Fischbesteck oder zwei Gabeln benutzt.
– Spargel können Sie schneiden oder auf die Gabel legen und das Ende in die Hand nehmen, abbeißen und nachschieben.
– Kleingeflügel wird gewöhnlich nur bei einem Festessen mit Messer und Gabel gegessen, ansonsten können Sie die Knochenenden in die Hand nehmen und das Fleisch abnagen.
– Nehmen Sie für Honig und Marmelade nur den dafür vorgesehenen Löffel, berühren Sie Pfeffer und Salz nicht mit dem eigenen Messer!
Wissen Sie einmal nicht, wie Sie zu handeln haben (z. B. besondere Speisen), so warten Sie ruhig ab, bis Sie andere nachahmen können, oder scheuen Sie sich nicht, den Gastgeber oder Ihren Tischnachbarn zu fragen.

## 3. Wichtige Umgangsformen

– Achten Sie auf Körperpflege – Körpergeruch, schwarze Fingernägel usw. wirken abstoßend – und Kleidung, auch darauf, daß Ihre Kleidung dem Anlaß angemessen ist! Zeigen Sie sich an Ihrem Arbeitsplatz schlicht, jedoch ganz Ihrer Tätigkeit angepaßt!
– Ob man sich nun im Betrieb mit Händedruck oder nur mit Worten begrüßt, bestimmt die betriebliche Gewohnheit. Setzen Sie aber in jedem Fall Namen und Titel hinzu, und sehen Sie den anderen an! Als Mann verbeugen Sie sich, als Frau neigen Sie leicht den Kopf. Achten Sie immer auf Natürlichkeit!
– Machen Sie sich bekannt: »Gestatten Sie, mein Name ist Schmidt«, als Mann; als Frau: »Frau Schmidt«. Kommen Sie im Theater, auf dem Bahnhof oder in einer Gaststätte mit jemanden ins Gespräch, besteht keine Veranlassung, sich vorzustellen. Im Geschäftsleben ist es üblich, daß der seinen Namen zuerst nennt, von dem das Geschehen ausgeht oder der ein Anliegen hat. Bei der Vermittlung einer Vorstellung achten Sie auf den Zweck. Zuerst benennen Sie den zu Unterrichtenden oder die Dame.
– Achten Sie bei Besuchen auf entsprechendes Äußeres! Wenn ein bestimmtes Anliegen Anlaß Ihres Besuches ist, legen Sie sich vorher in Gedanken zurecht, was Sie sagen wollen. Berücksichtigen Sie dabei mögliche Einwände. Halten Sie sich, wenn es die Umstände nicht anders erfordern, nicht länger als fünfzehn bis zwanzig Minuten auf! Vergessen Sie nicht, Ihren Dank für das Erreichte oder die Bewirtung auszusprechen!

– Treffen Sie einen Bekannten in Begleitung, so grüßen Sie auch die Begleitperson! Sitzen Sie in einem Restaurant, und es kommt ein Bekannter auf Sie zu, macht es einen vorteilhaften Eindruck, wenn Sie zu seiner Begrüßung aufstehen, auch wenn es ein alter Bekannter ist oder Sie der Vorgesetzte sind. Begnügen Sie sich jedoch nicht mit dem Ansatz des Sicherhebens – dann lieber sitzenbleiben!

– Widersprechen Sie der Meinung anderer nicht mit Worten wie: »Was Sie sagen, kann ja gar nicht wahr sein!« Einmal ist es gefälliger, zum anderen verschließt sich Ihnen der andere nicht, wenn Sie Ihre Richtigstellung so beginnen: »Glauben Sie nicht, daß es besser wäre, wenn ...« oder: »Haben Sie nicht vielleicht übersehen, daß ...« Kritisieren Sie bei anderen auch nie zuviel! Bemängeln Sie nicht leichtfertig, sondern versuchen Sie zu verstehen und – seien Sie tolerant!

– Achten Sie bei der Unterhaltung darauf, wie Sie den anderen loben oder ihm Anerkennung schenken können! Loben Sie aber nicht nur allgemein, sondern überlegen Sie, was Sie ehrlich und im Speziellen hervorheben können! Suchen Sie Leistungen nicht zu verkleinern, erkennen Sie sie an! Neiden Sie nicht, sondern sehen Sie das Vorbild. Sie gewinnen dadurch Sympathie.

– Zeigen Sie, daß Sie sich für Ihre Mitmenschen interessieren, indem Sie Fragen stellen; machen Sie deutlich, daß Sie Ihre Mitmenschen achten und schätzen, indem Sie der Unterhaltung aufmerksam folgen!

– Denken Sie stets daran, daß es ein größerer Triumph ist, einen Freund zu gewinnen, als anderen Ihre Überlegenheit zu beweisen.

– Bei Streitigkeiten wird Ihre Fairneß den anderen zur Toleranz veranlassen. Bringt Ihre Ruhe nicht den gewünschten Erfolg, so brechen Sie die Unterhaltung kurz aber höflich ab! Sachlichkeit ist in jedem Fall vorteilhafter als Beleidigungen.

– Versuchen Sie nicht, durch Äußerlichkeiten die Aufmerksamkeit auf sich zu lenken. Machen Sie sich nicht lächerlich durch ungewöhnliche Gebärden, große Worte oder auffallende Übertreibungen!

– Versuchen Sie, sich in jedem Fall den Umständen anzupassen und sich ohne Zwang einzufügen!

Oft sind Kleinigkeiten oder belanglose Probleme Anlaß für große Streitereien. Es gibt häufig nicht nur keiner nach, meistens will man dem anderen seine Meinung oder seinen Willen aufzwingen. Jeder kann nach seiner Fasson selig werden. Und es gibt kaum einen Menschen, der nicht eine vorteilhafte Seite aufzuweisen hätte. Sie sollen nicht die schlechten umformen wollen oder dauernd bemängeln, sondern die guten suchen und ansprechen!

Wo gegenseitiges Vertrauen und Toleranz herrschen, steht dem rechten Zusammenleben kaum etwas im Wege.

# II. Lenken und führen

## 1. Innere Wunschvorstellungen

Einen großen Einfluß auf unsere Lebensweise üben unsere Wunschvorstellungen aus, obwohl sie oft völlig wirklichkeitsfremd sind. Sie bilden sich im Unterbewußtsein oder zeigen sich als Idee. Grundsätzlich sollten Sie bei Ihren Gesprächspartnern auf deren Wunschvorstellungen eingehen. Sie können das recht mühelos, da es Illusionen und Träume gibt, in denen sich jeder – mit wenigen Ausnahmen – wohlfühlt. Wenn die Wunschträume des anderen auch nicht die Ihren sind, so wissen Sie doch aus eigener Erfahrung, wie wichtig solche Träume sind. Man muß verstehen lernen, die Menschen so zu nehmen, wie sie sind, nicht, wie sie aus einer Vorstellung heraus zu sein scheinen.
Wer möchte nicht einmal »etwas werden«? Vermitteln Sie Ihrem Gesprächspartner das Gefühl, daß Sie an seinen Wunschvorstellungen Teil haben, indem Sie seine Intelligenz und Auffassungsgabe loben, stellen Sie seine Fähigkeiten heraus, sei es bei Gesprächen mit Arbeitskollegen, Sportfreunden oder Bekannten. Erwähnen Sie seine Toleranz! Nehmen Sie ein Blatt zur Hand, schneiden Sie mehrere Zettel und schreiben Sie als ersten folgenden Satz auf: »Suche Gelegenheiten, auf die Wunschvorstellungen des Gesprächspartners einzugehen, so kommst du ihm näher. Spende echte und wahre Anerkennung, und du gewinnst Sympathie und Freunde.« Auf die anderen Zettel schreiben Sie diesen Satz abgekürzt (etwa: »Durch Austausch von Wunschvorstellungen kommt man sich näher. Ehrliche Anerkennung bringt Sympathie.«). Stecken Sie nun diese Zettel in verschiedenen Kleidungsstücken in verschiedene Taschen, damit Sie sich immer daran erinnern!

## 2. Beeinflussung und Menschenführung

Gelegentlich ist es unumgänglich, daß man von der Fähigkeit Gebrauch macht, andere Menschen beeinflussen zu können. Diese Fähigkeit sollte man selbstverständlich sehr vorsichtig nutzen; nur zu oft wird sie mißbraucht. Da sie aber ehrliches Vorwärtsstreben erleichtern und helfen kann, Steine aus dem Weg zu räumen, dürfen wir sie nicht übergehen. Über Möglichkeiten und Mechanismen der Beeinflussung sollte man aber auch im eigenen Interesse Bescheid wissen, nämlich damit man nicht selbst manipuliert wird. Ist die Kunst der Persönlichkeitsbeeinflussung, der **Suggestion,** erlernbar? Unbedingt!

## 2.1 SUGGESTIVE PERSÖNLICHKEITSWIRKUNG

Das erste, was andere an Ihnen wahrnehmen, ist Ihr **Aussehen und Auftreten.** Achten Sie immer auf Ihr Äußeres. Tadellose Kleidung und eine gepflegte Erscheinung machen sich durchaus bezahlt, stärken Ihr Selbstbewußtsein, und man tritt Ihnen mit mehr Achtung und Höflichkeit gegenüber.

Haltung und Gesichtsausdruck sind ständig unter Kontrolle zu halten. Auch wenn Sie Kummer haben oder wenn Sie sich unwohl fühlen, sollten Sie sich so gut wie möglich aufrecht halten und sich beherrscht, fest und elastisch bewegen. Das macht Eindruck.

Wer einen anderen Menschen freundlich lächelnd anspricht, wird ihn eher überzeugen, eher etwas bei ihm erreichen können, als der griesgrämig dreinschauende oder der todernst blickende Mensch. Schon ein Lächeln allein kann anziehend wirken. Ein entsprechender Ausdruck ist ohne weiteres – vor dem Spiegel – erlernbar. Freilich soll man sich kein maskenhaftes Lächeln anerziehen. Man muß zu der inneren Einsicht gelangen, daß Freundlichkeit Ihnen und anderen das Leben leichter macht – hat man diese Einsicht gewonnen, kommt das Lächeln ganz von allein.

»Keep smiling« oder »Immer nur lächeln« wird zu Recht von Menschen so hochgehalten, die in ihrem Beruf auf das Wohlwollen der Mitmenschen angewiesen sind. Zwingen Sie sich zu einer entgegenkommenden Einstellung den anderen gegenüber; das ist im Grunde nicht schwer, aber Ihr Lächeln wirkt dadurch herzlicher, persönlicher. Daß Arroganz (Grinsen), ein mürrisches und unlustiges Mienenspiel ebenso abstoßend wirken wie deutliche Gleichgültigkeit, versteht sich. Betrachtet man seine Mitmenschen, könnte man meinen, Lachen oder Lächeln koste unerschwinglich viel und bringe nichts ein, von Unlust, Unzufriedenheit und dauerndem Ärger scheinen sich jedoch viele ihr Lebensglück zu versprechen. Nebenbei: Achten Sie darauf, daß Ihr Lachen wohllautet und nicht zu laut oder gar schrill klingt!

Nur selbstbewußt – nicht selbstgefällig – werden Sie Erfolg haben. Der innerlich Gefestigte strahlt **Zuversicht** aus, an ihn glaubt man eher als an einen schüchternen, verängstigten Menschen, der sich selbst nichts zuzutrauen scheint. Üben Sie in jeder Lage Gelassenheit! Doch nie dürfen Sie dadurch überheblich erscheinen. Vor allem, üben Sie auf niemanden direkten Zwang aus! Denn ist Ihr Machtmittel verbraucht oder sind Sie einmal unachtsam, so werden Sie zu zahlen haben. Dauerhafter Erfolg ist Ihnen nur dann sicher, wenn Ihnen Ihre Umwelt freiwillig Hochachtung und Sympathie entgegenbringt. Wollen Sie Einfluß auf Ihre Mitmenschen ausüben, so können Sie das nur, wenn Sie sich selbst aufgeschlossen geben, wenn Ihre Hinwendung zum Mitmenschen echte Anteilnahme verrät. Fragen öffnen den Menschen, machen ihn zugänglich. Drängen Sie sich aber nicht auf, dadurch verschlechtern Sie Ihre Lage. Auch sollten Sie nicht zuviel von sich erzählen. Sie müssen nicht gleich jedem mitteilen, wer Sie sind, was Sie geleistet haben, welche Sorgen und Nöte Sie im Moment bedrücken, was Sie planen, oder was Sie erreichen wollen. Eine solche übertriebene Mitteilsamkeit wirkt auf das Gegenüber ermüdend, vielleicht auch angeberisch; jedenfalls wird man Sie, wenn Sie Ihre Umgebung allzuoft mit Geschichten über sich selbst anöden, in wenig guter Erinnerung behalten.

Was sind nun **suggestive Kräfte** und wie wendet man sie erfolgreich an? Suggestion, sagt das Fremdwörterlexikon, ist die Beeinflussung des Willens unter Ausschaltung der klaren Einsicht. Man schaltet also den Verstand des anderen aus und formt dessen seelisches Empfinden durch die Macht der eigenen Persönlichkeit, die wiederum aus Wille oder Glaube, Gesicht, Stimme, Erscheinung und Umgangsformen besteht. Suggestive Erscheinungen sind durchaus alltäglich; man kann ihnen gar nicht ausweichen.

Denken Sie nur einmal an die verschiedenartigen direkten und indirekten Werbemittel! Oder gähnen Sie einmal im Beisein anderer in einem Wartezimmer! Wahrscheinlich wird sich Ihnen mindestens einer der Anwesenden anschließen. Wieviel folgen Ihnen, wenn Sie energisch und wie selbstverständlich bei rot leuchtender Verkehrsampel die Straße überqueren, und wer könnte weiterpfeifen, wenn Sie ihn anlachen? Sagen Sie einem Passanten, dem Sie vorher nie begegnet sind, im Vorübergehen: »Guten Tag!« Viele werden – wenn vielleicht auch etwas verwundert – wiedergrüßen.

Bei der extremsten Form der Suggestion, der Gedankenübertragung, schlagen Sie mit Ihrem festen, ruhigen Blick eine Brücke zum Inneren des anderen Menschen, auf der Sie Ihre Gedanken zu ihm hinüberleiten. Sie müssen dann versuchen, Ihre Gedanken, Wünsche oder Befehle durch Ihre Augen auszudrükken. Sie werden sicherlich schon einmal von einem Kind flehentlich oder bittend angeschaut worden sein. Konnten Sie dann immer widerstehen? Oder hat Sie noch nie ein Partner fesselnd, liebend oder aufreizend angesehen? Auch kennen Sie den strafenden, zurechtweisenden, abweisenden, begütigenden oder einladenden Blick von sich oder anderen.

Der Blickkontakt ist auch unerhört wichtig bei der Suggestion durch Überredung. Sie können einem Menschen Antworten entlocken, die er unter normalen Umständen vielleicht nicht gegeben hätte, wenn Sie ihm unerwartet eine Frage stellen und ihn dabei fest, fordernd und entschlossen ansehen. Sie rufen dann Effekte hervor, schalten also das steuernde Bewußtsein des anderen für einen kurzen Moment aus. Beispiele für die Überredungskunst begegnen uns überall im täglichen Leben. Das fängt schon beim Essen an. Ein Familienangehöriger bemängelt die Qualität des Fleisches, und plötzlich schmeckt es auch Ihnen nicht mehr so recht.

Was wäre zum Beispiel der »fliegende Händler« ohne seine Überredungskünste? Hört man ihm eine Weile zu, meint man, man wäre dumm, altmodisch, verschwenderisch oder man würde einen großen Nachteil erleiden, wenn man ihm nicht seine Ware abkauft, obwohl man früher gut ohne sie ausgekommen ist und später auch feststellt, daß man sie gar nicht recht gebrauchen kann.

Auch **Fluidum,** die unwägbare, von einer Person oder Sache ausgehende Wirkung, bleibt auf andere Menschen nicht ohne Einfluß. In einer Trauergesellschaft wird man auch als Unbeteiligter seine gute Laune verlieren, während man zwischen fröhlichen, ausgelassenen Menschen schlecht über Sorgen grübeln kann.

Gebrauch macht man von seinem Fluidum, oder anders gesagt, von seinem Charme, durch die Stimme, die Mimik und Gestik. Durch sie kann man eine ablehnende Haltung brechen und günstige Voreingenommenheit schaffen, damit das nachfolgende (das Wort, der Inhalt) von dem Betreffenden zustimmend aufgenommen wird. Daß auch Sie suggestive Kräfte besitzen, werden Sie während der Lektüre dieses Kapitels sicherlich erkannt haben. Jeder besitzt sie! Doch wer im Leben einmal hoch hinaus will, muß es auf diesem Gebiet möglichst bis zur Vollkommenheit bringen. Die ersten kleinen Erfolge sind leicht zu erzielen, und sie sind auch die wichtigsten. Sie sind es, die Sie an Ihre Suggestivkräfte glauben lassen und die Sie anspornen. Sie werden dann später mit sich und Ihrem Erfolg zufrieden sein.

## 2.2 ANWENDUNG UND EINSATZ

Um Menschen als Chef oder leitender Angestellter so zu führen, daß man sie nicht gegen sich aufbringt, muß man Rücksicht auf ihren jeweiligen Typ nehmen.

Mitarbeiter, die gleichgültig, liederlich und abgebrüht sind, muß man schon mal hart anfassen und deutlich und direkt anweisen. Sie vertragen diese Behandlung, haben sie sogar lieber als indirekte, versteckte Befehle und Heuchelei. Mit ihnen kommt man gut in humoristisch-dreister Art aus.

Andere Mitarbeiter können das krasse Gegenteil sein. Anweisungen und Befehle sind bei ihnen äußerst unbeliebt, sie fühlen sich leicht in ihrer Ehre verletzt, gar gedemütigt. Sie werden sich nicht offen zur Wehr setzen wie der vorgenannte Typ, der meist widerspricht oder seine Bedenken äußert, wenn er nicht einverstanden ist. Ein empfindsamer Mitarbeiter wird alles in sich hineinfressen über Tage, Monate oder Jahre hinweg. Geben Sie diesem Menschen Anweisungen und Befehle in indirekter und konzilianter Weise! Er ist empfänglich für Suggestion; bauen Sie darauf, machen Sie ihn glauben, daß er die Arbeit oder den Auftrag freiwillig und selbständig ausführt. Äußern Sie Ihre Forderun-

gen als Wünsche, nehmen Sie sich als Vorgesetzter zurück, lassen Sie den Tatbestand fordern! Appellieren Sie an sein Können, sein Verantwortungsgefühl, seine Hilfsbereitschaft! Einem solchen Mitarbeiter können Sie Vertrauenssachen übertragen, es ehrt ihn, und er wird in den seltensten Fällen Ihr Vertrauen mißbrauchen.
Die Arbeit muß ihn interessieren, er will sehen, was er schafft. Machen Sie ihm seine Arbeit schmackhaft! Spornen Sie seine Leistungen hin und wieder durch Lob, Anerkennung oder Aufmunterung an!
Schließlich gibt es Mitarbeiter, die über viel seelische und körperliche Ausdauer, Konzentration, Reaktionsvermögen und Kontaktfreudigkeit aber wenig Phantasie verfügen. Anweisungen an solche Mitarbeiter bedürfen der Höflichkeit und der logischen Begründung. Sie sind bescheiden und treu, falsches Lob verfängt bei ihnen nicht. Sie glauben nur, was sie wissen und sehen und sind kaum beeinflußbar.

# Geistige Fähigkeiten

## I. Konzentration und Gedächtnis

### 1. Äußere Konzentration

Grundsätzlich kann man zwei Arten der Konzentration unterscheiden: die Nahkonzentration und die Weitkonzentration. Kennzeichnend für die **Nahkonzentration** ist die Vertiefung. Sie erfaßt das, was als wesentlich erachtet wird – und nur das –, aber gründlich und bis ins kleinste Detail. Ihr liegt das Prinzip der Zielscheibe zugrunde. Nachteil der Nahkonzentration ist, daß man nicht mehr merkt, was um einen herum vorgeht, beispielsweise, wenn man sehr konzentriert liest. Andererseits läßt man sich bei dieser Art der Konzentration kaum ablenken.
Menschen mit **Weitkonzentration** erscheinen geistreich, verständig und umsichtig, sie sind umfassend gebildet, können sich schnell anpassen und gut umstellen. Sie sind aber meist ohne Gründlichkeit und leicht ablenkbar.
Prüfen Sie zunächst, welcher Konzentrationsart Sie eher zuneigen, indem Sie einen Gegenstand oder Begriff umschreiben. Schließen Sie die Augen, und sagen Sie dann laut, was Sie vor Ihrem geistigen Auge sehen. Erkennen Sie anschließend, daß Sie nicht sofort die entsprechenden Worte gefunden haben, aber Ihre Umschreibung nicht von dem Gegenstand oder dem Begriff abwich, ist es notwendig, die Langsamkeit zu überwinden und der Phantasie einen größeren Spielraum zu geben. Macht Ihre Umschreibung nicht an dem, was Sie sehen sollten, Halt, sehen Sie also auch das, was damit nur indirekt zusammenhängt, wie z. B. bei dem Gegenstand »Treppe« nicht nur, aus welchem Material sie besteht, wie sie beschaffen ist, daß sie im Ganzen ein wenig ausgetreten ist, diese Stufe einen Riß hat und jener eine Ecke fehlt, sondern auch Dinge, die auf ihr abgestellt sind, Menschen, die auf ihr gehen oder Unglücke, die auf ihr geschehen können, so ist es erforderlich, daß Sie Ihre Nahkonzentration üben. Bemühen Sie sich, Phantasiezutaten grundsätzlich wegzulassen. Für den Willen, sich nur auf ein Gebiet oder einen Gegenstand zu konzentrieren, muß Interesse vorhanden sein. Sie sollten sich daher bemühen, den jeweiligen Stoff reizvoll und unterhaltsam zu gestalten oder ihn künstlich spannend zu

machen, indem Sie einen für Sie trockenen, langweiligen Vortrag möglichst dynamisch sprechen. Haben Sie geprüft und erkannt, welche Konzentrationsgabe Ihnen eigentümlich ist, und sollten Sie nun darangehen, der weniger ausgeprägten, besonders aber der Konzentrationsart, die Sie in Ihrem Beruf nötiger haben, Ihre Aufmerksamkeit zu schenken und sie zu trainieren. Nehmen Sie als überwiegend Nahkonzentrierter folgende Themen, die auf Weitkonzentration zielen: Marktplatz, Hauptgeschäftszentrum, Blick aus dem Fenster, Innenraum einer großen Bank oder eines Kaufhauses bei Hochbetrieb. Bemühen Sie sich, bei der Beschreibung nicht viel zu sagen, sondern möglichst genau und umfassend zu beschreiben!

Als Weitkonzentrierter können Sie folgende, auf Nahkonzentration gerichtete Umschreibungen versuchen: Rose, Hand, bunte Tischdecke, Feuerzeug, Streichholzschachtel usw. Zwingen Sie sich, nur den gewählten Gegenstand zu sehen, beschreiben Sie ihn gründlich und möglichst ausgiebig!

## 2. Innere Konzentration

Beschränkt sich die äußere Konzentration mehr oder weniger auf Aufmerksamkeit und Erfassungsvermögen, so ist die innere Konzentration eine Beschäftigung mit irgendeinem Sachgebiet oder abstrakten Thema. Sie ist eine Voraussetzung für die gute Rede, besonders für den guten Vortrag. Zur inneren Konzentration finden Sie, indem Sie sich bewußt geistig sammeln und das Körperbewußtsein so weit wie möglich ausschalten. Vor einer schwierigen Rede, einer Verhandlung oder Prüfung ist das besonders zu empfehlen.

Sie liegen im Bett und gehen in Gedanken jedes Glied Ihres Körpers durch, fangen bei der linken Hand an, sagen wiederholt: »Die linke Hand wird schwer«, gehen über den Unterarm zum Oberarm, von der rechten Hand aus denselben Weg, vom linken Fuß zum entsprechenden Oberschenkel usw. vom Unterleib zum Brustkorb und den Gesichtsmuskeln und wiederholen jeweils den Satz: »Das (der, die)... wird schwer.« Abschließend sagen Sie jeweils: »Das (der, die) ist schwer« und gehen dann zum nächsten weiter. Sie erreichen schließlich einen Zustand, in dem der Körper völlig unwichtig wird; Sie können nun überraschend tiefgehend über ein Thema oder Problem nachdenken.

Innenkonzentration hängt eng mit der Atmung zusammen. Richtige Atmung garantiert die notwendige Ruhe und Klarheit des Gehirns. Sie ist daher als Übung auf diesem Gebiet unbedingt zu empfehlen. Übungsarten brauchen nicht beschrieben zu werden, es kommt nur darauf an, die Atmung zu intensivieren, sie bewußt durchzuführen. Rhythmisch gleichmäßige Atmung, kurze oder lange, tiefe, anhaltende oder schnelle Atemzüge können sich ablösen.

Trainieren Sie Ihren Atem mehrmals täglich zwei oder drei Minuten, so werden Sie schon nach kurzer Zeit auch eine Konzentrationssteigerung feststellen können.

## 3. Gedächtnisschulung

Wie es der Zufall will, sind Sie oft genug im Leben allein auf Ihr Gedächtnis angewiesen, denn nicht immer haben Sie Papier und Bleistift zur Hand. Man sagt Ihnen per Telefon einige Zahlen, vielleicht eine Telefonnummer. Sie glauben, die paar Zahlen schon behalten zu können, doch dann stellen Sie fest, Sie haben sie vergessen oder die Reihenfolge durcheinandergebracht. Durch entsprechende Schulung und Training können Sie Ihr Gedächtnis an Höchstleistungen heranführen. Widmen Sie sich ihm intensiv! Denn können Sie Ihrem Gedächtnis nicht vertrauen, so sind Ihre Sprechfähigkeit und Ihr Wissen ohne Fundament.
Wollen Sie Ihr Gedächtnis verbessern, so müssen Sie zunächst Ihre Aufnahmefähigkeit schulen.
Zuvor eine kleine Randbemerkung: Man hat festgestellt, daß das Gedächtnis abends besonders aufnahmefähig ist – allerdings nur, wenn man nicht durch sein Tagewerk überanstrengt wurde und dadurch konzentrationsunfähig ist. Zudem begünstigt der nächtliche Schlaf das Behalten. Unbewußt verarbeitet unser Gehirn das, was man gelernt, gehört oder gesehen hat, und gräbt es in das Gedächtnis ein. Es empfiehlt sich also, etwas, das man im Gedächtnis behalten will, vor dem Einschlafen noch einmal durchzugehen.
Eine wirksame Methode, sich aufnahmewilliger und -fähiger zu machen, steht Ihnen zur Verfügung: Wecken Sie Ihr eigenes Interesse! Machen Sie sich den Stoff (z. B. beim Lernen), ansprechend, unterhaltsam, lockern Sie ihn auf! Daß Interesse den Aufnahmewillen und die Konzentration steigert, sehen Sie daran, wie schnell Sie beispielsweise die dramatischen Höhepunkte eines Romans lesen und wie lange Sie sie behalten. Je mehr Sie etwas persönlich interessiert, sei es positiv oder negativ, desto länger haftet es im Gedächtnis.
Die meisten Eindrücke nehmen wir mit den Augen und Ohren auf. Tast- und Geruchssinn spielen eine untergeordnete, eher unterstützende Rolle. Stellen Sie zunächst fest, worin Ihre Stärke oder Schwäche liegt. Stellen Sie etwa 15 Gegenstände auf einen Tisch und schauen Sie sie eine Minute lang konzentriert an (langsam einmal um den Tisch herumgehen!). Danach wenden Sie sich ab und versuchen aus dem Gedächtnis, diese 15 Dinge aufzuzählen. Sie sehen dann an der Zahl der Gegenstände, an die Sie sich erinnern konnten, ob diese Art des Aufnehmens bei Ihnen schwach oder stark ausgeprägt ist. Haben Sie

mehr als zwölf Gegenstände behalten, ist eine Übung zur Verbesserung des visuellen Gedächtnisses nicht nötig, bei nur etwa acht Gegenständen kommt es darauf an, ob es für Sie (beruflich) notwendig ist, Geschehenes behalten zu müssen, bei weniger als acht Gegenständen ist beharrliches Training unbedingt angebracht.
Ihre Hörerinnerung können Sie prüfen, wenn Sie versuchen, Gehörtes (z. B. Radionachrichten) nachzusprechen. Sie können auch jemanden etwas vorlesen lassen und versuchen, das Gehörte nachzusagen.
Haben Sie nun erkannt, auf welchem Gebiet Ihre Schwäche liegt, dann trainieren Sie durch ständige Übung Ihr Gedächtnis! Jedoch sollten Sie sich in erster Linie der Aufnahmefähigkeit widmen, die für Sie besonders wichtig ist.
Unterstützen Sie die Aufnahmefähigkeit Ihrer Augen dadurch, daß Sie den Stoff niederschreiben und wiederholt lesen, und Ihre Hörfähigkeit, indem Sie den Stoff laut für sich sprechen!
Freilich braucht man, um Dinge aufnehmen und behalten zu können, vor allem Konzentration und Aufmerksamkeit, und man muß die aufgenommenen Eindrücke sinnvoll ordnen und logisch miteinander verknüpfen können. Jedes Gedächtnis läßt sich durch ständige Übung und regelmäßige Beanspruchung trainieren. Je weniger Sie es gebrauchen, desto mehr läßt es nach.

## 4. Gedächtnisstützen

In der Gedächtnistheorie werden drei Stufen unterschieden. Das Behalten für Sekunden (z. B. die Zwischenresultate einer längeren Division), für Minuten und Stunden (Die Phase der Konsolidierung des Eindrucks) und für Wochen und Jahre (Erinnerungen).
Das Behalten für Sekunden beschränkt sich auf nüchterne Tatsachen wie Zahlen, Namen, Daten usw. Denken Sie sich nun bei Daten und Zahlen, die für Sie bedeutend sind, zugleich etwas Bildhaftes, so vertiefen Sie die abstrakten Daten und behalten sie länger im Gedächtnis.
Das Wiederholen ist die älteste Methode, sich Stoff einzuprägen. Es ist ferner, auf weite Sicht gesehen, unerläßlich, immer mal wieder vergangene, wichtige Inhalte durch systematische Wiederholung bewußt aufzufrischen.
Das Behalten wird Ihnen wesentlich erleichtert, wenn Sie einen neuen Inhalt mit einem alten verbinden können. Dieses sinnentsprechende Verknüpfen verschiedener Begriffe und Dinge zu einem logischen Ganzen ist übersichtlicher. Später ergibt sich dann eins aus dem anderen.
Wichtig ist es beispielsweise, den Namen eines Gesprächspartners zu behalten. Merken Sie ihn sich, indem Sie sich eine Geschichte dazu einfallen lassen

(probieren Sie es mit Ihrem eigenen Namen gleich aus!). Bringen Sie ihn in Verbindung mit irgend etwas für Sie Interessantem, Lustigem oder Unvergeßlichem, schreiben Sie ihn auf und lesen Sie ihn ein paarmal laut!
Der bildhafte Eindruck bleibt für längere Zeit, Minuten, Stunden, Tage oder Jahre haften. Das Behalten fällt Ihnen also leichter, wenn der Eindruck mit einem anschaulichen Bild verknüpft ist.

### 5. Gedächnisoptimierung

Aufbau und Funktion unseres Körpers sind unsymmetrisch. Am offensichtlichsten zeigt sich das bei den Händen. Kaum ein Mensch kann beide Hände vollwertig gebrauchen. Mehr als 90% der Menschen sind Rechtshänder. Auch haben die meisten Menschen nicht zwei gleich gute Augen oder gleich kräftige Arme und Beine. Wie kommt diese Ungleichheit des Körpers zustande?
Unser Gehirn teilt sich in zwei Hälften, in die linke und die rechte. Eine dieser beiden Gehirnhälften ist im allgemeinen schwächer ausgebildet, und zwar arbeitet bei Rechtshändern überwiegend die linke Hälfte und bei Linkshändern entsprechend die rechte, weil sich die Nervenstränge von dem Gehirn zu den Gliedern hin überkreuzen. Was für eine Schlußfolgerung ergibt sich daraus in bezug auf das Gedächtnisproblem? Das Max-Planck-Institut für Arbeitsphysiologie in Dortmund hat in entsprechenden Experimenten nachgewiesen, daß es auf dem umgekehrten Weg, also nicht vom Gehirn zu den Händen, sondern von der Hand zum Gehirn möglich ist, auf die entsprechende Gehirnhälfte Einfluß zu nehmen. Lernt man also, seine linke (oder rechte) Hand genauso zu gebrauchen wie die andere, so wird auch die zugehörige Gehirnhälfte trainiert.

# II. Schöpferische Phantasie

### 1. Entwicklung

Nicht nur, wer sich als Bastler, Ingenieur, Wissenschaftler oder Politiker betätigt, muß seine Phantasie einsetzen! Auch um Gesprächsstoffe zu finden, Werbe- oder Propagandareden interessant und anschaulich zu gestalten, bedient man sich tunlichst seiner Phantasie.
Man muß freilich zwischen der Phantasie unterscheiden, die das Denken und Wünschen anregt und beflügelt, und der, die Grundlage der Lüge und Aufschneiderei ist. Erstere könnte man die vorausschauende Phantasie nennen.

Dem Inhalt der vorausschauenden Phantasie nach unterscheiden wir **Optimisten** und **Pessimisten.**
Die Phantasie setzt sich zusammen aus Vorstellungs- und Einbildungskraft. Stellen Sie es sich so vor, daß in Ihrem Gehirn einzelne Gedanken völlig ungeordnet vorhanden sind. Bemühen Sie sich, zu jeder Gelegenheit den passenden Gedanken auszusuchen oder durch Zusammensetzen und Kombinieren früherer Wahrnehmungen neue Gedanken (Bilder und Inhalte) entstehen zu lassen.
Sie können Ihre Fähigkeit, phantasievoll zu denken, erheblich erweitern, indem Sie viel lesen – vor allem Literatur, also Romane, Bühnenstücke oder Gedichte.

## 2. Anregungen und Nutzen

Gehen Sie bei der Stoffsammlung zu einer Beschreibung oder zu einem Thema von dem Zweck und dem Ziel, das Sie erreichen wollen, aus. Wollen Sie nur unterhalten, wollen Sie andere sachlich nüchtern ins Bild setzen, wollen Sie Ihre eigene Einstellung zum Stoff ausdrücken oder wollen Sie andere für den Gegenstand gewinnen?
a) Zu den Beschreibungen oder Themen, die der Unterhaltung dienen, finden Sie genügend Stoff nach folgendem Schema:
- Betrachten Sie das zu Beschreibende zeitlich, d. h. schildern Sie beispielsweise die Entstehung des zu Beschreibenden!
- Setzen Sie es in Beziehung zu bereits Bekanntem!
- Drücken Sie eigene Empfindungen aus!
- Sammeln Sie Stoff, indem Sie »als-ob« oder »so-wie« -Vergleiche suchen!

b) Wollen Sie Ihren Zuhörer ins Bild setzen oder informieren, so gestalten Sie Ihre Beschreibungen als Sachbericht. Er muß das beinhalten, was für den anderen wichtig ist, was der andere wissen sollte, und zwar in kurzer, klarer und objektiver Form. Phantasie ist nur zur Verdeutlichung (Beispiele, Bilder) einzusetzen, nicht aber zur Ausschmückung, denn das würde ablenken.
c) Ihre eigene Einstellung zum Stoff können Sie ausdrücken, indem Sie Ihre Empfindungen aussprechen und Ihr Verhältnis zur Sache hervorheben. Es ist auf die Stimmung einzugehen.
d) Wenn Sie einen anderen für Ihre Sache gewinnen wollen, so müssen Sie ihn interessieren oder seine Teilnahme erwecken. Überlegen Sie, was günstiger für Sie – für Ihre Sache – ist, ob die Beschreibung den Verstand oder das Gefühl ansprechen soll. Legen Sie dann das Interesse des Zuhörers, das meist begrenzt ist, zugrunde und versuchen Sie Bedenken und offensichtliche Nach-

teile zu widerlegen oder zu mindern. Wenn Sie die Vorteile schildern, lassen Sie Ihrer Phantasie nicht freien Lauf. Zu sehr ausgemalte und zu positiv geschilderte Vorteile bewirken oft das Gegenteil, der Gesprächspartner wird eher mißtrauisch.

# III. Wortschatz

## 1. Erweiterung

Der normale Durchschnittsmensch verfügt im allgemeinen über einen aktiven Wortschatz von 1000 bis 1200 Wörtern, während etwa William Shakespeare aus einem Wortschatz von über 20 000 Wörtern schöpfen konnte. Manche Menschen gebrauchen in der täglichen Umgangssprache sogar nur 300 bis 400 Wörter. Bequemlichkeit und Denkfaulheit, Phantasielosigkeit und Unaufmerksamkeit lassen uns immer wieder auf dieselben Wörter zurückgreifen. Bemühen Sie sich, im Ausdruck zu wechseln und das, was Sie sagen wollen, treffend auszudrücken.
Gründlich und konkret müssen Sie Ihren Gedanken Ausdruck geben, um ein geistiges Treffen zu ermöglichen, nur wer sich unzweideutig äußert, kann verstanden werden, ohne daß es zu Mißverständnissen kommt.
Den deutlicheren oder undeutlicheren, den stärkeren oder schwächeren Ausdruck, so wie er notwendig erscheint, zu finden, setzt eine intensive Beschäftigung mit der Sprache voraus. Ihre Sprache muß Stimmungsbild des Stoffes sein: feierlich, hoheitsvoll, getragen oder einfach und hart, treffend oder gefühllos, lebendig und sprühend oder traurig und mutlos. Der Sachvortrag verlangt eine klare und unzweideutige Sprache.
Bei der Wortwahl sollten Sie immer von der Sache, dem Tatbestand selbst ausgehen, nicht von den Wörtern, die Sie bereits dafür gefunden haben. Im Gespräch können Sie sich oft bei der Suche nach geeigneten Wörtern nicht lange aufhalten, da Sie gerade in einem Gedankengang stecken und den Faden verlieren würden. Für die schriftliche Äußerung aber – also etwa für Ihre Korrespondenz – ist es nützlich, ein Synonym- (Wahlwörter-) Lexikon zu Rate zu ziehen. Sie erweitern damit ganz automatisch Ihren Wortschatz, was Ihnen dann auch bei Gesprächen zugute kommt.
Wesentlich erweitert wird Ihr Sprachhorizont durch Lesen schöngeistiger Literatur oder anspruchsvoller Fach- und Sachliteratur. Wer viel liest, erweitert auf ganz natürliche Weise seinen Wortvorrat. Wollen Sie jedoch Ihre Sprachkom-

petenz intensiver und konzentrierter vermehren, sei es aus bloßem Interesse oder aber der (beruflichen) Notwendigkeit gehorchend, so erarbeiten Sie sich für Wörter, die Sie viel gebrauchen, die Ihnen aber zu allgemein, nichtssagend und abgegriffen erscheinen, Wortfelder, und bemühen Sie sich, die bisher verwendeten Wörter und Begriffe zugunsten der neuen in den Hintergrund zu stellen.
Auf der Suche nach sinnverwandten, besseren Ausdrücken, besonders im Bereich der Tätigkeitswörter, sollten Sie Ihre Fähigkeit zu lesen und zuzuhören schulen. Untersuchen Sie Bewegungen, geistige und körperliche Arbeitsvorgänge, Laute, Eigenschaften und Vorgänge, und setzen Sie das Beobachtete in eine treffende Formulierung um! Je größer Ihr Wortschatz, desto besser und flüssiger können Sie definieren, reden und überzeugen.
Schlagen Sie unverzüglich in einem Wörterbuch oder Lexikon nach, wenn Sie bei der Lektüre über ein Wort stolpern, das Sie bisher nicht kannten oder dessen Bedeutung Ihnen nicht klar ist. Auch ein Fremdwörterlexikon sollte in Ihrem Bücherschrank nicht fehlen!

# IV. Richtig denken und planen

## 1. Denkträgheit

Denkträgheit ist nicht immer auf Müdigkeit oder notorische Faulheit zurückzuführen, wie es bei oberflächlicher Betrachtung scheinen mag. Es gibt Menschen, die Angst vor dem produktiven Denken haben oder die glauben, sie hätten es nicht nötig, ihr Beruf erfordere es nicht, oder sie hätten keine Anhaltspunkte, keine Ziele, die intensives rationelles Denken voraussetzen.
Falls Sie selbst zur Denkträgheit neigen, überwinden Sie diesen Zustand. Denken und Planen Sie nach einem System, das Sie schriftlich festhalten; motivieren Sie sich zum Denken, indem Sie sich Fragen stellen, Ihren Forschungsdrang wecken. Fragen weisen den Weg und zeigen, daß Angst vor dem Denken vollkommen unbegründet ist. Fragen werden auch die Augen dafür öffnen, daß produktives Denken zwar nicht unbedingt notwendig, aber vorteilhaft ist und Erfolg sichert. Fragen, die aus ernsthaften Regungen heraus entstehen, zeigen auch automatisch Ziele auf, deren Antworten wiederum Wege. Sie regen außerdem Ihre Phantasie an. Lediglich auf Ihre Gedächtnisfähigkeit haben Fragen keinen Einfluß. Das muß der Bleistift schaffen. Er ermöglicht Ihnen eine zweckdienliche Übersicht über Ihre gesamten Einnahmen und Ausgaben, über

Ihren Vermögensstand, Ihre Charakteranlagen, Eigenschaften und Schwächen, Fähigkeiten, Fertigkeiten und Kenntnisse, über Ihre Beziehungen und beruflichen Möglichkeiten und vieles mehr. Wer sich darüber im klaren ist, was er darstellt und wie es um ihn steht, wird vorwärtskommen.
Das folgende System soll Ihnen weiterhelfen, wenn Sie ein Ziel gefunden haben. Wir wollen einmal annehmen, es handele sich um Ihre berufliche Weiterbildung.

Ihre Planung könnte dann ungefähr so aussehen:

| **Möglichkeiten** | **Ort** | **Ausführungen** |
|---|---|---|
| Wie und womit… | Wo… | Wann und wobei… |
| kann ich mein berufliches Wissen erweitern? | | |
| Fachliteratur aus Büchern und Zeitschriften | Betriebsbücherei, Leihbibliothek, Buchhandel | samstags vormittags |
| Kurse, Lehrgänge, Vorträge Gespräche | Volkshochschule Berufsschule Betrieb, Freundeskreis | 3. Trimester, freitags 8.00 – 10.00 Uhr Lehrherrn, Angestellte |

Das große Gebiet der Allgemeinbildung läßt sich ebenfalls auf diese Art übersichtlich erschließen.
Der nächste Schritt ist, seine Planung zu verwirklichen. Gute Dienste wird Ihnen hier eine Wissenskartei leisten. Teilen Sie diese nach Fachgebieten ein, hier zum Beispiel die Aufteilung eines Steuerberaters:
1. Hauptgebiet:
Fachwissen Steuern (Umsatzsteuer, Einkommensteuer, Gewerbesteuer usw.), Buchhaltung, allgemeines Recht (öffentliches und privates Recht usw.)
2. Hauptgebiet:
Praxis (Organisation)
3. Hauptgebiet:
Allgemeinwissen (Allgemeinbildung, Tagesfragen usw.)
In dieser Kartei tragen Sie nach und nach methodisch Ihren erarbeiteten, gelesenen oder gehörten Stoff ein. Lesen Sie nie ohne Bleistift in der Hand, vor allem keine Lehrbücher! Kreuzen Sie das Wesentliche und Wichtige an – sofern es sich um Ihre eigenen Bücher handelt –, oder machen Sie sich eine Notiz und fassen Sie das Wichtigste später im Telegrammstil für Ihre Kartei zusammen!

## 2. Das Neue

Ideen müßte man haben! Neue, großartige Einfälle würden einem schon weiterhelfen. Aber wie ruft man Geistesblitze hervor, die dann Erfindungen, Verbesserungen und Erneuerungen auslösen? Kommen sie als Eingebung schicksalhaft, fallen sie einigen wenigen Bevorzugten in den Schoß oder bedürfen sie einer mühevollen, planmäßigen und ausreichenden Vorbereitung?
Auch – und gerade – einem Genie bleiben Vorarbeit und zielstrebiges Denken nicht erspart. Den meisten Erfindungen ist eine jahrelange Forschung oder intensive Beschäftigung mit der betreffenden Materie in Theorie und Praxis vorangegangen. Schöpferische Arbeit, sei es die des Wissenschaftlers, Erfinders oder Künstlers, Schriftstellers oder Komponisten, entsteht nicht aus dem Nichts; man darf nicht einfach auf den Einfall warten, man muß viel mehr Wissen und Erfahrungen angesammelt, hinreichend gedacht und umgedacht, ausreichend erprobt und verknüpft haben, um daraus Neues entstehen lassen zu können. Zur Tür der Schöpfung des noch nicht Dagewesenen führt eine hohe Treppe aus großen und kleinen Steinen, die herbeigeschafft und zu einer begehbaren Form angeordnet werden wollen. »Zu beneiden ist er mit seinem genialen Einfall!« sagen Zuschauer; sie haben ja auch nicht beobachten können, wie jener Stein um Stein mühsam zusammengetragen hat. Denken Sie nicht so wie diese Zuschauer, neiden Sie nicht und warten Sie nicht, sondern denken Sie zweckdienlich, rationell und zielstrebig!
Wählen Sie als erstes Ziel Naheliegendes aus Ihrem Beruf und Ihren Neigungen. Ihr Ziel sollte sein, ein Gebiet Ihres Berufes so vollkommen zu beherrschen wie kein zweiter. Das ist in jedem Beruf möglich, ob Sie Angestellter, Arbeiter, Selbständiger oder Künstler sind, spielt gar keine Rolle.
Zugegeben, ein ausgesprochener Spezialist scheint zunächst das genaue Gegenteil von dem zu sein, was wir eingangs als eine Persönlichkeit definiert hatten. Was nützt einem auch ein umfassendes Wissen in einem begrenzten Teilgebiet, wenn das Verstehen größerer Zusammenhänge, ein Beherrschen des gesamten Berufsbildes und eine Allgemeinbildung fehlen? Die Spezialisierung darf also nur einen Teil Ihres Denkens und Ihrer Beschäftigung ausfüllen. Zu Persönlichkeit gehört beides: der Allroundman und der Spezialist.
Vor allem beachten Sie den Unterschied zwischen spezialisiertem und routinemäßigem Denken! Hier ist Routine gefährlich und fehl am Platze. Es ist automatisches, unbewußtes Denken, zwar nicht unproduktiv, aber auch nicht in der Lage, neue Werte zu schaffen oder Unvorhergesehenes entsprechend zu meistern. Nicht das gewohnheitsmäßige, sondern das überlegte Denken bringt Sie weiter. Die Fähigkeit zu bewußtem, überlegtem Denken kann sich jeder aneignen, der willens ist, es zu lernen. Es ist dazu freilich eine intensive Selbst-

erziehung nötig. Entsprechendes Training mag Ihnen den Anfang erleichtern. Nehmen Sie sich jede Woche etwa eine Stunde Zeit, in der Sie übertrieben jedem Wort, jeder Handlung eine Überlegung vorangehen lassen. Be- und durchdenken Sie jeden Arbeitsgang, selbst das Lochen eines Blattes oder dessen Abheftung, jedes Gesehene, Gespürte, Gehörte oder Geschmeckte, und versuchen Sie, Ihre Gedankengänge hinterher möglichst genau und knapp niederzuschreiben.

## 3. Produktives Denken

Daß nur derjenige es im Leben zu etwas bringen kann, der nicht gleichgültig ist, nicht unkonzentriert oder ohne Ziel denkt, liegt auf der Hand; aber wann soll man am Vorteilhaftesten nachdenken und überlegen? Gewiß, bei vielen Handlungen, Aufgaben und Arbeitsbereichen ergibt sich das zwangsläufig von selbst.

Auf anderen Gebieten, besonders im privaten Lebensbereich, läßt es sich aber zweckdienlich organisieren.

Die Menschen sind zu bestimmten Stunden des Tages oder an besonderen Tagen überdurchschnittlich leistungsfähig im Denken, sie sind dann besonders aufnahmefähig, begreifen und erkennen leichter und sind konzentrierter als sonst. Manche Menschen entwickeln gleich nach dem Erwachen ihre stärkste Aktivität und Produktivität, die dann im Laufe des Tages nachlassen. Andere werden erst am Nachmittag richtig munter. Jeder kann leicht feststellen, wo der eigene Leistungshöhepunkt liegt, man braucht sich nur daraufhin zu prüfen oder während eines Tagesablaufes darauf zu achten. Wer sich die Kenntnis dieser Tatsache zunutze macht, überfordert nicht sein Gehirn, leistet weit mehr und spart viel Zeit.

# Sprechtechnik und Rhetorik

## I. Sprechtechnik

### 1. Die Sprache

Die Sprechtechnik ist durchaus nicht Selbstzweck. Wer nämlich verhindern will, daß die Wirkung seiner Worte durch fehlerhafte Sprache verpufft, muß schon ein gehöriges Stück Arbeit für sie aufbringen. Sprachfehler, unpassende Sprechweise und Artikulation, falsche Sprachmelodie und andere Schnitzer fordern förmlich den Mißerfolg heraus. Öffentliche Reden sollten grundsätzlich in **Hochdeutsch** gehalten werden; Mundarten haben nur bei Reden vor Menschen mit demselben oder einem verwandten Dialekt ihre Berechtigung, denn nur in einem solchen Kreis hat der Redner die Gewißheit, auch wirklich verstanden zu werden.

Nun zur Sprache selbst einige Grundsätzlichkeiten. Beim Sprechen sind folgende Faktoren beteiligt: Der Atem, der Kehlkopf, die Resonanz und die Sprechwerkzeuge des Mundes.

Wahrscheinlich werden Sie wie die meisten diesbezüglich ungeschulten Menschen mit Ihrem Brustkorb, Ihrer Rippenmuskulatur und nicht mit dem Zwerchfell atmen.

Es kommt darauf an, diese beiden Atmungsvorgänge, die Brust- und die Zwerchfellatmung, zu einem ergiebigen Atmungsvorgang zu kombinieren: Zuerst dehnt sich die Bauchwand und in direktem Anschluß daran hebt sich der Brustkorb von unten herauf. Nun ist es gar nicht erforderlich, eher schädlich, besonders stark und tief zu atmen. Ideal ist eine rhythmische Atmung mit kleinen Pausen, in denen sich der Stoffwechsel vollzieht. Die Zwerchfellatmung können Sie üben, indem Sie Ihre Daumen an die Hüften legen und Ihre Finger über den Bauch spannen und diese dann durch stoßweises Einatmen wegzustoßen suchen.

Achten Sie darauf, daß Ihr Kehlkopf nie gespannt und verkrampft ist. Sonst können Ihre Stimmbänder nicht schwingen und werden zudem noch überbe-

anspruchtt. Ihre Stimme wird tonlos, und Sie werden bei lautem Sprechen schnell heiser.
Die Resonanz, also die Schallverstärkung der durch Luftstöße in Schwingungen geratenen Stimmbänder, bildet sich einmal in Ihrem Brustraum und zum anderen in Ihrer Mund-, Rachen- und Nasenhöhle. Auch die Stirnhöhle kann zum Resonanzraum ausgebildet werden. Durch ständiges Wiederholen folgender Silben trainieren Sie die Einbeziehung dieser wertvollen, zusätzlichen Resonanz: »ning«, »nong«, »nang«, »neng« und »nung«. Ungefähr zehn Sekunden halten Sie den Ton, heben den rechten Arm und lassen ihn beim Auslaut »ng« fallen, als wollten Sie gegen einen großen Gong schlagen. Deutlich spüren Sie die Resonanz der Stirnhöhle, wenn Sie, während Sie die Silben klingen lassen, die Hand auf Ihre leicht vibrierende Schädeldecke legen.
Die Bildung der Laute, also der Vokale und Konsonanten, erfolgt vor allem durch Zunge, Zähne und Lippenstellung. Übungen, die besonders darauf eingehen, finden Sie im nächsten Kapitel. Grundsätzlich zu sagen wäre hierzu, daß Sie diese drei Teile beim Sprechen aktiv betätigen, den Zähnen und der Zunge die richtige Stellung geben und Ihre Lippen als Schalltrichter benutzen müssen.

## 2. Artikulation

Bevor Sie zu sprechen beginnen, schieben Sie Ihre Zungenspitze gegen die unteren Vorderzähne. Die Zunge ist vorne ein wenig nach oben gewölbt.
Bemühen Sie sich, jeden Vokal, jeden Konsonanten, jeden Diphtong und jede Silbe deutlich zu formen! Hierzu gehört auch, daß Sie Endungen nicht verschlucken und Endsilben richtig aussprechen. »Ing« und »ung« dürfen nicht wie »ink« oder »unk« klingen, »b« und »p«, »d« und »t« sollen deutlich voneinander zu unterscheiden sein, und versuchen Sie auch vorhandene Sprachfehler, etwa ein Lispeln, zu beseitigen.
Folgende Übungen mögen hilfreich sein. Achten Sie bei allen Übungen auf Atem, Kehlkopf, Resonanz und Mundtätigkeit! Atmen Sie bewußt mit Zwerchfell und Brustkorb! Lockern Sie Ihren Kehlkopf, indem Sie vor den Übungen die Silben »nung«, »nong«, »nang«, »neng« und »ning« sprechen! Beim Nachklingen lassen Sie den Kopf locker nach hinten fallen und drehen ihn dann im Kreise: linke Schulter, Brust, rechte Schulter usw. Machen Sie diese Übung nicht ruckartig, sondern als lockere, kreisende Bewegung! Den letzten Teil der Silben (»ng«) sagen Sie, wenn Ihr Kinn zum zweiten Male auf die Brust fällt. Gleichzeitig bilden Sie durch diese Übungen Ihre Stirnhöhle als zusätzlichen Resonanzkörper aus.

**Übungen zur Artikulation von A bis Z**

**A:** Der Mund ist weit geöffnet, die Oberlippe ein wenig nach oben gezogen. Die Zunge liegt ganz tief. So vergrößern Sie die Resonanz Ihrer Mundhöhle. Beim A liegt die Gefahr nahe, daß es auf Ihren Kehlkopf drückt. Vermeiden Sie das! Zu einem angenehm klingenden A finden Sie, wenn Sie zur Übung ein h davorsprechen und es gähnend sagen, z. B.: Adalbert und Alma waren ja wahrscheinlich am Abend abwesend, da sie annahmen, daß Arno und Ada den am Tag vorgetragenen, aber abgelehnten Antrag dann abermals zu machen gewillt waren.

**B:** Beim B wird hinter den geschlossenen Lippen Luft gesammelt, die dann mit Kraft ausgestoßen wird. Babette bedarf bei besonderen Begebenheiten bzw. bei besonders bevorzugtem Besuch keiner Bemerkung, um ihre beliebte blaue Bluse bewundern zu lassen.

**C:** siehe K und Z

**D:** Hierbei gilt das gleiche wie beim B, den Verschluß bildet jedoch die Zunge, die mit der Spitze hinter den Schneidezähnen liegt. Da der Dachdecker das Dach deckt, darf Dora nicht auf den Dachboden, denn das duldet der Dachdecker dort droben nicht.

**E:** Unterscheiden Sie zwischen dem offenen E, das kurz ist (Achten Sie darauf, daß es auch tatsächlich zu hören ist, sagen Sie nicht: »hebn«!) und dem geschlossenen E, das lang und eindringlich ist und den dazwischenliegenden Übergängen. Bei geschlossenem E ist die Zunge im ganzen ein wenig gehoben, die Zungenseiten stoßen gegen die oberen Backenzähne, jedoch die Spitze gegen die unteren Schneidezähne. Der Mund ist oval geöffnet. Übungen zum geschlossenen und zum offenen E: Von jeher geht das menschliche Bestreben dahin, seine Bereiche auszudehnen über Erde und Meere. Ehrgeizig nehmen die Menschen jede Gelegenheit wahr, erhebliche Erfolge zu ernten.

**F:** Die obere Zahnreihe legt sich leicht auf die Oberlippe, und der Laut entsteht, indem die Luft durch die Zahnlücken streicht. Frieda fuhr freitagfrüh für fünf fröhliche Wochen fort nach Frankfurt, Fulda und Flensburg.

**G:** Beim G liegt die Zungenspitze am unteren Rand der Unterzähne, der Zungenrücken stößt an den Hintergaumen und bildet den Verschluß, der mit Kraft gesprengt wird. Jedoch das Endungs-G in der Nachsilbe -ig, wie selig, kann ähnlich wie das -ich in fröhlich gesprochen werden. Gregor und Gisela gingen Großvater zum Geburtstag gratulieren, und Gregor gab Großvater eine gar gut gebastelte Geige. In dieser Übung wird das G mit Kraft ausgestoßen, in der nachfolgenden ist es weich und dauerhaft (Endungs-G). »Hängen«, »bangen«, »wringen«, »Übung«, »Haltung«, »Wange«, »Mangel«, »Ingo« und andere Wörter mit -ang, -eng, -ing, -ong und -ung.

**H:** Hier liegt die Zunge so tief wie möglich. Der Atem tritt ungehindert aus, das Gaumensegel versperrt ihm den Weg durch den Nasenraum. Heinz und Henning haben heute hinterm Haus Holz gehackt.
**I:** Beim I sind die Mundwinkel ziemlich weit nach hinten gezogen, der Zungenrücken ist gegen den Gaumen gedrückt, und vorn fällt die Zunge nach unten. Iller, Lech, Isar, Inn fließen zu der Donau hin. – Ingo und Ingrid gefiel es hier in dieser vielgepriesenen Tiefebene immer wieder prima.
**J:** Der Zungenrücken wölbt sich etwas auf, die Zungenseiten stoßen an die oberen Backenzähne und zwar so, daß zu beiden Seiten und über der Wölbung Raum bleibt, durch den die Luft entweicht. Das erzeugt mit Hilfe der Stimmbänder den Laut. Jedenfalls jagen Jäger jedes Jahr jenseits jener Wiese. Junggesellen machen nach der Jagd jubelnd ihren Jux.
**K:** Da hierbei nicht die Stimmbänder in Aktion treten, ist besonderer Wert auf die Mundstellung zu legen. Sprengen Sie explosionsartig den Verschluß, den der Zungenrücken gegen den Hintergaumen gepreßt bildet! Kurt und Käthe kamen Karfreitag bei Klara und Karl in Köln an.
**L:** Beim L liegt die Zunge im ganzen gehoben, die Zungenspitze stößt nach oben gekrümmt gegen die obere Schneidezahnreihe, so daß die Luft rechts und links austritt. Diesem Laut kommt eine besondere Bedeutung zu, seine Artikulation löst den Kehlkopf und zieht Ihre Stimme in die oberen Resonanzräume. Lieber leben mit Laster, als ein liebloses Leben, so lallte ein lärmender Trinker auf der langen leeren Landstraße.
**M:** Das M wird in der Nasenhöhle gebildet. Die Luft in der geschlossenen Mundhöhle verleiht dem Laut eine brusttonartige Beimengung. Der Kiefer ist nach unten gedrückt. Von wem stammt dieses warme Mittagsmahl? Mein Magen mag dummerweise nicht so milde Stampfkartoffeln.
**N:** Durch Zungenstellung wird der Atem in die Nase geführt. Dieser Laut trägt wesentlich zur Klangsteigerung bei. Natürlich lehnte Nina den Antrag von Hennig entschieden ab, wie schon ganz andere.
**O:** Beim offenen wie auch beim geschlossenen O ist die Zunge ganz herabgedrückt. Auf die Lippenstellung ist besonders zu achten. Das offene O ist kurz und eng, das geschlossene O ist weit und gedehnt. Ob Otto und Olga morgen von Norden ostwärts fort wollen? Opa und Oma holen wohl schon vor November den großen, altmodischen Kohleofen vom Boden.
**P:** Bei diesem Laut wird genügend Luft hinter den geschlossenen Lippen gesammelt, die diese dann gewaltig sprengen. Papa und Opa plaudern über prosaische Opern und Epen, plötzlich pocht Pater Deppen. Nun probieren sie pausenlos passende Predigten.
**Q:** wie »Ku«.

**R:** Das R kann durch starkes Vibrieren der Zungenspitze gebildet werden, dadurch liegt nämlich der Ton vorn im Mund und klingt sonor. Aber auch bei intensivem Üben gelingt es nicht jedem, zu diesem gerollten R zu kommen. Ein anders klingendes R ergibt sich, wenn man das Rachenzäpfchen schwingen läßt. Nie darf das R wie ein ch klingen oder gar ausgelassen werden (»warte« – »wachte« – »wate«). Da sich ein I vor dem R schwer sprechen läßt, schiebt man oft ein A dazwischen. Eignen Sie sich diese Bequemlichkeit nicht an, sagen Sie nie: »Miar«, »diar«, »wiar« usw.! Rosemarie fragt Herrn Tier, warum Reisen mit Rädern so große Freude bringt, worauf er erwidert: »Durch Vorteile wie Freiheit beim Radeln, frische Luft und Rundblick.«
**S:** Unter Beteiligung der Stimmbänder entsteht dieser Laut, indem Sie die Luft durch die Zähne pressen. Das Schluß-S und das S vor dem T wird ohne Beteiligung der Stimmbänder, also stimmlos, gesprochen. Sagen Sie selbst, sind Sie sicher, ob Sie so ernste, so sehr sorgenschwere und seitens Ihres Berufes absonderliche Situationen meistern können?
**T:** Beim T bildet die Zunge den Verschluß, der mit Kraft zu sprengen ist. Der Mund ist weit, aber schmal geöffnet. Tilo bereut tatsächlich tief, was er Bitteres getan hat, und versichert sein Möglichstes zu tun, es fortan mit dem Guten zu halten.
**U:** Um der Zungenhöhle genügend Resonanz geben zu können, liegt die Zunge so tief wie möglich. Beachten Sie: Das U rutscht gern in den Hals und gibt dann einen unschönen Brustton ab! Suchet unsere Jugend unter keinen Umständen nur unter den Unzufriedenen und versucht, sie für gute Urteile zu gewinnen!
**V:** siehe F und W
**W:** Das W erfordert die gleichen Voraussetzungen wie das F, nur werden bei ihm die Stimmbänder eingeschaltet. Wann wollen wir wieder weiterwandern? Wenn das wüste Wetter weg ist.
**X:** wie K + S; Felix und Xaver lernten fix boxen.
**Y:** siehe I und Ü
**Z:** Dieser Buchstabe ergibt sich aus der Verbindung des T mit dem stimmlosen S. Zuerst schien der Zahn der Zeit den ziemlich zahlreichen Hypothekenzinsen zu zehn Prozent zwar nichts anzuhaben, doch dann zerlief der Zahlungsstand.
Für die Buchstaben B, D, G, K, P und T ergibt sich eine zusammenhängende Übung aus folgendem Gesichtspunkt. Diese sechs Buchstaben kommen sämtlich dadurch zustande, daß ein Verschluß, der allerdings jeweils verschieden ist, kraftvoll gesprengt wird. Sie sind insofern wichtig, als sie erheblich zur Deutlichkeit der Sprache beitragen und Träger der Selbstlaute sind. BDG, GDB, BDG usw.; KTP, PTK, KPT usw.

Zu Umlauten, Diphthongen und den Silben kurz folgendes:
**Ä:** Dieser Laut kommt dem offenen E gleich.
**Ö:** Beim Ö liegen die gleichen Voraussetzungen vor wie beim O, nur die Zungenseiten drücken hoch gegen die oberen Backenzähne.
**Ü:** Das Ü erfordert die gleiche Mundstellung wie das U, doch auch bei diesem Umlaut wird die Zunge so gehoben, daß sie seitlich die oberen Backenzähne berührt. Das Ü muß sich klar vom I unterscheiden lassen.
**AU:** Dieser Diphthong bildet eine Klangeinheit der beiden folgenden Laute: A + O nicht: A + U.
**EI (AI):** Bei der Verschmelzung der Vokale ist die Lautfolge A + I (nicht: E + I).
**EU (ÄU):** Entsteht durch das offene O + E (nicht E + U oder Ä + U).
**CH:** Man unterscheidet das stimmlose CH, das wie das J gebildet wird, nur sind die Stimmbänder unbeteiligt, und dem CH als Rachenlaut, wie in »Krach«.
**SCH:** Durch das Zusammenwirken des SS und des CH entsteht dieser Laut.
**ST (SP):** Das ST (SP) wird wie das SCHT (SCHP) gesprochen.
Ein ziemlich sicheres Mittel, die Deutlichkeit Ihrer Aussprache zu prüfen ist, beim Sprechen die Ohren zuzuhalten. Sie hören dann Ihre Stimme direkt, ohne den Umweg über die Schallwellen und ohne Nebengeräusche. Diese Art Übung ist für solche Laute zu empfehlen, die Ihnen Schwierigkeiten bereiten. Als besonders wirksam erweist sich, Sprachübungen mit einem Korken zwischen den Zähnen durchzuführen.

## 3. Verschiedene Sprecharten

Wir unterscheiden drei Grundsprecharten:
Zum ersten die **monotone Art.** Sie kann durchaus laut oder leise, dunkel oder hell sein. In jedem Fall, und das ist das Wesen des Monotonen, ist sie gleichbleibend, bewegt sich ständig auf gleicher Höhe. Es ist verständlich, daß sie ermüdet, daß es anstrengend ist, ihr zu folgen. Versuchen Sie Ihre Sprache lebendig zu gestalten, denn sonst erscheinen mit Ihrer Sprache auch Sie selbst und der Inhalt Ihrer Rede langweilig!
Das Bestreben, seine Sprechart ändern zu wollen, Ton und Tempo pulsieren zu lassen, birgt die Gefahr der **Pastorale.** Sie ist ein künstliches und dadurch unpersönliches Heben und Senken, Steigen und Fallen, Beschleunigungen und Verlangsamen der Stimme. Durch Ihre Regelmäßigkeit verrät sie eine Verwandtschaft zur monotonen Sprache.
Damit Sie Menschen mit Ihrer Sprache und Ihrer Rede gewinnen können, muß Ihre Stimme so abwechslungsreich, so interessant sein, wie es der Stoff selbst sein sollte.

Bemühen Sie sich, möglichst **dynamisch** zu sprechen, das heißt kraftvoll, temperamentgeladen und eindrucksmächtig, ganz dem Thema und der Umgebung der Rede entsprechend. Ihre mitreißende Stimme darf jedoch weder Fanatismus noch Selbstherrlichkeit verraten.

## 4. Vorteilhafte Sprechweise

Ihre Stimme muß dem Stoff entsprechen, ihn sinngemäß widerspiegeln. Sie muß so mitreißend oder so sachlich, so erheiternd oder so anklagend, so zart oder so brutal sein, wie es der Inhalt ist. Das ist nur möglich, wenn Sie selbst zuvor den Sinn der Worte erfaßt haben, etwa, wenn Sie eine Rede verlesen, die Sie auch selbst aufgesetzt haben. Verlesen Sie eine Rede, die Sie nicht selbst verfaßt haben, machen Sie sich in jedem Fall mit dem Text, den Sie öffentlich vortragen wollen, rechtzeitig und gründlich vertraut. Denken Sie daran, daß der Ton richtig angewandt, Ihre Worte unterstreicht, verdeutlicht und den Zuhörern näherbringt, während ein schlecht vorgetragener Text die Wirkung Ihrer Worte nimmt oder den Sinn entstellt. Die Sprechweise – die richtige Betonung und der Wohlklang – ist es, die den Stimmungsgehalt und das Empfinden bestimmt und sicherstellt. Schildern Sie eine ernste, schmerzliche Situation in kaltem und ungerührtem Ton, so wirken Sie abgestumpft oder gar sadistisch und verletzen die Gefühle Ihrer Zuhörer. Der klare, nüchterne Ton des Sachvortrages darf weder langweilen, weil der Ausdruck interesselos oder gleichgültig ist, noch die Zuhörer durch Kälte oder Überheblichkeit reizen.
Neben der Sprech- und Tonart ist die Modulation entscheidend, der Wechsel in der Tonlage und der **Rhythmus.** Der Sprachrhythmus wird weniger vom Sinn des Stoffes als von der Notwendigkeit des Atmens und von den einzelnen Wörtern selbst bestimmt. Wahren Sie sich Ihren Atem durch einen rhythmischen Aufbau und einen gleichmäßigen Fluß Ihrer Worte! Wichtige Silben oder Wörter können Sie durch vorsichtiges Ausdehnen oder Anheben oder Verstärken des Tons hervorheben, so wie es in das Satzgefüge paßt. Sinngemäß zusammenhängende Wörter sollte man nicht ohne Pause artikulieren, Wörter wie »war aber« oder »am Anfang« sind klar mit merklicher Pause voneinander zu trennen, sie sollen sich nicht anhören wie: »waraber«, »amanfang«.
Halten Sie Augen und Ohren offen. Es gilt, sich Beispiele der Sprachvollkommenheit zu suchen und von ihnen zu lernen. Vor allem sollten Sie sich selbst beim Sprechen genau beobachten. Werden Sie nicht müde, sich zu beobachten und die eigenen Worte zu hören und zu kritisieren. Sprechen Sie auf Tonband und achten Sie auf typische Fehler, die Sie dann ganz gezielt ausmerzen können! Dann kann der Erfolg kaum ausbleiben.

# II. Reden

## 1. Redner und Redeweise

Die Persönlichkeit des Redners färbt selbstverständlich auf seine Rede ab. Ruhig, gelassen und selbstsicher muß er es verstehen, sein Beeinflussungs- und Führungsvermögen richtig einzusetzen. Übertriebene Zurückhaltung, unterwürfige Bescheidenheit und Ängstlichkeit sind ebenso ungünstig wie Überheblichkeit, Herablassung und Arroganz.

Der gute Redner strahlt innere Ruhe und Gelassenheit aus, sein Vortrag zeigt, daß er seine Materie durchdacht und im Griff hat.

Die Atmung spielt für einen gelungenen Vortrag eine ganz entscheidende Rolle. Sie ist in diesem Buch schon bei der Artikulation behandelt worden. Wie oft ist es Ihnen schon passiert, daß Sie während einer Rede ins Stocken gerieten, den Faden verloren oder daß Ihnen das Blut ins Gesicht schoß, obwohl Sie den Stoff vorher gut ausgearbeitet hatten. In solchen Situationen ist Ihr Atem unkontrolliert, meist zu hastig, zu schnell. Die kontrollierte Atmung kommt nicht nur der Gesundheit zugute, sondern fördert auch den Geist, die Willenskraft und die Denkklarheit. Die Bewegungen des Zwerchfells massieren Herz und Hauptschlagader und wirken so auf den Blutkreislauf. Herz und Lunge beeinflussen nun verständlicherweise wieder das geistige und seelische Befinden. Sind nun die Bewegungen des Zwerchfells und die Tätigkeit der Lunge bewußt und planmäßig, so schlägt das Herz rhythmisch leicht und regelmäßig, vermindert Angst, Unruhe, Erregbarkeit und Unlust. Die richtige Atmung birgt eine ungeheure Kraft in sich. Es lohnt sich also, Atemübungen zu machen. Hier ein paar Vorschläge:

Sie liegen auf einer möglichst harten Unterlage, einer Bank oder einem Tisch, ausgestreckt auf dem Rücken. Nun legen Sie auf Ihren Bauch anfangs leichte, dann schwerere Gegenstände (z. B. erst 3, dann 6 Bücher). Atmen Sie intensiv aus, der Brustkorb und der Bauch müssen sich senken. Achten Sie jetzt beim stoßweisen Einatmen darauf, daß sich nicht nur Ihr Bauch, sondern auch die Brust hebt, jedoch versuchen Sie, die auf Ihrem Bauch liegenden Bücher so hoch zu drücken, wie es Ihnen möglich ist. Halten Sie die Luft einen Moment (etwa 10 Sekunden) an und atmen Sie dann langsam und ruhig aus.

Die nächste Übung führen Sie sitzend oder stehend aus. Ihr Körper ist ganz in sich zusammengesunken, der Oberkörper krümmt sich leicht nach vorn, das Kinn liegt auf der Brust und die Arme liegen gelockert – wenn Sie sitzen – auf den Oberschenkeln, sonst lassen Sie sie hängen. Nun atmen Sie langsam und

gleichmäßig mit dem Brustkorb ein und richten sich dabei auf, straffen Ihren Körper. Dann drücken Sie die eingeatmete Luft einige Male von Ihrem Brustraum in die Magenhöhle und umgekehrt. Zwischendurch verteilen Sie die Luft auf beide Räume. Beim Ausatmen müssen Sie dann wieder in die Ausgangsstellung zurückkommen.
Die Dauer der Übungen ist nach Ihrer Zeit und Ihrer Lust zu bemessen. In jedem Fall aber sollten Sie die Atmung ernstnehmen; achten Sie stets darauf, daß Sie richtig atmen, die Gewohnheit kommt Ihnen dann mit der Zeit zu Hilfe.
Sollten Sie nun vor einer schwierigen Rede aufgeregt und nervös sein, so atmen Sie eine kurze Zeit vorher unnatürlich langsam und intensiv, und denken Sie an nichts anderes als an die Atmung selbst, so lange, bis Sie Ihre Ruhe und Denkklarheit zurückgewonnen haben. Während dieser Sekunden oder Minuten schalten Sie ganz ab. Sie sehen weder die Zuschauer, unter denen Sie sich noch befinden und vor denen Sie gleich sprechen werden, noch sehen Sie das Rednerpult, von dem aus Sie die Rede halten werden.
Haben Sie Gelegenheit, sich kurz vor Ihrem Vortrag körperlich stark anzustrengen, so nutzen Sie das aus! Das lenkt nicht nur ab, sondern nimmt Ihnen auch die Hemmungen.
Selbstverständlich muß der Redner auch auf eine vorteilhafte äußere Erscheinung Wert legen. Danach bildet sich der erste Eindruck der Zuhörer, und auch noch während der Rede lenkt sie die Aufmerksamkeit auf sich. Das Äußere darf nichts zu wünschen übrig lassen, schmuddeliges, unpassendes oder auch allzu extravagantes Aussehen lenkt zu Ihren Ungunsten ab, kann Sie unter Umständen lächerlich machen. Auch Ihr Gang zum Rednerpult, Ihre Bewegungen und Ihre Haltung müssen kontrolliert sein. Aus einem unsicheren, schleichenden, ungeschickten Gang zieht man ebenso Rückschlüsse wie aus hohlem oder gebeugtem Kreuz und aus müden, linkischen oder arroganten Bewegungen. Man ist als Zuhörer Ihrer Rede auf diese Art voreingenommen und achtet weniger auf Ihre Ausführungen. Besonders übel nimmt Ihnen Ihr Publikum, wenn Sie hinter dem Rednerpult herumhampeln oder allzu theatralische Gesten ausführen, nur einen Teil des Publikums oder keinen Zuhörer ansehen oder flackernd mit Ihrem Blick umherirren oder die Augen müde oder grübelnd halb schließen. Der richtige, gerade, freundliche, ehrliche Blick, der auf jeden Zuhörer mindestens einmal während der Rede, soweit es die Zahl zuläßt, gerichtet ist, ist ein wesentliches Element der Rede. Der Blickkontakt schlägt die Brücke über den Raum, der zwischen Ihnen als Redner und den Zuhörern besteht. Sie dürfen ohnehin Ihre Zuhörer nicht aus den Augen lassen, denn einerseits soll sich das Publikum nicht »unbeaufsichtigt« fühlen, wenn Ihr Blick nicht auf ihm ruht, andererseits müssen Sie die Resonanz Ihrer Worte feststellen können.

Bevor Sie sich dem Inhalt und Aufbau der Rede widmen können, müssen Sie sich einige andere, zum Teil nur indirekt mit dem Stoff zusammenhängende Gedanken machen. Eine der ersten Vorüberlegungen muß der Zuhörerschaft gelten. Wer wird das Publikum sein, Fachkollegen oder interessierte Laien, bei denen man zwar Allgemeinbildung aber kein detailliertes Fachwissen voraussetzen darf. Während man ein Laienpublikum mit Fachbegriffen überfordern kann, wird man Fachkollegen mit weitschweifigen Erläuterungen langweilen. Bei einem gemischten Publikum ist es daher besonders schwierig, den rechten Mittelweg zu finden. Außerdem ist zu beachten, daß die Interessen und Eigentümlichkeiten der männlichen Zuhörer von denen der weiblichen abweichen können. Von großem Vorteil ist es auch, wenn man das Interesse ansprechen will, zu wissen, welchem Stand oder Beruf der überwiegende Teil des Publikums angehört und ob es sich überwiegend aus Jugendlichen oder älteren Leuten zusammensetzt.
Eine ganze Reihe von Umständen haben großen Einfluß auf Inhalt und Erfolg einer Rede. Unbedingt zu beachten sind folgende Punkte:
Verfassung und Stimmung des Publikums – d. h. Anlaß der Rede, eine Gedenkrede ist keine Büttenrede –, Sitzordnung – d. h. großer Saal oder kleine, zwanglose Gruppen –, äußere Umstände und Rahmen der Rede – d. h. wird ein Imbiß gereicht, ist die Rede Teil eines Festprogramms mit Musik etc.
Zu einer guten Rede gehört zweifellos Menschenkenntnis, um die vorgenannten Einflußfaktoren auswerten zu können. Eine Rede wird schließlich für die Zuhörer, für Menschen gehalten, und sie fällen das Urteil.
Reden, auch wenn sie umfangreich sind, sollten so frei wie möglich vorgetragen werden. Anfang und Schluß lernt man am besten auswendig. Den Anfang darum, weil ein Beginnen mit stockendem Redner die sorgsam bewahrte Ruhe für die Dauer der ganzen Rede nehmen kann, den Schluß deshalb, weil er der i-Punkt der Rede ist. Kommt der Schluß gut an, verzeiht der Hörer gern Schnitzer, die im Hauptteil der Rede gemacht worden sind.
Sie können eine längere Rede durchaus schriftlich ausarbeiten, versuchen Sie aber nicht, sie auswendig zu lernen und auswendig vorzutragen. So fehlt nicht nur der lebendige Impuls und der Kontakt mit dem Publikum, Sie können auch steckenbleiben, verlieren den Faden, und das Ganze endet in einem Fiasko. Wenn Sie sich dagegen Stichpunkte machen, einem logischen und übersichtlichen, auf das Ziel gerichteten Gedankengang folgen, ist diese Gefahr ziemlich gering. Bei Stoffsammlung, Ordnung und Fortsetzung sollen Ihnen die verschiedenen Schemata, die Sie je nach Art der Rede in den folgenden Kapiteln ausgearbeitet finden, helfen. Sie haben die Wahl zwischen Gesellschaftsrede, Unterhaltungsrede, Sachvortrag und Werbereden, die nicht nur auf den Verkauf zielen, sondern im weitesten Sinne zu verstehen sind. So gehören auch

Reden dazu, die Begeisterung wachrufen wollen, wie politische Werbung vor den Wahlen oder Vereinswerbung, um neue Mitglieder zu gewinnen.
Eine entscheidende Voraussetzung dafür, daß man die Stichpunkte flüssig mit freier Rede verknüpfen kann, ist gute Sprachbeherrschung und ein umfangreicher Wortschatz. Beschäftigen Sie sich also mit der Sprache. Diese Beschäftigung nimmt keine besondere Zeit in Anspruch, nur Ihre Aufmerksamkeit beim Sprechen. Sie müssen lernen, sich selbst zu hören und zu kritisieren. Gelegenheiten, der Sprache Aufmerksamkeit zu widmen, bieten sich nicht nur an, sie drängen sich täglich auf. Wie sollten Sie auch ohne die Sprache auskommen? Schulen Sie Ihr Erzähltalent und hören Sie aufmerksam zu!
Zuerst werden Sie feststellen, daß es einen wesentlichen Unterschied zwischen Rede und Geschriebenem gibt. Er besteht in der Hauptsache darin, daß der Zuhörer das Gesagte nicht wie der Leser zwei-, dreimal für sich wiederholen kann, falls er es nicht verstanden hat, sondern gleich dem folgenden wieder die Aufmerksamkeit zuwenden muß. Unter diesem Gesichtspunkt muß der Inhalt der Rede entstehen. Die Gedankengänge sind logisch aufzubauen, so daß der Sinn dem Zuhörer ohne lange Überlegung verständlich wird. Auf Einzelheiten darf nicht weitläufig eingegangen werden, die Sprache ist klar, deutlich und verständlich zu halten, und die Sätze sind überschaubar zu formen, was nicht besagen will, daß die Sätze nur kurz zu halten sind; gut gegliedert und logisch verständlich, ist die Länge des Satzes unbedeutend.
Bevor wir nun auf das Stilistische eingehen, wollen wir untersuchen, was bei einer Rede noch zu beachten ist. Wollen Sie vor einem größeren Publikum sprechen, dann müssen Sie Ihr Thema kompetent und souverän beherrschen. Ein faselnder Redner stiehlt seinen Zuhörern die Zeit. Ein Vortragender ohne Sachkenntnis flüchtet sich in allgemeine, nichtssagende Phrasen und in alle möglichen und unmöglichen mit dem Thema oft nur indirekt zusammenhängende Beispiele und Vergleiche. Auch sind solche Redner leicht versucht, diesen Mangel beim Vortrag durch unpassendes Schreien, durch Pathos oder Superlative zu ersetzen. Wer den gehaltvollen Ausdruck durch Superlative ersetzt, wem nur noch die Höchststeigerungsstufen gut genug sind, wer ohne Verstärkungswörter nicht mehr auszukommen meint, der wird von den Zuhörern als unsachlich abgelehnt. Arthur Schopenhauer, ein Meister des guten Stils, offenbarte sein Geheimnis so: »Man brauche gewöhnliche Worte und sage ungewöhnliche Dinge!«
Ist der Redner andererseits von seinem Thema, der Idee seines Vortrags, zu begeistert, so kann ihn das »blind« machen. Er vergißt das Publikum. Fragen Sie sich stets und stellen Sie fest, ob der Inhalt auch die Zuhörer berührt und was sie davon halten. Hört das Publikum Überbegeisterung heraus, so sieht es im Vortragenden leicht einen Fanatiker, von dem es sich lieber fernhält. Ehrliche

Überzeugung muß durchklingen, sie ist eine Mauer, von der jede Kritik abprallt. Sie ist beispielgebend für die Zuhörer, besonders für die Zweifler. Sie dürfte eigentlich nicht fehlen, der Zuhörer kann es merken und reagiert dementsprechend. Darum haben es Redner, die geschäftlich reden, also ihre Beweggründe nicht aus ihrer persönlichen Überzeugung ableiten, so schwer. Man begegnet ihnen mit dem Argument: »Sie müssen ja so reden!«
Bedauerlich ist, daß sich die Substantivierung so großer Beliebtheit erfreut. Sie dient nicht nur einigen Rednern, um ihre Gedankenhohlräume auszufüllen, man handhabt sie wie einen Bestand des guten Sprachstils. Man will vornehm und intelligent erscheinen und formt seine Sätze großspurig und schwülstig. Auf belebende und treffende Tätigkeitswörter selbst legt man keinen Wert, man hat ja die daraus gebildeten starren, kraftlosen und schablonenhaften Hauptwörter. So hört man denn: »Unter Bezugnahme auf die in Frage kommende...«, statt des sehr viel besseren: »Ich beziehe mich auf die...«
Verstöße gegen die Logik können eine Rede ungewollt auflockern, die Zuhörer erheitern, jedoch nicht zugunsten des Redners. Sie entstehen häufig nicht durch sinnwidriges, sondern durch flüchtiges und unkonzentriertes Denken, indem man ein Wort ausläßt, sich ungewollt auf das falsche Wort bezieht oder nicht beachtet, daß eine doppelte Verneinung einer Bejahung gleichkommt, so daß der Sinn entstellt ist oder falsch ausgelegt werden kann.
Verzichtet man auf Allerwelts-, Mode- und Fremdwörter, wird man gezwungen, tiefer und bestimmter zu denken, nach natürlicheren und gehaltvolleren Wörtern zu suchen. Allerweltswörter sind zu allgemein, zu unbestimmt, nichtssagend und abgenutzt, besonders Wörter wie »machen«, »tun«, »befinden«, »Sachen«, »Dinge«, Modewendungen und Modewörter wie »Initiative ergreifen«, »echt«, »irgendwie« gleichen Hülsen, die nichts beinhalten, zumal sie bei allen passenden und unpassenden Gelegenheiten benutzt werden.
Picken Sie die Wörter heraus, die in aller Leute Mund sind und merzen Sie sie aus Ihrem Wortschatz aus! Vorsicht auch mit Fremdwörtern. Verwenden Sie nur solche, von denen Sie ganz genau wissen, was sie bedeuten; wenn es einen deutschen Ausdruck gibt, sollten Sie ihn dem Fremdwort vorziehen. Vermeiden Sie nichtssagende Redensarten und Füllwörter wie »also«, »nicht wahr« sowie reine Lautbildungen wie »ääh«. Unbedachtes Sprechen kann sich kein Redner erlauben; wer seine Sprache nicht in der Gewalt hat, hat sich selbst nicht unter Kontrolle.
Erarbeiten Sie sich für abgegriffene Wörter, die Ihnen ständig im Munde liegen, Wortfelder, d. h. überlegen Sie: Wie sage ich es treffender? Welche Wörter kann ich verwenden, um eine Wiederholung zu vermeiden? Dieser Überlegung liegt der Wunsch nach einer wohltuend schönen, bildhaften und gleichnisreichen Sprache zugrunde. Nun gibt es aber auch Bilder und Gleich-

nisse, die leer und abgegriffen wirken. Derartige Schablonen nehmen der Rede ihren Charakter. Bei dem Bemühen, frische, unverbrauchte und ansprechende Bilder in die Sprache zu mischen, sollten Sie aber Wert darauf legen, diese nicht närrisch, unerhört oder grell ausfallen zu lassen. Eine bildreiche Sprache löst Vorstellungen vor dem inneren Auge des Zuhörers aus, achten Sie also darauf, daß diese Bilder nicht lächerlich oder gar grotesk sind.

## 2. Begeisterung

Wer bei einer Rede seine Zuhörer begeistern, fesseln, mitreißen möchte, muß sich vor allen Dingen einer **lebendigen Sprache** bedienen. Die Worte sollte man so stellen, wie es dem Gewicht der Aussprache entspricht. Gebrauchen Sie Anreden, Fragen, Ausrufe, Befehle, Drohungen und vor allem wörtliche Rede, führen Sie aber keine Selbstgespräche, sondern reden Sie den Zuhörer an! Wenn Sie bestimmte Vorfälle anschaulich machen wollen, so sollen Ihre Einzelheiten und Beispiele nicht über dem Geschehenen stehen, es nicht überlagern; gebrauchen Sie – wenn möglich – genau die Wörter, die in der Situation, die Sie schildern wollen, tatsächlich gesagt wurden.
Da man das, was man faßbar vor sich sieht, leicht und dauerhaft in sich aufnimmt, soll man als Redner anschaulich formulieren. Wollen Sie die Kraft eines Menschen besonders hervorheben, so werden Sie Arbeiten, die er zu leisten imstande ist, bildhaft schildern. Bringen Sie aber nur solche Bilder in Ihre Schilderungen ein, die sich von selbst ergeben. Gesuchte Bilder und Vergleiche sind kraftlos, kitschig oder leicht auch lächerlich, außerdem überladen sie Ihre Sprache. Hinsichtlich des Bildes können Sie zwischen Vergleich und Übertragung wählen. Ein Vergleich wäre: »Er handelte wie ein Esel.« Bei der Übertragung würde man sagen: »Dieser Esel…« Grundsätzlich sollte man bei Dingen und Vorgängen, die anschauliche und begriffliche Darstellungen erlauben, diese Anschaulichkeiten auch hervorheben. Faßbare Dinge sind so zu beschreiben, daß sie dem geistigen Auge sichtbar werden. Das Abstrakte ist, soweit möglich, in Handlung und Bild umzusetzen.
Können Sie Ihre Zuhörer zu einem zustimmenden Lächeln, Schmunzeln oder Strahlen bewegen, dann haben Sie sie schon gewonnen. Darum sind Humor, Witz und auch Ironie Hilfsmittel, deren man sich erfolgreich bedienen sollte. **Humor** ist die Fähigkeit, alles so zu sehen, wie es wirklich ist, und alles heiter gelassen ohne Bitterkeit hinzunehmen. »Humor ist, wenn man trotzdem lacht«, sagt Wilhelm Busch. Humor ist mehr oder weniger Anlage eines Menschen, die er besitzt oder nicht, doch sollte jeder sich bemühen, dem Leben wie dem Thema seiner Rede, soweit möglich, die heitere Seite abzugewinnen. Witze

sollte man nur mit äußerster Vorsicht in eine Rede einflechten. Wenn sie nicht unmittelbar mit dem Thema verknüpft sind, dazu dienen, etwas hervorzuheben, zu unterstreichen oder abzuschwächen, sondern nur des Witzes wegen eingebracht werden, so kann das sehr gefährlich sein und leicht daneben gehen.

**Ironie und Sarkasmus** als verletzender, zerstörender Hohn sind grundsätzlich abzulehnen. Es gibt aber eine feine Art der Ironie, die zwar auch angreifenden Charakter hat, jedoch in rauher Schale den guten Kern versteckt. Sie kommt dem Humor ziemlich nahe und ist auch eine Eigenschaft des Menschen. Der Ironie wohnt der zum Teil offene, zum Teil verborgene Zweifel und Widerspruch inne. Ironie – richtig eingesetzt – kann sehr wirkungsvoll sein, denken Sie aber daran, daß es schon Menschen gibt, die keinen Sinn für Humor haben, die Zahl derer aber, die feine Ironie verstehen, ist noch viel geringer.

Die Begeisterung der Zuhörer kann man aber auch durch Einsatz rein technischer Mittel steigern, beispielsweise durch die Stimmstärke und das Tempo. Nicht nur die Sprechweise (monoton – pastoral – dynamisch) ist wichtig für eine gute Rede, sondern auch die Lautstärke und Stimmlage. Kernpunkte durch Lautstärke, sei es schwach oder stark, hervorzuheben, ist zu empfehlen, jedoch in sparsamer Weise, um der Wirkung auf Dauer nicht Abbruch zu tun. Steigerung und Abfallen sollen einem gewissen rhythmischen Fluß unterliegen.

Das Tempo der Wortfolge ist dem Inhalt anzupassen. Es hat einen suggestiven Charakter insofern, als es imstande ist, Spannung zu erzeugen. Denken Sie nur einmal an die aufregende Spannung, die Sie befällt, wenn die Worte des Sportreporters im Rundfunk sich regelrecht überschlagen oder wie schnell Sie die spannenden Passagen eines Buches lesen. Andererseits können aber auch Worte, die geschickt durch Pausen unterbrochen sind, einen den Atem anhalten lassen. Diesem verwandt ist die **Kunstpause,** die man einlegt, ehe man zu einem neuen Thema, einem anderen Gedanken übergeht. Aber sie leistet mehr als nur, dem Zuhörer Zeit zu geben, sich zu sammeln oder umzuschalten; sie hat etwas Geheimnisvolles an sich und stimmt neugierig oder läßt die vorangegangenen Worte majestätisch, drohend oder befreiend erscheinen.

Unwichtiges und Nebensächlichkeiten schnell zu sprechen und Wichtiges oder Kernpunkte je nach Art durch langsames Sprechen hervorzuheben, ergibt sich auch aus rein formalen Forderungen, wie Zeiteinteilung und Aufnahmevermögen der Zuhörer. Niemals aber darf schnelles Sprechen in hastiges Herunterhaspeln oder in unverständliches Nuscheln ausarten. Auch schnell gesprochene Passagen müssen klar und deutlich zu verstehen sein. Als vorteilhaft erweist sich, einzelne Gedanken beim Sprechen als selbständig zu betrachten, Sie heben also die Stimme nicht, obwohl der Satz noch nicht beendet ist. Es ist ja oft so, daß Verlegenheitslaute (»äh«) dadurch hervorgerufen wer-

den, daß man nach einem Gedankengang, bei dessen letztem Teil man die Stimme hob, meint, einen weiteren folgen lassen zu müssen. Auch wenn Sie noch einen weiteren, mit dem vorigen logisch verbundenen Gedanken aussprechen, wirkt es nur natürlich, neu anzusetzen, so, als ob Sie aus dem Stoff heraus reden und als ob Ihnen im Augenblick die weiteren Worte einfallen. Dies wirkt dann nicht schematisch und auswendig gelernt.
Besonderheiten und verblüffende Neuigkeiten sind besonders geeignet, die Aufmerksamkeit und Begeisterung der Zuhörer zu steigern. Da man mit verblüffenden Neuigkeiten nicht immer aufwarten kann, sollten Sie Besonderheiten suchen, etwas Eigenes formen. Allgemeine Äußerungen plätschern meist wenig beachtet dahin, auch wenn sie tatsächlich wissenswert sein sollten. Das Besondere, das Einmalige lockt. Erwecken Sie zumindest einen entsprechenden Eindruck.
Wenn Sie in anderen Begeisterung erzeugen wollen, ohne selbst begeistert zu sein, von dem, was Sie sagen, werden Sie es schwer haben. Irgendwie fühlt das Publikum dies und nimmt verständlicherweise Anstoß daran. Sind Sie dagegen überzeugt und begeistert von Ihrem Stoff, finden sich auch die Worte ganz von selbst. Ihre Anteilnahme am Gesagten überträgt sich meist auf die Zuhörer; nur wenn Sie zu dick auftragen, werden Sie leicht eine gegenteilige Wirkung erzielen. Eine gewisse Distanz zu Ihrer eigenen Überzeugung oder Begeisterung ist also schon notwendig, damit Sie Ihrem Thema noch kritisch und umsichtig genug gegenüberstehen; sonst erscheinen Sie fanatisch.
Neben den Eigenschaften des Redners vermag vor allem die Ausstattung des Hörsaals und des Rednerpults auf die Stimmung der Zuhörer einzuwirken. Geschickte, stimmungsvolle Dekorationen (zielend auf Zweck und Anlaß der Rede) vermögen den Zuhörer aufnahmefähiger, wacher zu machen. Die Augen sind leichter zu begeistern als die Ohren. Denken Sie beispielsweise an die Ausstattung der Räumlichkeiten einer Karnevalsveranstaltung! Bieten Sie, wenn es sich einrichten läßt, dem Auge etwas!

## 3. Reden ohne Worte

Mimik und Gebärde des Redners sind die Seele der Rede. Der offene, gerade Blick ist ein Spiegelbild Ihrer Ehrlichkeit. Schuldbewußt gesenkte Lider machen Sie unglaubwürdig, der strahlende bejahende Blick fesselt dagegen die Zuhörer. Hohn, Hochmut, Angst oder Ärger in Ihren Augen können abstoßend wirken, Gleichgültigkeit ermüdend und Unstetigkeit störend.
Das leiseste Zucken Ihres Mundes nimmt der Zuhörer wahr. Er lächelt erheitert mit Ihnen, er fühlt mit Ihrem schmerzlichen wehmütigen oder sehnsüchtigen

Lächeln. Er reagiert aber auch entsprechend auf den verächtlichen, heimtückischen oder kalten Zug um Ihre Lippen.
Seinem Blick und seinem Mund einen jeweilig entsprechenden Ausdruck zu geben, will gelernt sein. Charme ist liebenswürdige Anmut, die weniger die Person als solche berücksichtigt, als vielmehr Aussehen und Umgangsformen. Eignen Sie sich in Sprache, Umgang und Aussehen, also in allem Äußeren, eine anmutige Form an, so kann sich Ihr Inneres nicht davor verschließen. Wer an seinen eigenen Erfolg glaubt, übt seinen Charme nicht mechanisch ein, sondern mit einer gewissen Hingabe, die Natürlichkeit in sich birgt. Natürlich und dem Fühlen entsprungen sein müssen auch Mienenspiel und Gestik. Hände und Arme darf man ruhig einsetzen, doch man sollte keinesfalls übertreiben. Also, schlagen Sie nicht die Hände über dem Kopf zusammen, ringen Sie sie nicht bittend oder drücken sie ans Herz und verdrehen Sie nicht die Augen!

## 4. Ausdrucksübung

Der Sinn Ihrer Worte spiegelt sich nicht automatisch in Ihrem Gesicht wider. Es muß scheinen, als bringe das Gefühl oder der Verstand gerade erst jetzt, während der Rede, die Worte hervor. Der Weg zum freien Mienen- und Gestenspiel beginnt damit, daß man sich erst einmal der eigenen Ausdruckskraft und -veranlagung bewußt wird. Dann beginnt die Abkehr von der gekünstelten, erzwungenen Gestik. Beobachten Sie sich selbst vor einem Spiegel, während Sie sprechen. Seien Sie selbst Ihr kritischster Zuschauer und Zuhörer!

## 5. Gewandtheit

Ständiges Kritisieren, Nörgeln und Tadeln kann einen Gesprächspartner nicht nur beleidigen, es kann ihn angriffslustig machen. Um das zu verhindern, andererseits aber doch kritisieren zu können, ist es notwendig, jedes Wort danach abzuwägen, ob es einen verletzenden, aggressiven Charakter hat. Will man jemanden kritisieren, ist es empfehlenswert, dem Gesprächspartner vorher sein Wohlwollen durch irgendeine Anerkennung oder ein Lob zu zeigen.
Gefährlich können verallgemeinernde Formulierungen und Behauptungen sein. Sind sie nicht fest fundiert, was bei Verallgemeinerungen naturgemäß selten der Fall ist, halten sie oft den Gegenargumenten in vielen Punkten nicht stand und werden dann häufig als unwahr ganz verworfen. Für die alles umfassenden Wörter wie »immer«, »alle«, »kein« sind die unbestimmten, beschränkt erfassenden Wörter wie »meistens«, »viel« und »wenig« zu gebrauchen, die der

Wirkung des Gesagten durchaus keinen Abbruch tun, im Gegenteil, Ihr Argument erscheint glaubwürdiger und findet größere Aufnahmebereitschaft. Vor Behauptungen, wie etwa: »Es ist so und so«, verschließen sich Gesprächspartner und Zuhörer. Darum formen Sie Ihre Behauptungen besser in eine Frage um, der ein gesprochenes oder gedachtes Ja folgen müßte und beginnen Sie etwa so: »Ist es nicht so, daß...«

Was für Sie interessant sein mag, ist für Ihren Gesprächspartner vielleicht völlig unwichtig und unbedeutend, und von Ihrem Leid und Ihren Sorgen will er verschont bleiben, Ihre Heldentaten und Ihr Glück können ihn neidisch stimmen. Formulieren Sie Ihre Sätze so, daß sie den anderen ansprechen; sie müssen um dessen Person kreisen, dessen Erwartung treffen. Dabei ist dann von Ihnen klar herauszustreichen, daß das, was Sie wollen, in seinem Interesse liegt oder für ihn notwendig ist.

Schlagfertigkeit spielt bei vielen Gesprächen und Verhandlungen eine ganz entscheidende Rolle, von der oftmals Gelingen oder Mißlingen, Anerkennung oder Mißachtung abhängen. Notwendig ist, sich auf seinen Gegner einzustellen. Oft ist jemand nur darum im Vorteil, weil er über den größeren Wortschatz verfügt oder besser formuliert und definiert. Schlagfertigkeit ist auch eine Frage des Gedächtnisses. Man sollte sich angeführter Punkte der bisherigen Unterhaltung erinnern können. Um Zeit zum Überlegen zu gewinnen, können Sie Ihren Gesprächspartner bitten, seine Ausführungen zu wiederholen, mit der Entschuldigung, ihn nicht verstanden zu haben. Oder aber, Sie fragen ihn, warum er das glaube oder wie er das meine, was er Ihnen entgegenhält. Meist trägt allein schon diese Fragestellung zur Verunsicherung Ihres Gegners bei, wenn der Gegenstand ein wenig abwegig oder nicht vollkommen durchdacht ist und er mit einer solchen oder ähnlichen Frage nicht gerechnet hat. Eine wirksame und meist anwendbare Methode zu kontern besteht darin, die an Sie gerichtete, peinliche, anmaßende oder hintergründige Frage unbeantwortet zu lassen und eine Gegenfrage zu stellen. Es kann genügen, daß Sie die Frage nur umdrehen. Wer sich in der Formulierung schulen will, muß etwas lernen: Selbstbeherrschung! Nur derjenige wird die richtigen Worte finden, der sich selbst in der Gewalt hat, sich selbst beim Sprechen hört oder aber schweigt, wenn er meint, sonst die Kontrolle über sich zu verlieren.

## 6. Überzeugen

Wer nur aufgrund rhetorischer Fähigkeiten in einem Disput den Sieg davonträgt, hat einen zweifelhaften Sieg errungen, hat er doch den Gegner oft mit unsachlichen Argumenten überrannt und einfach an die Wand geredet.

Sie selbst wissen, daß durchaus nicht immer der gewinnt, der sich im Recht befindet, der offen ist und sich an Tatsachen hält, sondern häufig der, der es versteht, sich hemmungslos und geschickt aller Kniffe der Redekunst zu bedienen. Auch derjenige, der solche Mittel ablehnt, muß sie jedoch kennen, um ihnen begegnen zu können. Beginnen wir mit den unredlichen, unsachlichen Mitteln, den Gegner zu überfahren. Man beleidigt ihn beispielsweise, um ihn zur Wut und damit auch zur Unüberlegtheit zu reizen. Wer seinen klaren Kopf verliert, unterliegt. Schüchterne und sensible Gegner sind leicht durch einen Hagel von Beleidigungen oder Beschimpfungen zu überrennen. Gebrauchen sollte man diese Methode nur als Entgegnung auf beleidigende Worte, und dann auch nur, wenn es die Umstände erlauben. Dieser Schocktherapie bedienen sich heute sehr viele gewandte Diskussionspartner, um ihr Gegenüber aus dem Konzept zu bringen, einzuschüchtern und in geringem Maße auch, um zu überzeugen.

Ein anderer Trick besteht darin, persönlich zu werden, also von der Sache, um die es geht, abzulenken und den Betreffenden zu »vernichten«. Man stellt nicht die Ausführungen des Gesprächspartners in Frage oder widerlegt sie, man zweifelt nicht ihre Zuverlässigkeit an, sondern die des Gegners, seine Hintergründe, Absichten und vor allem seine Kompetenz. Als Verteidigung oder Gegenangriff ist häufig die Retourkutsche sehr wirksam. Gemeint ist die Taktik, dem Gegenüber genau die Fehler vorzuhalten – und wenn möglich nachzuweisen –, die er einem selbst vorgehalten hat. Man kann sich natürlich auch ironisch lächelnd als inkompetent ausgeben und so das Gespräch erfolgreich abbrechen.

Den sachlich überlegenen Gegner versuchen viele durch weitschweifiges Geschwafel zu täuschen, eine Taktik, die leicht zu durchschauen und deshalb wenig wirksam ist. Schlichte Gemüter kann ein geschickter Redner durch gefühlvolle Phrasen einfangen.

Wer das, was er sagen will, so formuliert, als komme es von jemand anderem, von einer anerkannten Koryphäe oder beliebten Persönlichkeit, und als stehe er der Aussage im Grunde neutral gegenüber, kann selbst schlecht zur Zielscheibe eines Angriffs werden. Vorteilhaft ist es auch, sich auf Gutachten und Forschungsergebnisse zu stützen oder Geltung und Ehre eines Begriffs (Freiheit, Gerechtigkeit) oder einer Institution (Staat, Kirche) auf seinen Gegenstand zu übertragen.

Oftmals kann man die Interessen des Gegners gegen ihn selbst ausspielen. Man läßt ihn nämlich die Gegenargumente selbst aussprechen, indem man ihn durch geschickte Fragestellung dahin führt. So wird er nicht nur schachmatt gesetzt, sondern häufig auch von einer anderen Meinung überzeugt. Das gleiche erreicht man, wenn man seinem Gegner deutlich machen kann, daß

dessen Behauptungen und Ansichten auf vielen Gebieten ihm selbst schaden könnten, wären sie wahr.
Zum Schluß sei noch darauf hingewiesen, daß Sie, wenn Sie ihr Gegenüber oder eine Gruppe von Gesprächspartnern kritisieren wollen oder müssen, dies besser in der Wir-Form tun, Sie finden dann eher Aufnahmebereitschaft. Vorhaltungen in der Sie- oder Ihr-Form klingen anmaßend und herausfordernd. Man hört ja selbst auch nicht gern aggressiv vorgetragene Kritik, auch, wenn sie in guter Absicht geäußert wird und wenn sie berechtigt ist – oder gerade darum.
Lob und Anerkennung sollte man dagegen immer persönlich formulieren.

## 7. Vorbereitung einer Rede

a) Werden Sie sich über Zweck und Inhalt der Rede klar, und legen Sie einen Leitgedanken fest!
b) Durchdenken Sie den Stoff laut, sprechen Sie ins Unreine!
c) Unterhalten Sie sich mit irgend jemandem über das Thema, Sie gewinnen so neue, zusätzliche Eindrücke!
d) Sprechen Sie vor dem Spiegel, um Ihre Konzentration zu steigern und Ihren Blick zu festigen!
e) Ordnen Sie den Stoff nach Grundgedanken! Fertigen Sie sich ein Gerüst für Ihre Rede an:

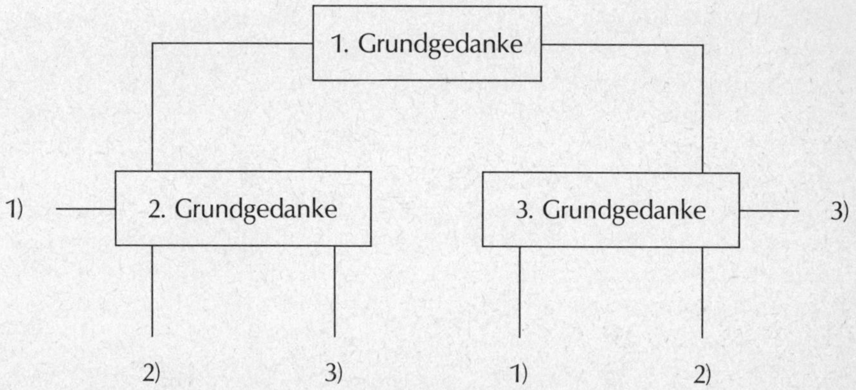


Legen Sie in ihm nur Stichpunkte fest, zeichnen Sie das Gerüst in verschiedenen Farben, um es übersichtlich zu gestalten, wobei Sie den Farben eine Bedeutung unterlegen, z. B.: rot = gefühlvoll / blau = kühl, sachlich.

f) Halten Sie nun Ihren Vortrag vor Gegenständen, die Sie vor sich aufgebaut haben, als wären sie Ihre Zuschauer. Üben Sie dabei Lautstärke und Tempo!
g) Um Ausdruck und Gestik in die Rede zu bringen, gehen Sie sie stumm durch. Stellen Sie sich das, was Sie sagen wollen, bildhaft vor, denken Sie sich in den Inhalt, in die Situation, in jedes Wort hinein!

Haben Sie nun als Redner kein Pult oder keinen Tisch, auf den Sie das Blatt mit Ihren Stichpunkten legen können, so empfiehlt sich, seine Grundgedanken auf kleinen Zetteln oder Karteikarten festzuhalten, die man unauffällig in der Hand verbergen kann. Beschriften Sie nur eine Seite, und numerieren Sie die Zettel! Oft will einem kein rechter Anfang oder zündender Schluß der Rede einfallen. Zwingen Sie sich dann nicht, Sie quälen sich nur unnötig und erreichen doch nichts. Überschlafen Sie Ihre Rede! Ihr Unterbewußtsein erarbeitet Ihnen oft die fehlende Lösung. Mit einem Male, vielleicht beim Erwachen, steht sie vor Ihren Augen. Auf diesem Wege gelangen Sie auch zu ungeahnten Verbesserungen und Neuigkeiten, treffenderen Ausdrücken und zweckentsprechenderen Formulierungen.

## 8. Kann jeder reden?

Daß jeder reden kann ist selbstverständlich, aber nur wenige können frei und effektvoll vor Publikum sprechen. Kein Buch, mag es noch so umfangreich sein, kann die Praxis der Rede ersetzen, es vermag jeweils nur Hilfsmittel aufzuzeigen und auf Fehler hinzuweisen, also Anreiz und Rüstzeug für den potentiellen Redner zu geben. Darum sind Wille und Arbeit, Freude und Beharrlichkeit unbedingte Voraussetzung zu dem, was Sie mit Hilfe dieses Buches erreichen können. Sollte es Ihnen trotzdem nicht möglich sein, vor Publikum frei zu sprechen, weil Sie allzu verkrampft sind, sollten Sie an einem entsprechenden Kursus teilnehmen. In Volkshochschulen, Gewerkschaftshäusern und privaten Anstalten bieten sich Ihnen solche Lernmöglichkeiten.

Die Sprache ist eines der wichtigsten Erkennungszeichen des Menschen, die Visitenkarte des Charakters und des Geistes! Wie oft entscheidet sie über Erfolg und Mißerfolg, Auf- oder Abstieg! Die meisten Personalchefs legen nicht umsonst auf die persönliche Unterredung wieder großen, ja oft entscheidenden Wert.

# III. Besondere Reden

## 1. Gesellschaftsreden

Gesellschaftsreden sollen unterhalten, weniger überzeugen oder unterrichten. Gehen Sie daher inhaltlich auf die Interessengebiete der Zuhörer ein und berücksichtigen Sie deren Wunschvorstellungen. Berühren Sie am besten nichts Trennendes, keine Unterschiede und Gegensätze, sondern das Einende, Gemeinsame; verletzen Sie aber vor allen Dingen nicht die Gefühle eines der anwesenden Zuhörer!

**Die Unterhaltungsrede** (z. B. bei der Familienfeier)

Reden, die unterhalten wollen, müssen den Zuhörern (Gästen) Geschehnisse oder Gedanken sichtbar machen oder Tatbestände, Vorstellungen und Wünsche veranschaulichen. Wörtliche Rede, Frage und Ausruf beleben hierbei. Glaubwürdiger erscheint Ihre Schilderung einer tatsächlichen Begebenheit durch Personennamen sowie Orts- und Zeitangaben. Auch im Plauderton vorgetragene Anekdoten und Geschichten, geflügelte Worte und humorvolle, witzige, aus dem Volksmund stammende Redensarten und Sprichwörter beleben Ihre Rede. Besondere Begeisterung lösen im allgemeinen erfrischende, auflockernde Anekdoten aus, freilich ist es selbstverständlich, daß die Belustigung nicht auf Kosten eines Anwesenden gehen darf; das wäre eine grobe Taktlosigkeit! Die eingeflochtenen Anekdoten müssen Ihnen scheinbar gerade einfallen und zum Thema gehören. Sie sichern Ihnen die volle Aufmerksamkeit der Zuhörer, die amüsiert mit Ihnen über die Pointe schmunzeln. Ähnlich ist es mit den Geschichten als Ergänzung oder Beispiel zum Stoff. Zweifellos gehört zum Erzählen ein wenig Unbekümmertheit und Keckheit, und da das meist nicht angeboren ist, sollte man lockeres Erzählen üben, bevor man sich dieser Unterhaltungsart bedient.

Mit zünftigem, oft spaßig-derbem Volksmund – Redensarten – drückt man gern versteckt und doch erkennbar das aus, was, offen gesagt, als Angriff oder Beleidigung aufgefaßt werden könnte. Der Zuhörer versteht den tieferen Sinn und nimmt ihn humorvoll hin. So werden auch Sprichwörter angewandt. Aber nicht nur zu diesem Zweck, sondern häufiger, um etwas zu bekräftigen, glaubhaft oder feierlich erscheinen zu lassen. Doch Vorsicht mit dem Gebrauch von Sprichwörtern oder Lebensweisheiten! Sie müssen nicht nur Ihrem Thema entsprechen, prüfen Sie auch die heutige Gültigkeit, und wählen Sie nur solche, von denen Sie annehmen, daß sie akzeptiert werden!

**Die Überzeugungsrede:** Mit der Überzeugungsrede will man sich nicht Wohlwollen durch Plauderei und Unterhaltung erobern, sondern die Zuhörer geschickt zu seinem Standpunkt führen, sie also gewinnen. Sprechen Sie daher das Gefühl an, verlieren Sie jedoch hierbei nicht Sinn und Zweck, schweifen Sie nicht zu weit ab! Zum Gegenstand hat die Überzeugungsrede entweder eine Charakter- bzw. Einstellungsfrage oder eine Stellungnahme zu einem Problem oder Geschehen. Die Zuhörer erwarten daher von Ihnen eine deutliche eigene Entscheidung (bei Tatbeständen, Sachverhalten) oder ein Werturteil (bei Charakterfragen und Problemen), und das setzt bei Ihnen völlige Klarheit über das Thema und sorgfältige Erwägungen voraus.
Zu zweckentsprechendem Stoff finden Sie durch folgende Fragen: Was kommt alles in Frage? In welchem Fall? Was spricht dafür und was dagegen? Warum? Wozu? Wie?
Nachdem Sie sich einen dem Thema entsprechenden Leitbegriff zurechtgelegt haben, gehen Sie an den methodischen Aufbau:

a) Beginnen Sie mit einer Begriffsbestimmung oder legen Sie einen Wertmaßstab fest!
b) Stellen Sie Behauptungen auf, oder schildern Sie den Tatbestand!
c) Berichten Sie über die Umstände und Bedingungen!
d) Geben Sie Beispiele oder führen Sie Beweise an!
e) Ziehen Sie aus aufgeführten Ursachen Folgerungen!
f) Stellen Sie Gründe gegenüber und wägen Sie ab!
g) Stellen Sie Fragen, die auf Ihr Ziel gerichtet sind!
h) Zeigen Sie Sinn und Ziel!
i) Sprechen Sie eine Frage als Wunsch aus!

**Der Sachvortrag:** Der gute Sachvortrag ist ein ausgesprochener Bericht und steht fast jenseits der rhetorischen Kunst, jenseits von rednerischen Schlichen und Kniffen. Der Sachvortrag richtet sich zwar an den Verstand, darf aber trotzdem nicht zu trocken und zu nüchtern sein, nicht nur Zahlen, Daten, Fakten beinhalten: Bildhaftes prägt sich besser ein, und gewürzte Stellen lockern auf und sichern Ihnen überdies die Aufmerksamkeit der Zuhörer.
Bei der Ausarbeitung des Themas beschränken Sie sich auf das Wesentliche und das noch gerafft, gestützt auf Erfahrungen, Gelerntes oder Gesehenes. Es ist schwerer, ein Thema in nur 20 Minuten erschöpfend zu behandeln als in 40 Minuten. Insofern ist der Satz des jungen Goethe sehr treffend, der schrieb: »Da ich keine Zeit habe, Dir einen kurzen Brief zu schreiben, schreibe ich Dir einen langen.«
Bei der Frage, was wesentlich ist, ist zu beachten: An wen richtet sich der Vortrag und zu welchem Zweck wird er gehalten? Bei der Einleitung greifen Sie nicht zu weit aus, lassen Sie auch das, was man unbedingt (auch von Laien) vor-

aussetzen kann, weg: es ermüdet und tut so dem Hauptteil Abbruch. Beginnen Sie nicht mit nichtssagenden, langweiligen, störenden und obendrein schlechten Formulierungen wie: »Verständlichkeitshalber muß ich vorausschicken ...«, »Ich beginne mit dem Wichtigen ...«, und vermeiden Sie zwischendurch Formulierungen wie: »Dazu möchte ich einige Beispiele geben ...«, »Ich komme nun zum Hauptteil ...« oder »Zusammenfassend kann man wohl sagen ...«.
Geben Sie sich dem Thema gegenüber neutral! Ihre Empfindungen und Wünsche gehören nicht hierher. Beschränken Sie sich auf einen reinen Sachbericht, und gehen Sie auf folgende Fragen ein.

a) Wann hat es sich zugetragen, ereignet? (Zeit und Dauer)
b) Wo war es? (Lage)
c) Was war geschehen? (objektive Schilderung des Tatbestandes: kurz und klar; Tätigkeitswörter)
d) Wie entstand es? (Verlauf bis zum eigentlichen Geschehen)
e) Warum konnte es entstehen oder geschehen? (Hintergründe)
f) Welche Konsequenzen ergeben sich? (Ausweg, Forderung)

Die Punkte d) und e) können in umgekehrter Reihenfolge zu einem Gedankengang gehören.
Der Sachvortrag ist wie folgt zu gliedern:

a) Beginnen Sie mit Begriffserklärungen!
b) Schildern Sie den Tatbestand objektiv!
c) Führen Sie Beweise an!
d) Wie und warum kam es dazu?
e) Ziehen Sie Schlußfolgerungen!
f) Fassen Sie zum Schluß kurz zusammen!

Das Konzept ist auch zeitlich genau festzulegen, damit man nicht zu weit abschweift. Am besten vermerken Sie hinter jedem stichwortartig aufgeführten Punkt die vorgesehene Dauer der Redezeit. Diese Einteilung kommt dem Stoff auch insofern zugute, als durch diese Übersicht die Menge des Stoffes rangmäßig nach seiner Wichtigkeit auf die Gesamtrededauer aufgeteilt werden kann.
Ein Sachvortrag vermittelt Wissen, wie Angaben, Zahlen, Daten, technische Einzelheiten. Es ist also häufig unmöglich, diese Stellen vorzutragen ohne abzulesen. Beschränken Sie das Ablesen dann aber möglichst auf die wenigen notwendigen Stellen, denn auch der Sachvortrag kommt besser an, wenn man den Anschein erweckt, daß die Zuhörer das Entstehen der Gedanken miterleben.

## 2. Stegreifreden

Stegreifreden sollen gewöhnlich nicht unterrichten, nicht werben, obwohl es natürlich in einer Notfallsituation schon möglich sein kann, daß man aus dem Stegreif eine mehr oder weniger große Menschenmenge ansprechen und informieren muß. Gewöhnlich aber beschränken sich Stegreifreden auf private, gesellschaftliche Reden, die dem Zweck dienen, zu unterhalten oder Verpflichtungen zu genügen, wie z. B. Dankreden. Überwiegend werden Stegreifreden in verbundener, freundschaftlicher Atmosphäre gehalten.
Voraussetzung für die gute Stegreifrede ist die beherrschende und ordnende Gewalt über die Sprache. Die Stegreifrede ist überwiegend ein Ergebnis Ihrer Phantasie. Stegreifreden, die auf einer Verpflichtung beruhen, sind zweckgebunden und stützen sich im Grunde auf Anerkennung im weitesten Sinne. Bei Unterhaltungen sollte man folgende Leitgedanken im Gedächtnis haben und von ihnen ausgehen:
a) zeitlich (Vergangenheit, Gegenwart, Zukunft)
b) in Handlung auflösen
c) in Beziehung setzen
d) eigene Empfindungen oder Atmosphäre
Im **Plauderton** vorgebrachte Anekdoten, Witze und besonders Humor beleben die Stegreifrede und geben ihr den eigentlichen Wesenszug.
Um sich über Gedankenleerläufe hinwegzuhelfen, sollten Sie sich zurechtgelegte Redewendungen merken, die dann dort eingesetzt werden können und Ihnen »den Faden« wiedergeben, wie z. B.: »Ich glaube sagen zu dürfen...«, »Sicher stimmt ihr mit mir darin überein, daß...«, »Wenn ich mich nicht irre...«. Hilft Ihnen das nicht weiter, dann wiederholen Sie bereits Gesagtes – freilich mit anderen Worten! – bis Ihnen neue Gedankengänge einfallen.

## 3. Diskussionen

Menschen kommen zusammen, Bekannte, Freunde, Gleichgesinnte oder Gegner, um in Diskussionen neue Erkenntnisse zu finden. Nur verbindet sich mit den Schwächen der Menschen die Tatsache, daß sie oft genug nicht neue Erkenntnisse gewinnen, sondern die eigenen bestätigt haben wollen. Darum bringen sie gleich eine vorgefaßte und fest umrissene Meinung mit, von der sie nur schwer abgehen. Diesem Umstand entsprechend wird die Diskussion auch oft von Außenstehenden mit dem Streitgespräch (Debatte) verwechselt. Darum sei gleich von vornherein bemerkt: Geben Sie nicht jedem Drang nach, sich unbedingt mitzuteilen oder allem zu widersprechen, denn das ist eine Schwäche, die man bei vielen Menschen antrifft und die den Tod jeder gepflegten, produktiven Diskussion bedeutet. Halten Sie Ihr Wort ständig unter Kontrolle, und beachten Sie, daß absolute Behauptungen eine weitere Diskussion nicht zulassen. Es ist vulgär, in der Form der Unwiderruflichkeit zu reden, was nicht besagt, daß man seine Meinungen nicht mit Nachdruck äußern darf. Widersprechen Sie einem Teilnehmer nie persönlich, immer nur seinem Argument! Denn das ist nicht nur unhöflich, es weckt Feindschaft, die Sie dann bei jeder Ihrer weiteren Äußerungen zu spüren bekommen. Würdigen Sie auch Meinungen, die der Ihren widersprechen und gehen Sie auf diese ein. Die Diskussion ist kein Wettstreit, sondern ein Gedankenaustausch.

Von den Grundsätzen der Diskussion nun zur Durchführung der Diskussion selbst. Sie bildet sich aus den Diskussionsteilnehmern und dem Diskussionsleiter. Um sich vor falschen Auslegungen oder Wortverdrehungen zu schützen, ist unter Umständen eine Schreibkraft hinzuzuziehen oder ein Tonbandgerät zu gebrauchen. Die Aufgabe des Leiters ist es:

a) Das **Thema** bekanntzugeben und dabei die Tatbestandschilderung so zu formulieren, daß sie zu Meinungsäußerungen anregt.
b) Die Teilnehmer nach ihrer Meinung zu fragen und dafür zu sorgen, daß jeder Diskussionsteilnehmer zu Wort kommt.
c) Zwischendurch das bereits Erörterte zu wiederholen bzw. die Gebiete, die geklärt oder bei denen Einigung erzielt werden konnte, in den **Hauptpunkten** zusammenzufassen.
d) Zum Schluß kann der Diskussionsleiter das Erörterte **zusammenfassen** und das Resultat darlegen, falls eins zustande gekommen ist. Konnte kein Ergebnis erzielt werden, liefen die Meinungen also auch noch zum Schluß auseinander, so hat er die Möglichkeit, die Sitzung zu vertagen.

Hat der Diskussionsleiter die Möglichkeit, Ort und Räumlichkeit für die Diskussion zu bestimmen, so wird er sicher eine den Teilnehmern vertraute Umgebung wählen und, wenn es sich einrichten läßt, die Teilnehmer in bequemen Sesseln Platz nehmen lassen. Wichtig ist auch, daß der Diskussionsleiter zu Beginn versucht, eine vertraute Atmosphäre durch Freundlichkeit und höfliche, persönliche Fragen und zwanglose Unterhaltung zu schaffen. Seine Aufgabe ist es, während der ganzen Diskussion Begriffsbestimmungen und gemeinsame Wertmaßstäbe festzulegen und deren Anerkennung zu erwirken. Ferner hat er darauf zu achten, daß niemand zu weit vom Thema abschweift. Er sollte immer auf Kernpunkt, Ursache, Tatbestand und Wirkung hinweisen. Bei einer Diskussion will jeder zu Wort kommen, und um das zu ermöglichen, muß der Diskussionsleiter diejenigen Teilnehmer, die ihre Meinung zu lang äußern wollen, höflich, aber bestimmt, unterbrechen.

Weder Leiter noch Teilnehmer sollten unbegründete Behauptungen und noch weniger Verallgemeinerungen aussprechen. Beachtet werden sollte auch noch von beiden Seiten, daß Vergleiche und Beispiele eine Diskussion beleben können.
Meist ist es nicht möglich, seinen Gegner direkt in der Diskussion zu überzeugen. Versuchen Sie es auch nicht unter allen Umständen, wichtiger ist es, das Gegenüber grundsätzlich für einen Standpunkt zu gewinnen. Die geheimnisvolle, entscheidend wichtige Macht sind die anderen Teilnehmer, die Zuhörer oder die Öffentlichkeit.

# Werbepsychologie

## I. Verkaufsgespräch

### 1. Persönlichkeit und Sprache

Wie steigere ich meinen Umsatz? Diese Frage beschäftigt wohl die meisten Händler, Verkäufer und Vertreter und die Antwort lautet schlicht: »Mit dem wirkungsvollen Verkaufsgespräch.« Wer erfolgreich verkaufen will, muß zuallererst **Zuversicht** ausstrahlen, denn sie beeinflußt den Kunden positiv, Unsicherheit läßt ihn stutzen, Fehler, Mängel und Nachteile suchen. Zuversichtlich und zudem einladend und begeisternd wirkt immer ein freundliches Lächeln und liebenswürdiges Wesen. Jedoch, ein dauerndes Lächeln oder gar Grinsen ist auch nicht gerade zu empfehlen, man sieht das Künstliche, das Aufgesetzte daran; das Lächeln darf nie zur unpersönlichen stereotypen Grimasse werden. Nur dann erfüllt es seinen Zweck. Es kostet nichts und bringt doch viel ein. Launenhaftigkeit im Geschäftsleben kann sich eigentlich niemand erlauben, genausowenig ein mangelhaftes, nachlässiges Aussehen und Auftreten. Die Persönlichkeit des Verkäufers trägt meist wesentlich zur Kaufbereitschaft bei. Macht der Verkäufer einen schlechten Eindruck, so überträgt der Kunde dies auf die Ware. Angenehmes, vorteilhaftes Aussehen und höfliches, zuvorkommendes Benehmen läßt keine negativen Rückschlüsse zu auf Ware, Firma und Geschäftsbeziehung und stärkt außerdem das Selbstbewußtsein.
Nun zum Verkaufsgespräch selbst: Das Verkaufsgespräch eines Verkäufers oder Vertreters darf den potentiellen Käufer keinesfalls durch ständige Wiederholung ermüden. Auch wenn die Worte den Verkäufer schon selbst anöden, ihm vielleicht schon regelrecht zum Hals heraushängen, darf er nicht vergessen, daß sie für den Kunden neu sind. Ein leiernder Tonfall aber kann den Kunden im negativen Sinne aufhorchen lassen. Ein Kunde will aber individuell, nicht nach Schema F bedient und behandelt werden. Legen Sie in Ihre Stimme ein begeisterndes, geheimnisvolles Etwas! Es muß einmalig und doch natürlich, vor allem nicht überbetont oder aufdringlich klingen; denn Verkäufer und Vertreter übersehen häufig, daß nur sie, nicht der Kunde, die Waren häufiger zu Gesicht bekommen und daß sie somit für sie selbst wohl kaum noch begeh-

renswert erscheinen können. Wer aber etwas erwerben will, für den besteht der Reiz des Neuen, des Ungewissen, vielleicht hängt sein Sehnen an diesem Erwerb. Er hat vielleicht lange gespart, um den Kauf überhaupt tätigen zu können. Dieser Kunde würde an der Gleichgültigkeit und Müdigkeit in der Stimme des Verkäufers Anstoß nehmen, es würde ihm dieser Erwerb nun selbst gar nicht mehr so wichtig oder begehrenswert erscheinen, was sich dann in der Kaufbereitschaft bemerkbar macht. Begehen Sie als Verkäufer auch nie den Fehler, in Ihrer Stimme Ungeduld und Zeitknappheit erkennen zu lassen! Ferner stört den Kunden auch, wenn der Verkäufer zu laut oder zu leise spricht. Ganz wichtig ist natürlich auch, daß man als Verkäufer die Sprache richtig beherrscht, daß man grammatikalisch richtig zu sprechen weiß und keine – oder nur geringe – Dialektfärbung erkennen läßt.
Beherrschen Sie die Grammatik nicht ausreichend, so müssen Sie durch Selbsterziehung, Teilnahme an Deutschkursen und eifriges Lernen diesen Mangel ausgleichen. Mangelhafte Grammatikkenntnisse können sehr blamabel sein und zum großen Reinfall führen.
Freude an der Sprache ist eines Ihrer Werkzeuge im Kampf um den Verkauf. Das Augenmerk gilt besonders dem Satzbau, der Auswahl und dem Gebrauch der Wörter. Eintönigkeit und nichtssagende Phrasen, schablonenhafte Redewendungen und abgegriffene große Worte lassen sehr oft erkennen, daß man seinen Verkaufsvortrag, sein Angebot, ohne Anteilnahme herunterleiert. Lassen Sie Ihre Verkaufsargumente nicht einstauben oder abnutzen! Wenn Sie sie zusammenstellen, machen Sie es bei strahlender Laune, und überarbeiten Sie sie nach einiger Zeit nüchtern und gründlich, nachdem Sie die Wendungen, Angebote, Argumente, Lockungen und Widerlegungen auf ihre Wirkung hin geprüft und mit Freunden und Kollegen durchgesprochen haben. Geben Sie sich die größte Mühe bei der Zusammenstellung und dem Aufbau, denn meist überzeugt die Ware selbst nicht, sondern nur ihre Beschreibung und die Schilderung ihrer Vorteile. Jegliche Anpreisung aber ist von vornherein wirkungslos, stützt sie sich wesentlich auf belang- und phantasielose große Worte wie »ausgezeichnet«, »erstklassig«, »wirklich vornehm«, »sehr reizend«, »unwahrscheinlich hervorragend« usw. Der Käufer braucht **etwas Greifbares,** etwas fest, bestimmt und unumstößlich Umrissenes, woran er sich halten kann, womit er den Kauf vor sich, anderen oder seinem Unternehmen, das er vertritt, rechtfertigen kann. Und solche bezeichnenden Beschreibungen und Schilderungen der Vorzüge sind in lebendiger und bildhafter Form vorzutragen. Dadurch sprechen Sie Ihren Kunden von Mensch zu Mensch an, er kann leichter verstehen und wird die Vorzüge der Ware im Gedächtnis behalten. Auch langweilt es den Kunden – vor allem, wenn er Laie ist –, wenn er mit Zahlen, Daten, Fachbegriffen und Fremdwörtern bombardiert wird, unter denen er sich nichts Kon-

kretes vorstellen kann. Geben Sie dem Kunden statt abstrakter Begriffe anschauliche Beispiele an die Hand.
Merzen Sie ferner Wörter aus Ihrem Wortschatz aus, die in anderen Zusammenhängen und in Verbindung mit bestimmten Worten und Gedanken einen negativen Sinn oder peinlichen Charakter haben, sagen Sie also beispielsweise nicht, das Produkt sei »billig«, preisen Sie es als »preiswert« an. Wechseln Sie stets Ihre Worte, Ausdrücke und Redewendungen! Denken Sie an die Wortfelder und die Vielseitigkeit der Sprache! Nur das Neue, das Einmalige lockt, und das muß sich schon in Ihrer Sprache ausdrücken.

## 2. Techniken

Als Einstieg in das Verkaufsgespräch empfiehlt sich die kurze, private, lebhafte und humorvolle Unterhaltung.
Angebote gibt es viele, und ob gerade Ihres das beste ist, ist zweifelhaft. Sind Sie aber ein sympathischer, liebenswürdiger Mensch, der auch auf die Interessengebiete seines Kunden eingeht und ihn individuell bedient, so werden Sie in jedem Fall Ihrer Konkurrenz gegenüber im Vorteil sein. Selbst wenn Ihr Angebot in Preis oder Qualität geringfügig unterlegen ist, werden Sie wahrscheinlich das Rennen machen, wenn Sie freundlicher und zuvorkommender sind als Ihr Konkurrent.
Die zweckmäßigsten und wirksamsten Verkaufsmethoden sind die sokratische Fragetechnik und die suggestive Fragestellung. Das Ziel beider Methoden ist, im Kunden die Vorstellung zu wecken, daß die Entscheidung zum Kauf allein von ihm ausgegangen ist. Die sokratische Fragemethode läßt sich folgendermaßen aufgliedern:

a) Konnex-Frage: Sie stellt die Verbindung zwischen Verkäufer und Käufer her.
b) Verbindungsfragen: Es sind Fragen mit W-Wörtern, z. B.: »Wieso? Warum?«, die der Verbindung zum Ziel dienen.
c) Zwei Fangfragen: Sie bilden den Kernpunkt und können sich einmal so aufgliedern, daß der Kunde die erste der beiden Fragen bejahen muß und daß die zweite Frage eine Folgerung aus der ersten Bejahung darstellt. Die andere Taktik der Fangfragen nennt man auch die zwingende Entscheidung; es wird dem Zuhörer nicht ein Ja oder Nein, sondern lediglich ein Wie oder Was abgenötigt, ohne daß er es direkt merkt. Zwei Beispiele zu den beiden Möglichkeiten:

- Verkäufer: »Legen Sie Wert auf Qualität bei niedrigem Preis?«
  Käufer: »Ja, durchaus.«
- Verkäufer: »Dann werden Sie sich sicher hierfür entscheiden?«

- Nach Begrüßung, kurzem Gespräch und Anprobe fragt der Schuhverkäufer beispielsweise: »Möchten Sie die Schuhe gleich anbehalten oder soll ich sie Ihnen einpacken lassen?«

Die erste Fragetechnik ist noch objektiv und wendet sich an den Verstand, versucht den Kunden zu überzeugen, die zweite hingegen ist suggestiv gestellt, versucht, das Denken des Kunden auszuschalten und bewirkt eine Reflexhandlung, verführt also oft zu Antworten, Entschlüssen und Handlungen, die ungewollt getan und häufig bereut werden. Die Psychologie hat die große Bedeutung der **zweckdienlichen Frageformulierung** schon früh erkannt und ausgewertet. So fand man auch heraus, daß der Kunde allgemein, wenn er nicht zu selbständig denkt, dazu neigt, eher die zuletzt gestellte Frage zu bejahen, weil sie frisch im Gedächtnis ist, während die vorangegangene schon fast wieder vergessen ist. Wollen Sie also bei dem Kunden eine Entscheidung zwischen mehreren Warenarten herbeiführen, so erwähnen Sie die, die Sie dem Kunden lieber verkaufen würden, zuletzt, oder aber stellen Sie eine einzige Frage, um dem Kunden die Wahl abzunehmen! Höflichen, zuvorkommenden Menschen und eben solchen Verkäufern widerspricht man nicht direkt. Formen Sie daher Ihre Frage stets so, daß eine für Sie unerwünschte Antwort gar nicht recht als Erwiderung paßt!

Oftmals wird man aus dem Kunden nicht recht schlau. Hat man ihm noch nicht das Richtige angeboten, oder schon zuviel? Hat er irgendwelche Sonderwünsche oder Beanstandungen? Hat er Kaufinteresse und spielt er nur den Gleichgültigen, um den Preis zu drücken? Obwohl man sich bemüht und versucht, die Gedanken des Kunden zu erraten, ist man unsicher. Hier empfehlen sich taktvoll und gezielt vorgebrachte Fragen, um den Kundenwunsch zu ermitteln. Es müssen Fragen sein, die eindeutige Stellungnahmen fordern und mit denen man den Kunden zur Äußerung seiner Wünsche anreizt. Am zweckmäßigsten erscheinen da die W-Fragen. Aber, Vorsicht bei der Fragestellung! Der Kunde darf niemals das Gefühl haben, daß er ausgefragt wird.

Geschickt gestellte Fragen führen auch den vielleicht gar nicht beabsichtigten Mehr-, Zusatz- oder Ergänzungskauf herbei. Solche Fragen dürfen keineswegs aufdringlich wirken, sondern müssen das Vertrauen und das gute Einvernehmen mit dem Kunden festigen. Dazu geeignet sind aber nicht unpersönliche, übliche, gedankenlose Wendungen, die der Kunde hinnimmt wie den Abschiedsgruß. Die Frage: »Wünschen Sie außerdem noch etwas?« wird nicht nur wegen ihrer Belanglosigkeit überhört, sondern auch, weil der Kunde zu bequem ist, selbst noch zu überlegen. Ersparen Sie es ihm, indem Sie ihm ganz bestimmte Sonderangebote an Zubehör- und Ergänzungsgegenständen zeigen. Überlassen Sie ihm lediglich die Kaufentscheidung, bei der Sie ja durch Art der Fragestellung auch indirekt und suggestiv mitwirken können.

## 3. Hinweise

- Die Grundlage des Verkaufsgespräches sollte Ihre Überzeugung sein, daß die Ware ihren Preis wert ist, daß sie das hält, was Sie versprechen. Nur wer seine Warenkunde beherrscht, ist auch in der Lage, fachlichen Angriffen standzuhalten und fundierte, verläßliche Auskunft zu geben. Außerdem führt mangelndes Fachwissen letztlich zu mangelndem Selbstbewußtsein.
- Der Kunde muß vom ersten bis zum letzten Wort interessiert und angeregt werden.
- Denken Sie mit dem Kunden und für ihn, sehen Sie sich und Ihr Angebot mit den Augen des Käufers, dann brauchen Sie die Entscheidung nicht erst abzuwarten, sondern können sie herbeiführen!
- Heben Sie nicht die Ware an sich hervor, sondern vor allem den Gewinn und die Vorteile, die man durch sie hat! Schildern Sie besondere Einzelheiten! Können Sie Vorzüge bieten, an die man im Zusammenhang mit Ihrer Ware kaum denkt, verblüffen Sie den Kunden damit, interessieren, überzeugen Sie ihn!
- Verausgaben Sie sich nicht! Sie müssen während des ganzen Gespräches noch Möglichkeiten haben, Vorzüge aufzuzeigen, darum sprudeln Sie sie nicht zu Beginn alle heraus! Außerdem hat der Kunde sie dann nach weiteren Worten nicht mehr so gut im Gedächtnis. Sie wirken bedeutender, wenn der Kunde sie nach und nach erfährt.
- Überladen Sie den Kunden nicht mit Waren und Angeboten! Zu große Auswahl erschwert nur die Entscheidung. Meist greift der Kunde ohnehin auf das zuerst Gesehene zurück, wenn Sie ihn mit Fragestellungen nicht anders manipulieren.
- Seien Sie während des Gespräches immer ganz bei der Sache! Denken Sie daran, daß es für den Kunden ein einmaliges Verkaufsgespräch ist! Halten Sie Ihr Gesicht, Ihre Worte und vor allem auch Ihren Blick stets unter Kontrolle!
- Zum Verkaufsgespräch gehört nicht nur das Reden, der Verkäufer muß auch zuhören können. Sie beweisen damit ja nicht nur Anteilnahme und Achtung und ersparen sich unnötige Fragen, sondern Sie erfahren vielleicht wichtige Eigenarten des Kunden, wodurch Sie den Kontakt stärken können.
- Preise sind das Wichtigste beim Kauf, sie sind meist ausschlaggebend und interessieren immer. Nennen Sie Preise nur bei ungewöhnlich teuren Artikeln nicht! Da muß der Preis als unbedeutend hingestellt und dem Kunden ziemlich zum Schluß beiläufig genannt werden, möglichst erst dann, wenn Sie merken, daß bereits Kaufbereitschaft besteht oder aber, wenn der Kunde nach dem Preis fragt.

- Sprechen Sie offensichtliche und leicht feststellbare Nachteile offen aus. Sie nehmen dem Kunden das Mißtrauen und das Widerspruchsverlangen. Selbst wenn Sie die Nachteile und Bedenken nicht beschönigen oder widerlegen können, was Sie allerdings unbedingt versuchen sollten, ist Ihre Ehrlichkeit noch vorteilhaft, denn Ihre Schilderungen der Vorzüge wirken dann um so glaubwürdiger auf den Kunden.
- Das eigentliche Ziel eines jeden Verkäufers ist es, einen Stammkunden zu gewinnen. Sie sind die sicheren Stützen der Kalkulation und des dauerhaften Erfolges. Es kommt aber nur derjenige wieder, der von Ihnen wirklich zufriedenstellend bedient wurde. Kein Kunde darf Sie unzufrieden verlassen. Ist eine Reklamation berechtigt, lassen Sie nichts unversucht, den Kunden zufriedenzustellen! Tun Sie, was in Ihren Kräften steht, um das alte Verhältnis wiederherzustellen! Nehmen Sie sich die Zeit und beschäftigen Sie sich mit diesem Kunden eingehend!
- Zwischen dem Kunden und dem Verkäufer muß eine Brücke des Vertrauens geschlagen werden. Aber plumpe Vertraulichkeit ist in jedem Fall unangebracht – wie groß der Abstand zwischen Verkäufer und Kunde sein muß, hängt von der jeweiligen Eigenart des Kunden ab. Der Verkäufer muß mit Fingerspitzengefühl herauszufinden suchen, ob der Kunde große oder geringere Distanz wünscht.

## 4. Einwände

Widersprechen Sie grundsätzlich nicht, ohne Beweise und Gegenargumente anführen zu können! Überlegen Sie darum vorher, welche Einwände man Ihnen vorlegen kann und erarbeiten Sie sich entsprechende Gegenargumente! Noch besser ist es freilich, die Bedenken selbst zu äußern und anschließend zu widerlegen. Überhaupt keinen Zweck hat es, sich zu streiten, wenn Sie Einwände nicht konkret widerlegen können oder wenn der Kunde nicht mit sich reden läßt. Überbrücken Sie solche Situationen humorvoll. Vor allem aber, lassen Sie sich nicht durch Einwände, Bemängelungen oder Angriffe einschüchtern oder reizen! Nur der ruhig und sachlich argumentierende Mensch vermag zu überzeugen. Zunächst prüfen Sie, ob Einwände ernst gemeint sind oder ob der Kunde nur abwimmeln will. Ernstgemeinte Einwände kann man nicht wichtig genug nehmen, da sie ja grundsätzliches Kaufinteresse verraten. Außerdem kann man aus fachlicher Kritik unter Umständen lernen und eventuelle Fehler und Mängel beseitigen.
Einwände gegen die **Höhe des Preises** sind wohl die häufigsten. Hier empfiehlt es sich, gemeinsam mit dem Kunden die Kostenrechnung durchzugehen.

Auch kann man auf die Wirtschaftlichkeit einer teureren, aber auch dauerhaften Anschaffung hinweisen. Wird Ihnen vorgehalten, Ihre Konkurrenz verkaufe billiger, so dürfen Sie nicht ohne Kenntnis über die wirkliche Lage die Ware der Konkurrenz als schlechter hinstellen oder den Preisunterschied bestreiten. Sie müssen sich schon in dem Wirtschaftszweig, in dem Sie tätig sind, auskennen. Sie müssen die Angebote, Waren, Liefer- und Zahlungsbedingungen anderer Unternehmen genau überblicken, um wirkungsvoll widersprechen und den Preisunterschied rechtfertigen zu können.
Oft gibt der Kunde zu verstehen, daß ihm der Preis an sich nicht zu hoch sei, er aber trotzdem nicht das Geld aufbringen könne. Anhand Ihrer Erfahrungen oder Erkundigungen, die Sie vorher eingeholt haben, können Sie dann entscheiden, ob Sie dem Abnehmer Kredit oder andere Zahlungserleichterungen einräumen können.
Das Verkaufsgespräch wird von einem geschickten Verkäufer so gelenkt, daß das Hauptgewicht nicht auf der Preisfrage liegt. Selbst ein niedriger Preis ist durchaus nicht das wirksamste Werbemittel. Jeder kluge Mensch achtet heute darauf, daß er preiswert, nicht billig einkauft.
Bei **Großhandelsgeschäften** wird stets nur das gekauft, was sich auch wieder absetzen läßt. Darum hört man vom Käufer oft den Einwand, daß die Waren nicht den erforderlichen Absatz fänden, daß sie bei den Verbrauchern nicht gefragt seien. Weisen Sie dann darauf hin, daß es, wenn dies tatsächlich der Fall sein sollte, lediglich ein Mangel der Werbung sein könne, daß diese Tatsache aber Ihrer Firma bekannt sei und daß sie ihr wirksam Rechnung trage. Darauf müssen Sie den bereits in anderen Städten sich abzeichnenden Erfolg glaubhaft schildern können. Stärken Sie die Glaubwürdigkeit Ihrer Darlegung, indem Sie beispielsweise auf Werbeplakate hinweisen, Zeitungs- und Zeitschriftenanzeigen vorlegen. Sie können dem Kunden auch Werbematerial zur Verfügung stellen, etwa Plakate fürs Schaufenster, Probepäckchen, die Ihr Kunde seinen Käufern kostenlos übergeben kann, oder Sie versichern, einen Ihrer Dekorateure vorbeizuschicken, der das Schaufenster anziehender gestaltet.
Wissen Sie, daß Ihr Abnehmer nur ablehnt, um den Preis zu drücken, können Sie seinen Einwand durch Beispiele, bei denen Ihre Abnehmer am gleichen Ort mit dem Absatz Ihrer Ware sehr zufrieden sind, widerlegen. Besonders vorteilhaft ist es natürlich, wenn Sie dem Kunden Wege zur Absatzsteigerung aufzeigen oder ihn auf kauffreudige Zielgruppen aufmerksam machen können.
Besonders im Zeichen des wirtschaftlichen Aufschwungs legt der Abnehmer großen Wert auf einwandfreie **Qualität.** Er ist verwöhnt und bemängelt gern. Hier können Ihnen nur Fachwissen weiterhelfen und schlagfertige, vorher zurechtgelegte Beweisführungen über einwandfreie Qualität. Bedenken Sie vorher, welche Einwände der Käufer erheben kann.

Möchte der Kunde grundsätzlich kaufen, aber erst zu einem späteren Zeitpunkt, kann man ihm klarmachen, daß die Ware angesichts des großen Absatzes bald schon ausverkauft sein wird, oder aber, daß es sich um ein einmaliges kurzfristiges Sonder- oder Werbeangebot handelt und daß dieses Ausnahmeangebot schon morgen von Ihrer Firma zurückgezogen werden kann. Auch muß dem Abnehmer veranschaulicht werden, daß der sofortige Kauf vorteilhaft ist (z. B. saisonbedingte Ware). Betreffen die Einwände die Menge der Ware, sind nach Ihrer Ansicht die Bestellungen zu gering, dann machen Sie den Abnehmer auf die für ihn entstehenden Nachteile aufmerksam. Denn erhält sein Kunde bei ihm nicht das Gewünschte, so geht er zur Konkurrenz.

Ist Ihr Kunde unzufrieden über bisher schlecht ausgeführte **Lieferungen** Ihrer Firma (Lieferverzug, Warenmängel), sollten Sie nicht nur versuchen, ihn mit Worten zu beruhigen und wunschgemäße Lieferung für die Zukunft zuzusichern, sondern auch wirklich den Auftrag bis zur Vollendung überwachen.

Verkäufer und Vertreter haben es in ihrem Beruf bestimmt nicht immer leicht, wie jeder andere, der auf das Wohlwollen anderer Menschen angewiesen ist, zumal, da sich in den meisten Branchen starke, häufig auch unfaire Konkurrenz breitmacht. Der Käufer weiß das, und es ist verständlich, wenn er das ausnutzt. Er verlangt bessere Ware, Preisminderungen, höhere Skonti-Sätze, die für ihn günstigsten Zahlungs- und Lieferungsbedingungen oder den Abschluß von Kompensationsgeschäften. Das alles sind keine Gründe, Beherrschung oder Mut zu verlieren. Nicht Ihre Gefühle oder Ihre Meinung sind wichtig, sondern die des Käufers. Und der denkt: »Ob er wohl auf meine Attacken hereinfällt? Kaufen werde ich zwar ohnehin bei ihm, bin ja an und für sich zufrieden mit seinem Angebot, aber versuchen kann man's ja!« Bleiben Sie ruhig, und fallen Sie durch entsprechende Erwiderungen auf unhöfliche Äußerungen nicht ebenfalls aus der Rolle! Sie geben zwar nicht nach, aber Ihr fester Standpunkt darf nicht mißachtend oder brüskierend wirken. Ein Kunde, der sich bloßgestellt fühlt, wird Ihnen so schnell keinen Auftrag mehr erteilen. Spielen Sie ruhig den Beeindruckten! Der Kunde will Herr bleiben, sein Gesicht wahren. Übergehen Sie Kränkungen, biegen Sie Streitereien mit Witz und guten Worten ab!

## 5. Tips für Einzelhandelsverkäufer

- Brechen Sie jede Beschäftigung ab, wenn ein Kunde den Laden betritt! Nichts ist dem Kunden lästiger als unnötiges Warten. Können Sie Ihre Tätigkeit nicht unterbrechen, sprechen Sie den Kunden wenigstens an und bitten Sie ihn freundlich um sein Verständnis, daß Sie ihn warten lassen müssen.

- Prägen Sie sich die Namen Ihrer Kunden ein! Begrüßen und verabschieden Sie sich mit Namensnennung! Wechseln Sie hin und wieder einige persönliche Worte!
- Setzen Sie nie Ihre Konkurrenz herab! Sollte einmal eine Ware bei Ihnen vergriffen sein, weisen Sie den Kunden ruhig auf andere Quellen hin, wenn er Ihre Frage, ob er eine Nachbestellung abwarten möchte, verneint! Zur Konkurrenz geht er ohnehin, aber so ist er Ihnen dankbar, fühlt sich Ihnen verbunden und bleibt Ihnen eher treu.
- Merken Sie, daß zwischen Ihnen und einem Kunden ein gespanntes Verhältnis besteht, daß er Sie oder Sie ihn nicht ausstehen können, dann versuchen Sie nicht, das unter allen Umständen abzustellen, wenn die Erfolgsaussichten gering erscheinen. Sorgen Sie dann dafür, daß dieser Kunde von einem anderen Verkäufer bedient wird!
- Zeigen Sie sich jedem Ihrer Kunden gegenüber gleich freundlich! Ziehen Sie nicht »Damen« und »Herren« »Frauen« und »Männern« vor. Schließlich kaufen beide, und wer mehr kauft, muß sich erst herausstellen.
- Um den Kunden zum Wiederkommen anzuregen, können Sie ihn auf Artikel, die morgen oder übermorgen eintreffen, aufmerksam machen, oder versprechen Sie, Waren, die der Kunde offensichtlich in absehbarer Zeit wieder braucht oder die er gern hat, für ihn zurückzulegen. Sie können auch auf Ergänzungsteile und Zubehör verweisen, die nach und nach bei Ihnen hinzugekauft werden können.
- Der Kunde möchte zwar rasch, aber nicht oberflächlich bedient werden. Lahme sowie übereilte Handgriffe stören ihn ebenso wie hastiges, undeutliches oder langweiliges Sprechen. Bemühen sie sich auch, stets konzentriert zuzuhören, um nicht den Anschein von Gleichgültigkeit zu erwecken!
- Erklären Sie plastisch und eindringlich! Lassen Sie Ihre Kunden selbst begutachten, probieren, prüfen!
- Versuchen Sie nicht um jeden Preis und unter Aufbietung all Ihrer Redekunst etwas zu verkaufen! Die Zufriedenheit des Kunden ist wichtiger als Ihr augenblicklicher Verkaufserlös. Raten Sie dagegen ruhig einmal vom Kauf irgendeines Artikels ab, um das Vertrauen zu stärken!
- Vermeiden Sie gedankenlose und unpassende gravitätische Worte! Nichts an Ihnen darf gestellt oder phlegmatisch wirken. Natürliche Liebenswürdigkeit ist erlernbar.

## 6. Kundenkartei

Vor einiger Zeit starb der Vertreter Klaus D. aus Dortmund an den Folgen eines Verkehrsunfalls. Er war seit Jahren Reisender einer großen Bochumer Textilfabrik und hatte sich ziemlich mühevoll für jeden seiner Abnehmer eine umfassende Karteikarte angelegt. Die Direktion des Unternehmens bot der Ehefrau des Verunglückten eine nicht geringe Summe für diese Kartei, so große Bedeutung maß sie ihr bei. Auf jeder Kundenkarteikarte fanden sich Angaben zu folgenden Punkten:

I. Allgemeines
1) Geschäftliche Lage
2) Geschäftliche Gepflogenheiten
3) Geschäftsbeziehung
II. Besonderes
1) Interessengebiete u. Hobbys
2) Private Besonderheiten
3) Geschäftliche Besonderheiten
4) Beziehungen

I/1 Dieser Punkt gibt ein umfassendes Bild über den Betrieb an sich, über Rechtsform, Geschäftsumfang, Vermögen, Umsatz, Ruf, geschäftliche Tüchtigkeit, Leistungsfähigkeit und Kreditwürdigkeit. Teilweise hatte der Handlungsreisende zu diesem Zweck kostenpflichtige Auskünfte bei gewerbsmäßigen Auskunfteien oder Handelsauskunfteien eingeholt. Zum anderen waren es aber auch Gefälligkeitsauskünfte von Geschäftsfreunden (Kunden oder Lieferanten) oder auch Banken oder von Angestellten des Unternehmens, die er unter diesem Punkt vermerkt hatte.

I/2 Hier ist aufgeführt, wer Aufträge in der Firma vergibt, welches die geeigneten Tage für Besuche sind, wann der betreffende Kunde zu sprechen ist, wo man ihn am günstigsten aufsucht (z. B. Einzelhändler wünschen oft keine Verhandlungen in ihren Geschäftsräumen und machen den Vertreter auf den Hintereingang aufmerksam, der zu einem dafür vorgesehenen Hinterstübchen führt). Ferner ist in dieser Spalte notiert, an welchen Abnehmerkreis sich der Kunde wendet, ob er besonderen Wert auf die Waren der Firma legt, für die der Reisende unterwegs war und ob er wünscht, in seinem Ort der einzige Geschäftsmann zu sein, der diese Ware führt.

I/3 Diese Rubrik zeigt das Verhältnis Ihrer Beziehung und der Ihrer Firma zum Abnehmer auf. Sie enthält die Zahlungsart des Kunden, ungefähre Höhe und Art der Aufträge, Reihenfolge und Zeitdauer der Auftragserteilungen, wie die Aufträge von der Lieferfirma ausgeführt wurden, ob Gründe zur Bemängelung und Unzufriedenheit bestehen. Diese Rubrik kann ferner ausgedehnt werden als Kontrolle von der Auftragserteilung bis hin zur Bezahlung der Ware.

II/1 Der Privatbereich eines Kunden ist ein sicherer und dauerhafter Ausgangspunkt, auf den man seinen Besuch stützen und das Verkaufsgespräch aufbauen kann. Versteht man es, den Kunden privat für sich zu gewinnen, hat man oft schon den Auftrag in der Tasche. Derartige Erfahrungen macht man im Laufe der Zeit von selbst im Gespräch mit dem Kunden, dessen Angestellten oder Freunden, wenn man die Ohren offenhält und zuzuhören versteht.

II/2 Wohl jeder Geschäftsmann wird sich geschmeichelt fühlen, wenn Sie ihm zum Geburtstag gratulieren, eine freundliche Bemerkung zum Hochzeitstag in die Unterhaltung einwerfen, an seinen Namenstag denken oder dergleichen. Auch kann der Kunde wünschen, daß Sie jeweils zu einer bestimmten Zeit kommen. In dieser Rubrik können Sie auch die Charakterart und die menschlichen Schwächen, sofern sie Ihnen ersichtlich sind, festhalten.

II/3 Vorteilhaft ist das Wissen um geschäftliche Besonderheiten, wie Jubiläen, oder auch Zeiten, für die besondere Einkäufe geplant sind. Auch muß ersichtlich sein, welche Waren zu welcher Zeit besonders gefragt sind.

Alles was mit den für Sie als Vertreter wichtigen Beziehungen des Kunden zusammenhängt, tragen Sie nach einem passenden Schema in die Kartei ein. Persönlicher, privater Kontakt zu Einkäufern oder maßgebenden Angestellten Ihres Kunden zählen ebenso dazu, wie die Beziehungen zu einem Geschäftsfreund oder gutem Bekannten Ihres Abnehmers oder Referenzen, die Sie ihm gegenüber anführen. Sind Sie in Ihrer Branche hauptsächlich auf Beziehungen angewiesen, können Sie diese Rubrik um einen weiteren Punkt bereichern. Führen Sie die Beziehungen der Personen, zu denen wiederum Sie Beziehungen unterhalten, rangmäßig oder alphabetisch geordnet, auf.

Eine derartige Kartei, auch wenn sie mit Hilfe der Datenverarbeitung erstellt wird, erfordert viel Arbeit, sie macht sich aber auch bezahlt. Sie vermindern Ihr geschäftliches Risiko, steigern erheblich Ihre Verkaufschancen und verlieren selbst bei größtem Kundenstamm nicht die Übersicht über Art und Wünsche, Verhältnisse und Gepflogenheiten Ihrer Kunden. Nur so können Sie Ihre vielleicht unter schwierigen Umständen gesammelten Erfahrungen richtig auswerten.

Noch ein kleiner Tip am Rande: Tragen Sie Ihre Bemerkungen mit Bleistift ein, um überholte oder falsche Daten jederzeit ändern zu können.

# II. Verhandlungstechnik

## 1. Verhandlungsführung

Vor einer wichtigen Verhandlung empfiehlt es sich, sich zu konzentrieren und zu sammeln, am besten mit Hilfe des autogenen Trainings. Eine Verhandlung erfolgreich zu führen erfordert neben dem Fachwissen auch Kenntnisse geeigneter Verhandlungstaktiken. Zum einen, damit man sie selbst anwenden kann, vor allem aber auch, um nicht überrumpelt zu werden.
Damit Verkäufer und Käufer nicht aneinander vorbeireden, sollten am Anfang einer Verhandlung die Fragen stehen: »Was? Weshalb? Wo? Warum?«
Bringen Sie Ihren Gesprächspartner nicht in eine negative Stimmung, erregen Sie also in ihm keine widersprechende, ablehnende oder gegnerische Haltung Ihnen gegenüber; es besteht die Gefahr, daß er diese Haltung während der ganzen Verhandlung beibehält. Es ist psychologisch nachgewiesen, daß Menschen dazu neigen, an einer einmal formulierten Ablehnung festzuhalten, selbst wenn sie ihr Unrecht einsehen, weil sie fürchten, sich sonst etwas zu vergeben. Darum tut der Verkäufer gut daran, in seiner Entgegnung Zugeständnisse zu machen oder ausweichend zu antworten. Dieses Ausweichen kann beispielsweise so aussehen, daß man einen Dritten ins Feld führt, und diesen als Beispiel, Vorbild oder Referenz angibt; so beweist man scheinbar neutral, daß man recht hat.

## 2. Irrationale Wünsche

Der geschickte Verhandlungsführer wird das Gespräch auf die irrationalen Wünsche seines Gegenübers ausrichten, also auf dessen gefühlsmäßiges Sehnen und Fordern. Die häufigsten irrationalen Wünsche und Bedürfnisse des Menschen sind mit seinem Geltungsbedürfnis, seiner Genußfreude, seinem Sicherheitsbedürfnis, seinem Wunsch nach Gesundheit, aber auch mit seinen Hemmungen und eventuell vorhandenen Schuldgefühlen verknüpft.
Ein in den USA ausgearbeiteter Test hat folgende Rangfolge von Wünschen ergeben:
- Gesundheit und ein langes Leben
- gesunder Schlaf
- Geld und das, was man damit anfangen kann
- Leben im Jenseits (Religion)

- sexueller Genuß
- Gedeihen der Kinder
- Geltungsbedürfnis

Ein geschickter Verkäufer oder Vertreter wird die irrationalen Wünsche seines Verhandlungspartners zu erkennen versuchen und dann, sofern es der Inhalt der Verhandlung zuläßt, entsprechend darauf eingehen. Voraussetzung bleibt allerdings, daß die herausgefundenen irrationalen Wünsche zu ihrem Vorteil gereichen. Seien Sie vorsichtig bei der Auswertung dieser Kenntnisse! Ein geschickter Verkäufer wird sich hüten, seine Erkenntnisse auszuposaunen, der Gesprächspartner könnte sich sonst leicht gekränkt, durchschaut oder überrumpelt fühlen – der Vertreter erreicht genau das Gegenteil von dem, was seine Intention war.

## 3. Taktik

Es gibt verschiedene Verhandlungstaktiken, die der Beweisführung dienen:
a) Der deduktive Beweis:
Es ist das Fortschreiten vom Allgemeinen zum Besonderen in Form eines Obersatzes (O), eines Untersatzes (U) und einer sich daraus ergebenden Folgerung (F): »Asbest brennt nicht (O). Diese Konstruktion ist mit Asbest ausgestattet (U). Also kann sie nicht Feuer fangen (F).«
b) Der induktive Beweis:
Hier heißt das Ziel, das Allgemeine aus dem Besonderen zu begründen. Durch Aneinanderreihung das gleiche besagender Tatsachen wird eine verallgemeinernde Schlußfolgerung gezogen. Ein gutes Beispiel gibt uns das Bewerbungsschreiben, in dem der sich Bewerbende seine verschiedenen Kenntnisse und Fähigkeiten aufzählt, um zu beweisen, daß er der Richtige für diesen Posten ist.
c) Beispiele und Vergleiche mit Parallelfällen:
Man begründet sein Argument mit einer anderen feststehenden Tatsache (Analogieschluß).
d) Einfache Folgerungen:
Als Beispiel mag gelten: »Wenn Betriebe mit vielleicht 40 oder 50 Mann Belegschaft kostspielige Unfallversicherungen abschließen, macht Ihr Betrieb mit 200 Angestellten das erst recht erforderlich.« Oder: »Wenn das Auto bei 100 km/h noch fast kurvensicher ist, dann ist bei 80 oder 50 km/h in dieser Beziehung wohl nichts zu befürchten.«
Andere Taktiken dienen der Widerlegung:
a) Die Methoden, die im vorangegangenen Kapitel behandelt wurden.
b) Widerlegung ad absurdum:

Man überhöht das gegnerische Argument geschickt ins Gigantische oder Grenzenlose und verwirft es dann als absurd: »Die Geschwindigkeitsbegrenzung muß herabgesetzt werden.« – »Wenn Sie wollen, daß unsere Autos so langsam fahren sollen, dann haben wir nur noch verstopfte Straßen.«
c) Abweichen vom Thema:
Mit der Begründung, die Wahrheit zu suchen oder sich aufklären lassen zu wollen, weichen Sie in Richtung irgendeines Nebengedankens, irgendeiner Bemerkung vom Thema ab.
d) Definitionsmöglichkeiten:
Viele Worte, besonders abstrakte Begriffe, bauen wir in manche unserer Sätze ein, obwohl wir sie nicht genau definieren können. Bringen Sie Ihr Gegenüber mit der Frage: »Was verstehen Sie eigentlich darunter?« aus dem Konzept.
e) Rückzug hinter anonyme Größen:
»Ich wurde von verschiedenen Seiten (»höherer Stelle«) dazu angeregt…«

# III. Werbereden

Werbereden, ob die eines Vertreters oder Politikers, haben gewöhnlich den Zweck, dem Redner einen direkten Vorteil auf Kosten oder durch Hilfe seiner Zuhörer zu bringen. Da den Zuhörern dies im allgemeinen bekannt und bewußt ist, stehen sie Werbereden meist interesse- und teilnahmslos, voreingenommen oder ablehnend gegenüber. Daß sie selbst Nutzen aus einer Werberede ziehen können, übersehen sie dabei leicht oder wollen es nicht wahrhaben, denn auch die Propagandarede enthält ja Informationen. Für den Redner erhebt sich als erstes die Frage, wie er auf eventuelle Zwischenrufe reagieren soll. Pfui-Rufe sind grundsätzlich zu überhören. Unterbricht Sie jemand mit einer ernstgemeinten Frage, antworten Sie etwa folgendermaßen: »Ihre Frage ist interessant, in diesem Zusammenhang kann ich aber noch nicht darauf eingehen. Ich werde später noch darauf zu sprechen kommen.« Den anderen Zuhörern wird es sicher nicht auffallen, wenn Sie nicht mehr darauf zurückkommen. Sollte Ihnen im Verlauf der Rede eine für Sie günstige Antwort bzw. ein Gegenargument eingefallen sein, so können Sie direkt vor Schluß auf die Frage eingehen. Unsachliche und plumpe Zwischenrufe kontern Sie am besten durch eine rasche Gegenfrage, die direkt an die betreffende Person gerichtet ist. Wenn Ihnen jemand zuruft: »Das stimmt nicht!« so fragen Sie zurück: »Wie meinen Sie das?« Der Zwischenrufer wird entweder keine Antwort geben können oder nur stockend und unsicher einige Worte murmeln, da er

sich einmal nicht auf die Frage vorbereiten konnte und zum anderen nicht gewohnt ist, sich vor vielen Menschen zu äußern. Aber Vorsicht, es gibt auch gut vorbereitete Zwischenrufer.
Werden Zuhörer grob und ausfallend, und es genügt nicht, diese intensiv und streng anzusehen, so werden Sie noch entschiedener. Trauen Sie sich ruhig, jedoch nur bei entsprechendem Zuhörerkreis, Zwischenrufe scharf und laut zurückzuweisen! Es liegt an Ihnen als Redner und mehr noch an Ihrer Rede, nämlich deren klarer, logischer und überzeugender Form, ob Sie die Hörer für sich gewinnen. Für Reden, die auf Verkauf, Mitgliederwerbung und dergleichen zielen, empfiehlt sich folgender Aufbau:

- Das Interesse wecken oder zur Teilnahme anregen: Man kann dies durch überraschende und ungewöhnliche Fragen erreichen. Sie erwecken Neugier oder regen zum Denken an. Der erste Satz nach der Anrede muß Spannung und Interesse wecken, Furcht und Schrecken verbreitende Hiobsbotschaften sind als Einleitungen dagegen ungeeignet, denn sie wirken zu unmittelbar, zu direkt, und es kann sein, daß die Zuhörer flüchten, wenn auch nur innerlich. Die einleitenden Sätze sollten knapp, klar und kurz sein. Sie werden auch bei noch mangelnder Aufmerksamkeit aufgenommen. Sie gewähren dem Redner weitgehende Freiheit, hindern ihn nicht, auf Störungen und unvorhergesehene Umstände einzugehen. Wirkungsvoll ist auch, Fragen als Einleitung zu benutzen, die der Zuhörer im Zusammenhang mit dem Thema nicht erwartet hätte und die dennoch – wie die späteren Ausführungen dann zeigen müssen – wesentliche Zusammenhänge aufweisen.
- Festlegen des Themas: Die Antwort auf Ihre einleitende Frage ist gleichzeitig der Kern Ihrer Thematik. Doch macht es sich oft gut, nicht zu offen zu sein, der Hörer will in ständiger Spannung gehalten sein, das Ungewisse lockt. Sie müssen ständig von neuem überraschen.
- Beweisführung: Der Tatbestandsschilderung folgt nun die Beweisführung, die sich an den Verstand der Zuhörer wendet. Die Glaubwürdigkeit dessen, was Sie gesagt haben, können Sie gut durch Demonstrationsmittel wie Proben, Gutachten und Dankschreiben unterstreichen. Achten Sie darauf, daß diese Gegenstände, wenn Sie sie dem Publikum zeigen, nicht Ihr Gesicht verdecken und schauen Sie selbst sie nicht zu lange an, um den Kontakt mit den Zuhörern nicht zu unterbrechen.
- Den Höhepunkt Ihrer Rede müssen ein oder mehrere anschauliche Beispiele bilden. Sie können sich an Verstand oder Gefühl richten. Sie dienen dazu, den Zuhörern das, was Sie von ihnen wollen, begreiflich zu machen.
- Den Schluß Ihrer Werberede bildet die Aufforderung zur Handlung. Der Appell muß kurz und energisch sein, so daß zweifelnden Zuhörern die Entscheidung fast abgenommen wird.

Selbstverständlich können Sie bei schwierigen Werbereden wie bei politischen oder allgemein solchen, bei denen Sie mit starker Gegnerschaft oder großem Mißtrauen zu rechnen haben, nicht nach diesem Aufbau verfahren. Der folgende wird Ihnen dann dienlicher sein:

– Es gilt zuerst das Wohlwollen der Zuhörer zu gewinnen. Dies erreichen Sie durch Anerkennung, durch Hervorhebung der Gemeinsamkeiten zwischen Ihnen und dem Publikum oder durch Anspielung auf gemeinsame Wunschvorstellungen. Anzuerkennen gibt es grundsätzlich immer etwas bei den Zuhörern und sei es nur die Tatsache, daß sie überhaupt erschienen sind, um dem Redner Gehör zu schenken.

– Die Tatbestandsschilderung, die nun folgt, ist möglichst neutral und objektiv zu halten.

– Der nächste Punkt ist die Verbindung zu Ihrem Ziel, die ebenfalls objektiv zu formulieren ist.

– Nun ist auf die wahrscheinlichen Bedenken und Gegenargumente einzugehen, um den Zuhörern den Wind aus den Segeln zu nehmen.

Erwähnen Sie unwiderlegbare Bedenken wie beiläufig oder übergehen Sie sie, indem Sie widerlegbare Bedenken aufzählen und ausräumen. Die leicht widerlegbaren Bedenken sind besonders hervorzuheben und voll zu entkräften. Dieser letzte Punkt ist psychologisch ausgewertet worden. Er ist der entscheidende, raffinierteste und schwierigste Schachzug der Rede. Die unwiderlegbaren Bedenken sind durch die Sprechweise als unbedeutend abzutun, die daran anschließenden halbwiderlegbaren Bedenken sind aufreizend und lockend zu erwähnen, um die Aufmerksamkeit von den nicht widerlegbaren Bedenken abzulenken. Leicht widerlegbare Bedenken schließlich müssen so hingestellt werden, als sei mit ihrer Klärung jeder Zweifel aus der Welt geschafft. Die meisten Zuhörer werden am Ende Ihrer Rede zufrieden sein, weil sie meinen, daß Sie auf alle ihre Bedenken zu sprechen gekommen sind.

– Die Aufzählung der Vorteile muß eine Steigerung – von den kleinen zu den großen Vorteilen – darstellen.

– Als Schluß ist eine zwingende Folgerung zu ziehen, verbunden mit einer Aufforderung.

Gerade Werbereden sollen so kurz wie eben möglich sein, denn allzu lange kann man niemanden in Spannung halten. Der Hörer hat bei zu detaillierten Ausführungen zuviel Zeit, er überlegt sich seine Zusage noch hundertmal. Befassen Sie sich immer mit dem Vorteil Ihrer Zuhörer: Bringen Sie das klar zum Ausdruck. So sagen Sie auch nicht abschließend: »Ich würde mich jetzt freuen, wenn Sie sich zum Kauf entschließen.« Ihre Freude versteht sich in diesem Fall von selbst, macht die Zuhörer nur stutzig oder neidisch. Sagen Sie besser: »Sie werden jetzt Ihren Vorteil wahren wollen und zugreifen!«

# Der Erfolg

## I. Der Mitmensch als Helfer auf dem Weg des Erfolges

### 1. Zuversicht und wohlwollendes Wesen

Der Ihnen völlig fremde Mitmensch verhilft Ihnen häufig zu Ihrer Chance, bringt Ihnen den ersehnten Erfolg. Ist das Schicksal, Glück, können wir selbst gar nichts dazu tun? Doch, wir können! Man wird nicht als Pechvogel oder als Glückskind geboren, man ist Pech und Glück nicht wehrlos ausgesetzt. Das wahre Glück ist gar nicht so weit entfernt und unerreichbar; man macht sich meist nur nicht die Mühe, dies erkennen zu wollen. Es gibt Menschen, die wagen etwas, kapseln sich nicht ab und sagen Ja zum Leben. Es sind Optimisten, die durch ihre gute Laune, ihren vertrauenden Glauben und ihr strahlendes Wesen anderer Menschen Sympathie und Wohlwollen gewinnen. Sie stellen sich dem Glück, lassen es nicht an sich vorbeigehen, sie greifen zu. Zwar wird die Chance noch vom Zufall abhängen, aber Optimisten werden sie nicht so leicht verpassen. Dem Mutigen, Unverzagten gehört die Welt, gehört der Erfolg, weil ihm der Mitmensch gehört. Man spürt seine Zuversicht, seinen festen Willen und Glauben und fühlt sich bei ihm wohl und sicher.
Am Anfang Ihres eigenen Weges zum Erfolg stehen Ihre Gedanken, Ihr vergnügliches und wohlwollendes Wesen und das Gespräch. Machen Sie einmal den Versuch und zwingen Sie sich, wenn Unlust, Ärger oder Angst Sie zu überwältigen drohen, Ihre Gedanken bewußt auf irgendetwas zu lenken, an dem Sie Freude, Gefallen oder Interesse haben. Das ist besonders während eines Streites zu empfehlen, damit man nicht nur den augenblicklichen Ärger sieht, sondern auch das Verbindende, Gemeinsame, die schönen und vorteilhaften Seiten. Gedanken allgemein sind stark, sie können vernichten oder Lebensglück schaffen. Wer mutig und vertrauensvoll denkt, zieht das Glück an. Nur derjenige wird die Chance erhalten, der sie nach Meinung anderer auch verdient und würdigt. Einem Pessimisten wird man selten zutrauen, daß er in der

Lage ist, ein Problem zu lösen, eine Schwierigkeit zu meistern, eine Arbeit zufriedenstellend zu erledigen, weil er sich selbst nichts zutraut, das Unglück geradezu heraufzubeschwören scheint.
Daß man jemandem ein **wohlwollendes Wesen** bescheinigt, ergibt sich aus der Tatsache, daß fast alle Menschen ihre Sympathie nur ichbezogen vergeben. Belohnt wird im allgemeinen nur derjenige, der uns nützlich erscheint. Wer das nicht erkennt, wer also nicht überlegt, wie er anderen helfen, deren Bedürfnisse befriedigen und deren Wünsche erfüllen kann, wird als selbstsüchtig, ungefällig oder unnütz eingestuft und leicht beiseite geschoben.
Nutzbringendes Zusammenleben kann man als Wechselfolge von Geben und Nehmen definieren. Wo keine Gegenleistung erbracht wird, entsteht ein Hohlraum, der sich immer mehr erweitern kann, wenn dem nicht rechtzeitig begegnet wird. Freilich müssen Sie auch lernen, Ihr Wohlwollen entsprechend zu verkaufen und nicht zu verschleudern.
Das Gespräch ist der Kernpunkt des Kontaktes, denn es offenbart Gedanken und Wesen. Nur im Gespräch lernt man sich kennen und verstehen, dabei ist es ziemlich unwichtig, um was sich die Unterhaltung dreht. Auch ein scheinbar nutzloses Gespräch, eine bloße Plauderei fördert neue Erkenntnisse. Leider besitzt nicht jeder die Fähigkeit, zwanglos, schöpferisch und doch zielstrebig zu plaudern. Es lohnt sich, Ihr Erzähltalent in dieser Hinsicht zu schulen.
Was bedeutet nun der **Mitmensch** für Sie hinsichtlich Ihres Weges zum Erfolg? Die Verbindung zum Mitmenschen, der Nutzen, den man durch ihn hat, äußert sich in der Beziehung zu ihm. Doch nehmen wir Beziehung als Mittel zum Zweck, nicht als schlichte, unbedeutende Gegebenheit. Zweifellos kommt manch eine Beziehung rein zufällig zustande, sie ergibt sich aus glücklichen Umständen. Darauf aber kann man nicht bauen, man muß schon nachhelfen, sich wachsam in seiner Umgebung umsehen, nicht lange und tatenlos auf den glücklichen Zufall warten. Der naheliegendste Bereich ist der Beruf; in ihm will man ja gerade durch Beziehungen weiterkommen. Arbeitskollegen, mit denen man die meiste Zeit seines Lebens verbringt und Vorgesetzte, auf die man angewiesen ist, spielen die entscheidenden Rollen auf der Bühne der Beziehungen. Falsch wäre nun, nur zu den Großen in Ihrer beruflichen Umgebung Beziehungen anknüpfen zu wollen. Bleiben Sie ruhig im Bereich des Möglichen, freunden Sie sich mit Kollegen Ihres und branchenähnlicher Betriebe an; sie haben sicher für Sie nützliche Kenntnisse und Erfahrungen, Bekannte und eigene Beziehungen sowie berufliche Neuigkeiten. Auch wer mit Ehrgeiz nach oben strebt, sollte die Beziehungen zu Gleichgestellten oder auch Untergebenen nicht überheblich zurückweisen.
Pflegen Sie auch nach Feierabend Umgang mit Ihren Berufskollegen. Das gute Einvernehmen sollte sich nicht nur auf die Arbeitssituation beschränken, son-

dern auch auf die privaten Interessen- und Lebensbereiche übergreifen. Denn hört das gute Verstehen mit dem Feierabend auf, dann macht es sicher auch vor dem ehrlichen Weiterhelfen halt.
Achten Sie aber auch in der Freizeit, etwa im Verein, Klub, in der Gesellschaft, im Bekannten- und Verwandtenkreis auf Ihre Chancen, suchen Sie auch hier Kontakte. Sich mit Menschen zu befreunden, die beruflich wie gesellschaftlich fremde Interessen und ein niedrigeres Niveau haben, ist unter dem reinen Gesichtspunkt des Erfolges tote Zeit, ein doppelter Verlust, da die Zeit gegen Sie arbeitet und es Ihnen mit zunehmendem Alter immer schwerer fallen wird, Kontakte zu knüpfen, doch sollten Sie nicht alle Ihre Beziehungen daraufhin ausrichten, welchen Nutzen für Ihre Karriere Sie daraus ziehen können. Richtig ist es vielmehr, mit vielen Menschen zusammenzutreffen. Jede neue Bekanntschaft bietet die Möglichkeit des kleinen und großen Vorteils. Begegnen Sie Menschen, die Ihnen zugetan sind, es aufrichtig mit Ihnen meinen, dann öffnen Sie sich Ihnen und weisen Sie deren Winke, Lehren, Anregungen und Mahnungen nicht ohne weiteres von der Hand. Man soll also Menschen Anteil nehmen lassen an eigenen Sorgen und Wünschen wie auch seinen Freuden. Stellen Sie auch nicht Ihre Interessen immer nur in den Vordergrund, vor allem nicht beim Anknüpfen neuer Bekanntschaften und Beziehungen! Dann sollten Sie so schlau sein, sich erst für die Interessen, Hobbys und Ansichten des anderen zu interessieren und dann erst zu den Ihrigen zu kommen. Das ist durchaus keine Heuchelei, sondern lediglich das Bemühen, eine vertraute, gemeinsam-verstehende Atmosphäre zu schaffen, die nun einmal im vernünftigen Zusammenleben für beide Partner unerläßlich und vorteilhaft ist. Besonders bei Höhergestellten kommt man wohl kaum ohne diese Taktik aus. Fällt man bei Ihnen mit der Tür ins Haus, spricht man seinen Chef beispielsweise plump auf dessen eigene berufliche Wünsche an, wird der Chef dies sicherlich wenig wohlwollend vermerken. Es entwickelt sich dann keine menschliche Beziehung, die Ihnen weiterhelfen könnte. Würden Sie statt dessen Ihrem Chef eine entsprechende unmerkliche Einleitung vorsetzen, das Menschliche in ihm regen, indem Sie von seinen Hobbys plaudern, sich nach Familienangehörigen erkundigen, so nimmt der Chef Anteil an dem, was Sie sagen und wird diese Anteilnahme, wenn Sie es nicht zu ungeschickt anfangen, auch beibehalten, wenn Sie zu Ihren Interessen überleiten. Zeigen Sie Interesse, keine Neugier; geben Sie sich freundlich und offen, aber biedern Sie sich nicht an! Bei dem ersten Gespräch brauchen Sie ja noch nicht unbedingt etwas zu erreichen. Besser man hat nichts erreicht, als man erregt Ablehnung.
Zu den Möglichkeiten, Beziehungen anzuknüpfen, muß die Fähigkeit treten, sie richtig zu bewerten, auszunutzen und zu pflegen, um sich einen dauerhaften Erfolg zu sichern.

# II. Steigerung der Kontaktfähigkeit

## 1. Technik erfolgreicher Beziehungsknüpfung

Bei der Kontaktaufnahme steht der andere im Mittelpunkt, er ist Gegenstand des Interesses. Ichbezogene Menschen sind erfolglos, wenn dieser Egoismus offen zum Ausdruck kommt; sie werden nicht schnell oder überhaupt keinen Kontakt schließen können. Wenn wir aber in diesem Zusammenhang den Egoisten ansprechen, so wollen wir nicht nur seine Nachteile herausstellen, sondern auch die zweifellos vorhandenen Vorteile des Ich-Erhaltungstriebes zugeben. Aus dem Selbsterhaltungstrieb heraus ist die Welt das geworden, was sie ist, speziell durch Tatendrang, Lern- und Wißbegier sowie Gewinnsucht. Doch um Kontakt mit seinen Mitmenschen aufnehmen zu können, muß man schon sein Ich deutlich zurückhalten und auf den anderen, auf dessen Interessen und auf dessen Umwelt und Anschauung eingehen. Darin liegt das ganze Geheimnis des Kontaktes. Eine gestörte oder fehlende Kommunikation ist meist nicht darauf zurückzuführen, daß einer der beiden Gesprächspartner aus übertriebener Ichbezogenheit heraus unfähig ist, auf den anderen einzugehen. Wie aber zeigt man dem anderen sein ehrliches Interesse?
Nun, besonders Fragestellungen eignen sich dazu, einen Menschen zu öffnen, seine Sympathie zu gewinnen. Solche Fragen sollten sich aus den Umständen und der Inspiration des Augenblicks ergeben. Sind Fragen angewandt worden, um den anderen aufzutauen, so gehört zu solchem Kontakt auch dessen Festigung. Man muß ganz die Schwäche der Ichbezogenheit unterdrücken, also nicht viel von sich, wenig von seinen Sorgen und noch weniger von seinen Erfolgen reden, sondern den anderen zum Sprechen bewegen, ihm interessiert lauschen, ihn gebührend anerkennen, mitdenken und zwischendurch immer wieder aufmunternde Fragen stellen. Man gewinnt so nicht nur die Sympathie des anderen, sondern erfährt auch etwas von ihm.
Pflegen Sie vor allem Ihre Liebe zur Geselligkeit! Mit der Freude am Beisammensein, Erzählen und Zuhören kommt der Erfolg, zwangsläufig ergibt sich der Kontakt. Entschuldigen Sie sich nicht damit, daß Ihre Laune, Ihre Sorgen und Nöte eine Kontaktaufnahme nicht zulassen, sagen Sie sich lieber, daß alles noch viel schlimmer hätte kommen können, und daß die schlechte Laune nichts bessert. Schließlich sind die Menschen, mit denen Sie gerade zusammen sind, wahrscheinlich nicht verantwortlich für Ihr Pech oder Ihren Ärger und sie würden es Ihnen befremdet übelnehmen, wenn Sie von ihnen Rücksicht auf Ihre Situation verlangen würden. Das wahre Glück, sich von Mensch zu

Mensch innerlich zu finden, ist so groß, daß es Ihnen den Grund Ihrer schlechten Laune als geringfügig und unbedeutend erscheinen lassen kann. Weichen Sie dem wahren Leben also nicht wegen augenblicklicher Sorgen aus! Gerade in der Einsamkeit wiegen Sorgen doppelt, wachsen einem leicht über den Kopf, machen uns schwermütig und lassen uns alles als düster erscheinen. Ohne **Einfühlungsvermögen** und Verständnis für den Partner wird schwerlich ein brauchbarer Kontakt zustande kommen. Mitgefühl muß deutlich werden. Denken Sie daran, daß man dem Egoisten aus dem Weg geht und daß der einsame Mensch nur scheinbare Erfolge davontragen wird. Einem Egoisten kann man nämlich nicht trauen, man fühlt sich bei ihm nicht sicher; und eine große Schwäche des Menschen ist gerade dieses Bedürfnis nach Sicherheit, das Gefühl, unter Menschen zu sein, die Anteil nehmen und die da sind, wenn man sie braucht. Die Sprache ist das Fundament, auf das sich das Vertrauen stützt. Bedienen Sie sich daher nicht irgendeiner Sprechweise. Aus der lebendigen Dynamik muß die sachkundige und zuverlässige Fundierung deutlich erkennbar sein. Hüten Sie sich vor Überbetonung und Übertreibung ebenso wie vor Monotonie und dummem Geschwafel!

Prüfen Sie anhand des folgenden Textes, ob Sie den Willen aufbringen können, Ihre Ichbezogenheit zugunsten eines neuen Kontaktes zurückzustellen und doch zugleich über ein gesundes Maß an Egoismus verfügen. Beantworten Sie die Fragen spontan und als Privatmann! Manche Berufe erfordern nämlich einen hohen Grad an Egoismus und andere Berufe wieder weniger Ichbezogenheit.

- Leben Sie nach einem auf mehrere Tage im voraus festgelegten Plan?
- Entscheiden Sie alles, was Sie tun, verstandesmäßig oder bemühen Sie sich zumindest, so zu entscheiden?
- Mißtrauen Sie zunächst jedem und allem?
- Wollen Sie einen Arbeitsplatz, den Sie allein ausfüllen können, an dem Sie nicht direkt mit anderen zusammenarbeiten müssen?
- Gehen Sie zu einer Diskussion mit fest umrissener Meinung, die Sie unbedingt gehört und anerkannt wissen wollen?
- Bilden Sie im Bekanntenkreis den bewunderten Mittelpunkt oder möchten Sie ihn gern bilden?
- Bemuttern oder belehren Sie gern andere, auch wenn diese es nicht wollen oder nicht darauf angewiesen sind?
- Sind Sie der Meinung, daß Sie von Ihrer Umwelt unterschätzt werden?
- Sind Ihre Beziehungen zum anderen Geschlecht in Ihrem Sinne?

- Würden Sie Ihren bisherigen Lebensbereich (z. B. Arbeitsplatz) aufgeben, obwohl er Ihnen ziemliche Zufriedenheit gibt, wenn Sie in einem anderen erfolgreicher sein könnten?
- Unterscheiden Sie nicht deutlich zwischen geschäftlich und privat und denken Sie auch noch privat an den Gewinn?
- Warten Sie auf eine Wendung in Ihrem Leben?
- Können Sie nicht verstehen, daß man Sie nicht versteht?
- Sind Sie der große Organisator? Wollen Sie beispielsweise eine Feier einem festgelegten Programm unterwerfen und nicht so nehmen, wie sie sich ergibt?
- Sind Sie leicht eifersüchtig oder neidisch?
- Beneiden Sie den sozial Bessergestellten?
- Schauen Sie ängstlich oder pessimistisch in Ihre Zukunft?
- Können Sie nicht nachgeben, wenn Sie wissen, daß Sie sonst einer falschen Ansicht nachgeben und Ihre richtig ist?
- Sind Sie ein Streber, der nur geradeaus sieht?
- Müssen Sie immer Gleiches mit Gleichem vergelten?

Mehr als 15 Ja-Antworten zeigen den rücksichtslosen, zielstrebigen Egoisten. Er führt mit dem Leben einen ständigen, einsamen Kampf; er ist jemand, der in seinen Mitmenschen entweder nur seine Gegner sieht oder Menschen, die er rücksichtslos ausnutzen kann. Ein solcher Mensch wird stets nur Augenblickserfolge erzielen können und zudem immer unzufrieden sein.

Zwischen 12 und 15 Ja-Antworten zeigen ein gesundes Mittelmaß an; es ist die meist angetroffene und durchaus vertretbare Veranlagung vieler Menschen. Sie vermögen, wenn sie sich bewußt darum bemühen, für eine gewisse Zeit ihr Ich hintenanzustellen.

9 bis 11 Ja-Antworten sind die goldene Mitte. Diese Menschen besitzen meist angeborenen Humor, sind in gesundem Maße Realisten und haben eine liebenswürdige, freundschaftliche Einstellung.

Denjenigen, die weniger als 9 Ja-Antworten aufweisen, ist anzuraten, daß sie ihr Ich stärker betonen, denn ihre Einstellung ist zu sehr auf den anderen ausgerichtet. Es gibt viele Gründe für diese ziemlich labile Einstellung, z. B. Gleichgültigkeit, angeborene übertriebene Opferbereitschaft, Folgen irgendeines Erlebnisses oder aber man meint, für seine Person alles Wünschenswerte erreicht zu haben, was wohl selten jemand von sich sagen kann. Will man in einer Welt, in der jeder mehr oder weniger Egoist ist, bestehen können, so muß man selbst auch einen gewissen Egoismus an den Tag legen.

Wie begegnet man im täglichen Umgang mit seinen Mitmenschen Angriffen, und wie kann man seinen Standpunkt vertreten, ohne die Beziehung und den Kontakt zu anderen zu gefährden? Ein Streit ist nun einmal nicht in jedem Fall zu umgehen, aber wenn man sich auf einen Streit einläßt, sollte man vor und während des Streites berücksichtigen, daß man mit diesem Menschen nach dem Streit weiterhin zu tun hat. Man muß auch nach der Meinungsverschiedenheit oder dem Ärger mit diesem Menschen zusammenleben, mit ihm auskommen.
Wenn Sie nun Ihre Meinung einem anderen mitteilen, sie verteidigen wollen oder müssen, dann beachten Sie, daß sich kein Mensch, vor allem in Anwesenheit Dritter, gern belehren läßt. Die meisten wollen Recht haben oder behalten, und wer das weiß, formuliert seine Sätze und Fragen entsprechend. Man erreicht so weit mehr, als wenn man hinterher sein Recht zu Ungunsten des anderen herausstellt. Behauptungen, die keine Einwände mehr zulassen, stoßen ab. Stellt man seine Meinung als absolut hin und läßt dabei noch erkennen, daß man Menschen mit anderer Ansicht für dumm hält, wird man sich wahrscheinlich sehr unbeliebt machen und als arrogant, aufdringlich und unhöflich geschnitten werden. Wer sich seiner anders lautenden Meinung wegen als geistig minderbemittelt betrachtet fühlt, wird noch weniger geneigt sein, Belehrungen anzunehmen.
Wenn man seine Meinung durchboxen will, ist es besser, vom Gemeinsamen auszugehen, dem anderen entgegenzukommen oder ihm höflich in einigen unwesentlichen Punkten Recht zu geben. Der andere sieht daran, daß er nicht von vornherein abgelehnt wird und daß Sie sich Mühe geben, ihn zu verstehen, und nicht nur vorgefaßte Meinungen äußern, sondern bereit sind, nachzugeben und nachzudenken, sich wirklich mit ihm und dem Streitobjekt zu beschäftigen. Diese Bereitschaft wird sich auf den Gesprächspartner übertragen, und wer sich so anerkannt sieht, wird neuen Erkenntnissen aufnahmewilliger gegenüberstehen.

# III. Die erfolgreiche Bewerbung

Folgende Form der schriftlichen Bewerbung hat sich in der Praxis als besonders erfolgreich erwiesen. Einer Bewerbung sind in der Regel verschiedene Unterlagen beizufügen. Es ist daher zu empfehlen, alles zusammen in einer einfachen Mappe zusammenzufassen. So sticht schon das Äußere Ihrer Bewerbung hervor und erweckt Neugier. Stellen Sie sich einmal die Personalchefs großer

Firmen vor, die auf Anzeigen hin bergeweise Bewerbungen erhalten. Die Mappe sollten Sie in der rechten unteren Ecke so beschriften: »Bewerbungsmappe: Vor- und Zuname.«
Das **erste Blatt (DIN A4)** in dieser Mappe ist das, auf das Sie in die Mitte Ihr Lichtbild kleben, in DIN A7 oder A6, direkt darunter sollten Sie Ihre Adresse und Telefonnummer schreiben. Das **zweite Blatt (DIN A4)** ist das Anschreiben, die Bewerbung. Sie ist in Handschrift oder Maschine abzufassen, je nach Wunsch der Firma; das gleiche gilt für den Lebenslauf, der gerade neuerlich wieder handschriftlich verlangt wird.
Um Ihren Betreffvermerk nicht überladen zu müssen, ist es ratsam, die Abteilung (Personalabteilung) in die Anschrift – unter den Firmennamen – einzusetzen. Beginnen Sie Ihr Bewerbungsschreiben nicht wie fast all die anderen mit dem unbeholfenen: »Bezugnehmend auf...«, oder dem auch nicht viel besseren »Ich beziehe mich auf...«! Der Anfang muß zum Weiterlesen anregen, muß lebendig klingen. Oft ist es auch möglich, bei Bewerbungen, kennt man Personalchefs oder Besitzer, persönlich ansprechende Worte zu finden, jedoch darf dabei keinesfalls eine plumpe Vertraulichkeit durchklingen. Bewerbungen sind höflich, sachlich knapp und unterrichtend sowie übersichtlich aufgeteilt und gegliedert zu halten.
Wollen Sie Ihre Fähigkeiten herausstellen, dann nicht allgemein, sondern greifbar nahe und konkret. Schreiben Sie nicht, daß Sie eine gute und pflichtbewußte Arbeitskraft sind, sondern, daß Sie in den letzten 2 Jahren zweimal Gehaltserhöhung erhielten. Ihre Strebsamkeit beweisen Sie, indem Sie auf besuchte Kurse oder erarbeitete Heimstudien hinweisen. Ist in einer Annonce nicht nach Gehaltswünschen gefragt, wollen Sie diese aber anzeigen, dann geben Sie Ihr bisheriges Gehalt, den bisherigen Lohn an. Es sagt dem Personalchef, daß Sie auf jeden Fall mehr als die genannte Summe verdienen wollen. Wollen Sie dagegen in einer schwierigen Arbeitsmarktsituation andeuten, daß Sie auch Einbußen in Kauf nehmen wollen, so formulieren Sie: »Meine Gehaltsvorstellungen bewegen sich im Rahmen meines bisherigen Einkommens von...«
Die Bewerbung ist im ganzen knapp zu halten. Was selbstverständlich ist, was den Personalchef nichts angeht und was er sich von selbst dazudenken kann ist wegzulassen. Vermeiden Sie Wiederholungen und Phrasendrescherei!
Das **dritte Blatt (DIN A4)** erfaßt Ihren beruflichen Werdegang, falls er umfangreich ist. Stehen Sie noch nicht lange im Berufsleben, oder haben Sie bisher nur ein-, zweimal Ihre Stellung gewechselt, so lassen Sie ihn aus Ihrem Lebenslauf hervorgehen.
Der Lebenslauf ist das **vierte Blatt (DIN A4).** Er ist je nach Forderung der Anzeige mit Schreibmaschine oder handschriftlich abzufassen. Zu empfehlen ist die

tabellarische Form, falls nicht der ausführliche handgeschriebene Lebenslauf ausdrücklich verlangt wird. Große Firmen arbeiten in den meisten Fällen mit Vordrucken für Lebensläufe. Auf der linken Hälfte des Blattes stehen die Fragen, auf der rechten tragen Sie Ihre Antworten ein.
Als **fünftes** sind die Zeugnisse Ihrer Schul- und Kursusbesuche sowie der Firma, in der Sie zuletzt beschäftigt waren, beizulegen. Geben Sie nie die Originale aus der Hand, sondern stets nur Ablichtungen oder Abschriften! Es ist sicherer und macht einen besseren Eindruck auf den Personalchef; er ersieht daraus, daß Sie umsichtig und besonnen sind.
Das **sechste** sind die Referenzschreiben oder Angabe Ihrer Referenzen, Dankschreiben und ähnliches. Haben Sie ruhig den Mut, Ihren bisherigen Vorgesetzten um eine schriftliche Bestätigung eines besonderen Lobes oder Ihre Kunden zu bitten, ihrer Zufriedenheit schriftlich Ausdruck zu geben.
Ist es in Ihrem Fach möglich, dann geben Sie Ihrer Bewerbung Arbeitsproben (Pläne, Ideen, Entwürfe usw.) bei. Eine Bewerbung ist zwangsläufig eine sehr individuelle Angelegenheit. Hier finden sich deshalb nur Tips und ganz allgemeine Hinweise. Sehen Sie zu, daß Ihre Bewerbung wegen ihrer besonderen Gestaltung auffällt und zugleich Zeugnis Ihrer Ordnungsliebe und Ihres Eifers ist. Vergessen Sie nicht, einen genügend großen, bereits freigemachten und beschrifteten Rückumschlag als Anlage beizufügen! Es sind nicht immer Briefumschläge, die eine DIN-A4-Mappe fassen können, in der Firma vorhanden, und doch muß sie Ihnen ja in jedem Fall Ihre Unterlagen zurückschicken.

# Schlußwort

Liebe Leserin, lieber Leser!
Dieses Buch versuchte Ihnen aufzuzeigen, wie Sie Möglichkeiten, Ihre Talente und Fähigkeiten erkennen, vervollkommnen und wirkungsvoll einsetzen können.
Wenn Sie das Büchlein aufmerksam gelesen und sich alle Ratschläge, Hinweise und Tips zu Herzen genommen haben, sollten Sie in der Lage sein, auf der Leiter des Erfolges einige Stufen voranzukommen. Ihre Entscheidungen, Ihr Handeln und Denken werden nicht mehr von Vorurteilen und seelischen Hemmungen negativ beeinflußt. Sie besitzen eine gewisse Schlagfertigkeit. Sie finden meist, ohne lange überlegen zu müssen, die richtigen treffenden Worte. Kontakte, Freundschaften, Verbindungen und Beziehungen können für Sie leichter Wirklichkeit werden; Sie haben sich die geistigen Grundlagen erarbeitet, um schneller und sicherer Charaktere beurteilen zu können und um Menschen zu beeinflussen und zu führen. Sie haben den Weg zur Führungsqualifikation, zum großen geschäftlichen, menschlichen Erfolg eingeschlagen.
Sie haben den Mitmenschen und sich selbst gefunden und gewonnen – verlieren Sie nicht beide durch Unbescheidenheit; gehen Sie von einer sozialen Grundeinstellung aus. Unbescheidenheit und Überheblichkeit sind die größten Feinde der Persönlichkeit und des echten Erfolges. Soziales Verantwortungsbewußtsein macht Sie erst zu einem wirklich wertvollen Glied der Menschheit, zu einer Persönlichkeit.
Viel Glück für die Praxis wünscht Ihnen nun Ihr
Helmut Hans

Stand Winter 1986

# Gesamt-Programm

## Essen und Trinken

**Köstliche Suppen**
für jede Tages- und Jahreszeit. (5122)
Von E. Fuhrmann, 64 S., 38 Farbfotos, 2 Zeichnungen, Pappband.
**DM 14,80**/S 119.–

**Was koche ich heute?**
Neue Rezepte für Fix-Gerichte. (0608)
Von A. Badelt-Vogt, 112 S., 16 Farbtafeln, kart. **DM 9,80**/S 79.–

**Kochen für 1 Person**
Rationell wirtschaften, abwechslungsreich und schmackhaft zubereiten. (0586) Von M. Nicolin, 136 S., 8 Farbtafeln, 23 Zeichnungen, kart.
**DM 9,80**/S 79.–

Schnell und individuell
**Die raffinierte Single-Küche**
(4266) Von F. Faist, 160 S., 151 Farbfotos, Pappband. **DM 24,80**/S 198,–

**Gesunde Kost aus dem Römertopf**
(0442) Von J. Kramer, 128 S., 8 Farbtafeln, 13 Zeichnungen, kart.
**DM 8,80**/S 74.–

**Nudelgerichte**
– lecker, locker, leicht zu kochen. (0466)
Von C. Stephan, 80 S., 8 Farbtafeln, kart.
**DM 7,80**/S 69.–

**Lieblingsrezepte**
Phantasievoll zubereitet und originell dekoriert. (4234) Hrsg. P. Diller. 160 S., 120 Farbfotos, 34 Zeichnungen, Pappband. **DM 24,80**/S 198,–

**Omas Küche und unsere Küche heute**
(4089) Von J. P. Lemcke, 160 S., 8 Farbtafeln, 95 Zeichnungen, Pappband.
**DM 24,80**/S 198.–

**Die besten Eintöpfe und Aufläufe**
Das Beste aus den Kochtöpfen der Welt (5079) Von A. und G. Eckert, 64 S., 50 Farbfotos, Pappband.
**DM 14,80**/S 119.–

FALKEN-FEINSCHMECKER
Herzhaftes für Leib und Seele
**Eintöpfe**
(0820) Von P. Klein, 48 S., 30 Farbfotos, Pappband. **DM 9,80**/S 79.–

**Schnell und gut gekocht**
Die tollsten Rezepte für den Schnellkochtopf. (0265) Von J. Ley, 96 S., 8 Farbtafeln, kart. **DM 7,80**/S 69.–

**Kochen und backen im Heißluftherd**
Vorteile, Gebrauchsanleitung, Rezepte. (0516) Von K. Kölner, 72 S., 8 Farbtafeln, kart. **DM 7,80**/S 69.–

**Das neue Mikrowellen-Kochbuch**
(0434) Von H. Neu, 64 S., 4 Farbtafeln, 16 s/w Zeichnungen, kart.
**DM 6,80**/S 59.–

**Ganz und gar mit Mikrowellen**
(4094) Von T. Peters, 208 S., 24 Farbfotos, 12 Zeichnungen, kart.
**DM 29,80**/ S 239.–

FALKEN-FEINSCHMECKER
Schnell auf den Tisch gezaubert
**Kochen mit Mikrowellen**
(0818) Von A. Danner, 64 S., 52 Farbfotos, Pappband. **DM 9,80**/S 79.–

Haltbar machen durch
**Trocknen und Dörren**
Obst, Gemüse, Pilze, Kräuter (0696) Von M. Bustorf-Hirsch, 32 S., 42 Farbfotos, Spiralbindung.
**DM 7,80**/ S 69,–

**Marmeladen, Gelees und Konfitüre**
Köstlich wie zu Omas Zeiten – einfach selbstgemacht. (0720) Von M. Gutta, 32 S., 23 Farbfotos, 1 Zeichnung, Pappband. **DM 7,80**/S 69,–

**Einkochen**
nach allen Regeln der Kunst. (0405) Von B. Müller, 128 S., 8 Farbtafeln, kart.
**DM 9,80**/S 79.–

**Einkochen, Einlegen, Einfrieren**
(4055) Von B. Müller, 27 s/w.-Abb., kart.
**DM 14,80**/S 119.–

**Das neue Fritieren**
geruchlos, schmackhaft und gesund. (0365) Von P. Kühne, 96 S., 8 Farbtafeln, kart. **DM 7,80**/S 69.–

**Weltmeister-Soßen**
Die Krönung der feinen Küche. (0357)
Von G. Cavestri, 96 S., 4 Farbtafeln, 80 Zeichnungen, kart. **DM 9,80**/S 79.–

FALKEN-FEINSCHMECKER
Die Krönung der feinen Küche
**Saucen**
(0817) Von G. Cavestri, 48 S., 40 Farbfotos, Pappband. **DM 9,80**/S 79.–

**Wildgerichte**
einfach bis raffiniert. (5115) Von M. Gutta, 64 S., 43 Farbfotos, Pappband.
**DM 14,80**/S 119.–

**Geflügel**
Die besten Rezepte aus aller Welt. (5050) Von M. Gutta, 64 S., 32 Farbfotos, Pappband. **DM 14,80**/S 119.–

Mehr Freude und Erfolg beim **Grillen**
(4141) Von A. Berliner, 160 S., 147 Farbfotos, 10 farbige Zeichnungen, Pappband. **DM 24,80**/S 198.–

**Grillen**
Fleisch · Fisch · Beilagen · Soßen. (5001)
Von E. Fuhrmann, 64 S., 38 Farbfotos, Pappband. **DM 14,80**/S 119.–

**Chinesisch kochen**
Schmackhafte Rezepte für die abwechslungsreiche Küche. (5011) Von A. und G. Eckert, 64 S., 57 Farbfotos, Pappband.
**DM 14,80**/S 119.–

**Chinesisch kochen**
mit dem Wok-Topf und dem Mongolen-Topf. (0557) Von C. Korn, 64 S., 8 Farbtafeln, kart. **DM 7,80**/S 69.–

Schlemmerreise durch die
**Chinesische Küche**
(4184) Von Kuo Huey Jen, 160 S., 117 Farbfotos, Pappband.
**DM 24,80**/S 198,–

**Ostasiatische Küche**
schmackhaft, bekömmlich und vielseitig. (5066) Von T. Sozuki, 64 S., 39 Farbfotos, Pappband. **DM 14,80**/S 119.–

**Nordische Küche**
Speisen und Getränke von der Küste. (5082) Von J. Kürtz, 64 S., 44 Farbfotos, Pappband. **DM 14,80**/S 119.–

**Deutsche Küche**
Schmackhafte Gerichte von der Nordsee bis zu den Alpen. (5025) Von E. Fuhrmann, 64 S., 52 Farbfotos, Pappband.
**DM 14,80**/S 119.–

**Essen in Hessen**
Spezialitäten zwischen Schwalm und Odenwald
(0837) Von R. Witt, 120 S., 10 s/w-Zeichnungen, Pappband.
**DM 12,80**/ S 99.–

**Französisch kochen**
Eine kulinarische Reise durch Frankreich. (5016) Von M. Gutta, 64 S., 35 Farbfotos, Pappband. **DM 14,80**/S 119.–

**Französische Küche**
(0685) Von M. Gutta, 96 S., 16 Farbtafeln, kart. **DM 8,80**/S 74.–

**Französische Spezialitäten aus dem Backofen**
Herzhafte Tartes und Quiches mit Fleisch, Fisch, Gemüse und Käse
(5146) Von P. Klein, 64 S., 43 Farbfotos, Pappband. **DM 16,80**/139,–

Kochen und würzen mit **Knoblauch**
(0725) Von A. und G. Eckert, 96 S., 8 Farbtafeln, kart. **DM 7,80**/S 69,–

Schlemmerreise durch die
**Italienische Küche**
(4172) Von V. Pifferi. 160 S., 109 Farbfotos, Pappband. **DM 24,80**/S 198,–

**Pizza, Pasta und die feine italienische Küche**
(4270) Von R. Rudatis, 120 S., 255 Farbfotos, Pappband. **DM 19,80**/S 159,–

**Italienische Küche**
Ein kulinarischer Streifzug mit regionalen Spezialitäten. (5026) Von M. Gutta, 64 S., 35 Farbfotos, Pappband.
**DM 14,80**/S 119.–

**Köstliche Pizzas, Toasts, Pasteten**
Schmackhafte Gerichte schnell zubereitet. (5081) Von A. und G. Eckert, 64 S., 46 Farbfotos, Pappband.
**DM 14,80**/S 119.–

FALKEN VERLAG

FALKEN-FEINSCHMECKER
Schlemmen wie bei Mamma Maria
**Pizzas**
(0815) Von F. Faist, 64 S., 62 Farbfotos, Pappband. **DM 9,80**/S 79.–

**Köstliche Pilzgerichte**
Rezepte für die meistvorkommenden Speisepilze. (5133) Von V. Spicker-Noack, M. Knoop, 64 S., 52 Farbfotos, Pappband. **DM 14,80**/S 119.–

**Am Tisch zubereitet**
Fondues, Raclettes, Flambieren. (4152) Von I. Otto, 208 S., 12 Farbtafeln, 17 s/w-Fotos, Pappband. **DM 24,80**/S 198.–

**Köstliche Fondues**
mit Fleisch, Geflügel, Fisch, Käse, Gemüse und Süßem. (5006) Von E. Fuhrmann, 64 S., 50 Farbfotos, Pappband. **DM 14,80**/S 119.–

**Fondues**
und fritierte Leckerbissen. (0471) Von S. Stein, 96 S., 8 Farbtafeln, kart. **DM 6,80**/S 59.–

**Fondues · Raclettes · Flambiertes**
(4081) Von R. Peiler und M.-L. Schult, 136 S., 15 Farbtafeln, 28 Zeichnungen, kart. **DM 14,80**/S 119.–

**Neue, raffinierte Rezepte mit dem Raclette-Grill**
(0558) Von L. Helger, 56 S., 8 Farbtafeln, kart. **DM 7,80**/S 69.–

**Rezepte rund um Raclette und Hobby-Rechaud**
(0420) Von J. W. Hochscheid, 72 S., 8 Farbtafeln, kart. **DM 7,80**/S 69.–

**Fondues und Raclettes**
(4253) Von F. Faist, 160 S., 125 Farbfotos, Pappband. **DM 24,80**/S 198.–

Kochen und Würzen mit
**Paprika**
(0792) Von A. u. G. Eckert, 88 S., 8 Farbtafeln, kart. **DM 8,80**/S 74.–

**Kleine Kalte Küche**
für Alltag und Feste. (5097) Von A. und G. Eckert, 64 S., 45 Farbfotos, Pappband. **DM 12,80**/S 99.–

**Kalte Platten – Kalte Büfetts**
rustikal bis raffiniert. (5015) Von M. Gutta, 64 S., 34 Farbfotos, Pappband. **DM 14,80**/S 119.–

**Kalte Happen und Partysnacks**
Canapés, Sandwiches, Pastetchen, Salate und Suppen. (5029) Von D. Peters, 64 S., 44 Farbfotos, Pappband. **DM 14,80**/S 119.–

**Garnieren und Verzieren**
(4236) Von R. Biller, 160 S., 329 Farbfotos, 57 Zeichnungen, Pappband. **DM 24,80**/S 198.–

**Desserts**
Puddings, Joghurts, Fruchtsalate, Eis, Gebäck, Getränke. (5020) Von M. Gutta, 64 S., 41 Farbfotos, Pappband. **DM 14,80**/S 119.–

**Crêpes, Omeletts und Soufflés**
Pikante und süße Spezialitäten. (5131) Von J. Rosenkranz, 64 S., 45 Farbfotos, Pappband. **DM 14,80**/S 119.–

**Kuchen und Torten**
Die besten und beliebtesten Rezepte. (5067) Von M. Sauerborn, 64 S., 79 Farbfotos, Pappband. **DM 14,80**/S 119.–

**Tortenträume und Kuchenfantasien**
Gebackene Köstlichkeiten originell dekoriert und verziert
(0823) Von F. Faist, 80 S., 150 Farbfotos, kart. **DM 19,80**/S 159.–

**Schönes Hobby Backen**
Erprobte Rezepte mit modernen Backformen. (0451) Von E. Blome, 96 S., 8 Farbtafeln, kart. **DM 7,80**/S 69.–

**Backen, was allen schmeckt**
Kuchen, Torten, Gebäck und Brot. (4166) Von E. Blome, 556 S., 40 Farbtafeln, Pappband. **DM 24,80**/S 198.–

**Meine Vollkornbackstube**
Brot · Kuchen · Aufläufe. (0616) Von R. Raffelt, 96 S., 4 Farbtafeln, 12 Zeichnungen, kart. **DM 6,80**/S 59.–

FALKEN-FEINSCHMECKER
Mit Körnern, Zimt und Mandelkern
**Vollkorngebäck**
(0816) Von M. Bustorf-Hirsch, 48 S., 39 Farbfotos, Pappband. **DM 9,80**/ S 79.–

**Biologisch Backen**
Neue Rezeptideen für Kuchen, Brote, Kleingebäck aus vollem Korn. (4174) Von M. Bustorf-Hirsch, 136 S., 15 Farbtafeln, 47 Zeichnungen, kart. **DM 14,80**/S 119.–

**Selbst Brotbacken**
Über 50 erprobte Rezepte. (0370) Von J. Schiermann, 80 S., 6 Zeichnungen, 4 Farbtafeln, kart. **DM 6,80**/S 59.–

Mehr Freude und Erfolg beim
**Brotbacken**
(4148) Von A. und G. Eckert, 160 S., 177 Farbfotos, Pappband. **DM 24,80**/S 198.–

**Brotspezialitäten**
knusprig backen – herzhaft kochen. (5088) Von J. W. Hochscheid und L. Helger, 64 S., 48 Farbfotos, Pappband. **DM 14,80**/S 119.–

**Weihnachtsbäckerei**
Köstliche Plätzchen, Stollen, Honigkuchen und Festtagstorten. (0682) Von M. Sauerborn, 32 S., 36 Farbfotos, Pappband. **DM 7,80**/S 69.–

**Waffeln**
süß und pikant. (0522) Von C. Stephan, 64 S., 8 Farbtafeln, kart. **DM 6,80**/S 59.–

**Kochen für Diabetiker**
Gesund und schmackhaft für die ganze Familie. (4132) Von M. Toeller, W. Schumacher, A. C. Groote, 224 S., 109 Farbfotos, 94 Zeichnungen, Pappband. **DM 29,80**/S 239.–

**Neue Rezepte für Diabetiker-Diät**
Vollwertig – abwechslungsreich – kalorienarm. (0418) Von M. Oehlrich, 120 S., 8 Farbtafeln, kart. **DM 9,80**/S 79.–

**Schlemmertips für Figurbewußte**
(0680) Von V. Kahn, 64 S., 8 Farbtafeln, kart. **DM 9,80**/S 79.–

**Wer schlank ist, lebt gesünder**
Tips und Rezepte zum Schlankwerden und -bleiben. (0562) Von R. Mainer, 80 S., 8 Farbtafeln, kart. **DM 8,80**/S 74.–

**Kalorien – Joule**
Eiweiß · Fett · Kohlenhydrate tabellarisch nach gebräuchlichen Mengen. (0374) Von M. Bormio, 88 S., kart., **DM 6,80**/S 59.–

**Alles mit Joghurt**
tagfrisch selbstgemacht. Mit vielen Rezepten. (0382) Von G. Volz, 88 S., 8 Farbtafeln, kart., **DM 7,80**/S 69.–

Gesund leben – schlank werden mit der
**Bio-Kur**
(0657) Von S. Winter. 144 S., 4 Farbtafeln, kart. **DM 9,80**/S 79.–

**Miekes Kräuter- und Gewürzkochbuch**
(0323) Von I. Persy und K. Mieke, 96 S., 8 Farbtafeln, kart. **DM 8,80**/S 74.–

**Delikate Salate**
für alle Gelegenheiten rund um's Jahr. (5002) Von E. Fuhrmann, 64 S., 50 Farbfotos, Pappband. **DM 14,80**/S 119.–

Das köstliche knackige Schlemmervergnügen.
**Salate**
(4165) Von V. Müller. 160 S., 80 Farbfotos, Pappband. **DM 24,80**/S 198.–

**111 köstliche Salate**
Erprobte Rezepte mit Pfiff. (0222) Von C. Schönherr, 96 S., 8 Farbtafeln, 30 Zeichnungen, kart. **DM 8,80**/S 74.–

**Rohkost**
Schmackhafte Gerichte für die gesunde Ernährung. (5044) Von I. Gabriel, 64 S., 53 Farbfotos, Pappband. **DM 14,80**/S 119.–

**Joghurt, Quark, Käse und Butter**
Schmackhaftes aus Milch hausgemacht. (0739) Von M. Bustorf-Hirsch. 32 S., 59 Farbabb., Pappband. **DM 7,80**/S 69.–

**Die abwechslungsreiche Vollwertküche**
Vitaminreich und naturbelassen kochen und backen. (4229) Von M. Bustorf-Hirsch, K. Siegel, 280 S., 31 Farbtafeln, 78 Zeichungen, Pappband. **DM 36,–**/ S 319.–

**Alternativ essen**
Die gesunde Sojaküche. (0553) Von U. Kolster, 112 S., 8 Farbtafeln, kart. **DM 9,80**/S 79.–

**Das Reformhaus-Kochbuch**
Gesunde Ernährung mit hochwertigen Naturprodukten. (4180) Von A. u. G. Eckert, 160 S. 15 Farbtafeln, Pappband. **DM 29,80**/S 239.–

**Gesund kochen mit Keimen und Sprossen**
(0794) Von M. Bustorf-Hirsch, 104 S., 8 Farbtafeln, 13 s/w-Zeichnungen, kart. **DM 8,80**/S 74.–

**Die feine Vegetarische Küche**
(4235) Von F. Faist, 160 S., 191 Farbfotos, Pappband. **DM 24,80**/S 198.–

**Biologische Ernährung**
für eine natürliche und gesunde Lebensweise. (4125) Von G. Leibold, 136 S., 15 Farbtafeln, 47 Zeichnungen, kart. **DM 14,80**/S 119.–

**Gesunde Ernährung für mein Kind**
(0776) Von M. Bustorf-Hirsch, 96 S., 8 Farbtafeln, 5 s/w Zeichnungen, kart. **DM 9,80**/S 79.–

Vitaminreich und naturbelassen
**Biologisch Kochen**
(4162) Von M. Bustorf-Hirsch und K. Siegel, 144 S., 15 Farbtafeln, 31 Zeichnungen, kart., **DM 14,80**/S 119.–

**Gesund kochen**
wasserarm · fettfrei · aromatisch. (4060) Von M. Gutta, 240 S., 16 Farbtafeln, Pappband. **DM 29,80**/S 239.–

**Kräuter- und Heilpflanzen-Kochbuch**
für eine gesunde Lebensweise. (4066) Von P. Pervenche, 143 S., 15 Farbtafeln, kart. **DM 14,80**/S 119.–

**Pralinen und Konfekt**
Kleine Köstlichkeiten selbstgemacht. (0731) Von H. Engelke, 32 S., 57 Farbfotos, Pappband. **DM 7,80**/S 69.–

FALKEN-FEINSCHMECKER
Zart schmelzende Versuchungen
**Schokolade**
(0819) Von J. Schroer, 48 S., 53 Farbfotos, Pappband. **DM 9,80**/S 79.–

FALKEN VERLAG



Die Preise entsprechen dem Status beim Druck dieses

Köstlichkeiten für Gäste und Feste
**Kalte Platten**
(4200) Von I. Pfliegner, 160 S., 130 Farbfotos, Pappband. **DM 24,80**/ S 198,–
**Kochen für Gäste**
Köstliche Menüs mit Liebe zubereitet. (5149) Von R. Wesseler, 64 S., 40 Farbfotos, Pappband. **DM 14,80**/S 119,–
**Das richtige Frühstück**
Gesunde Vollwertkost vitaminreich und naturbelassen.
(0784) Von C. Kratzel und R. Böll, 32 S., 28 Farbfotos, Pappband. **DM 7,80**/S 69,–
**Bocuse à la carte**
Französisch kochen mit dem Meister. (4237) Von P. Bocuse, 88 S., 218 Farbfotos, Pappband. **DM 19,80**/S 159,–
Auch als Video-Kassette erhältlich
**Kochschule mit Paul Bocuse**
(6016/VHS, 6017/Video 2000, 6018/Beta), 60 Min. in Farbe. **DM 69,–**/S 619,–
(unverbindliche Preisempfehlung)
**Natursammlers Kochbuch**
Wildfrüchte und Gemüse, Pilze, Kräuter – finden und zubereiten. (4040) Von C. M. Kerler, 140 S., 12 Farbtafeln, kart. **DM 19,80**/S 159,–
**Neue Cocktails und Drinks**
mit und ohne Alkohol. (0517) Von S. Späth, 128 S., 4 Farbtafeln, kart., **DM 9,80**/S 79,–
**Mixgetränke**
mit und ohne Alkohol (5017) Von C. Arius, 64 S., 35 Farbfotos, Pappband. **DM 14.80**/S 119,–
**Cocktails und Mixereien**
für häusliche Feste und Feiern. (0075) Von J. Walker, 96 S., 4 Farbtafeln, kart. **DM 6,80**/S 59,–
**Die besten Punsche, Grogs und Bowlen**
(0575) Von F. Dingden, 64 S., 2 Farbtafeln, kart. **DM 6,80**/S 59,–
**Weine und Säfte, Liköre und Sekt**
selbstgemacht. (0702) Von P. Arauner, 232 S., 76 Abb., kart. **DM 16,80**/S 139,–
**Mitbringsel aus meiner Küche**
selbst gemacht und liebevoll verpackt. (0668) Von C. Schönherr, 32 S., 30 Farbfotos, Pappband. **DM 7,80**/S 69,–
**Weinlexikon**
Wissenswertes über die Weine der Welt. (4149) Von U. Keller, 228 S., 6 Farbtafeln, 395 s/w-Fotos, Pappband. **DM 29,80**/S 239,–
**Heißgeliebter Tee**
Sorten, Rezepte und Geschichten. (4114) Von C. Maronde, 153 S., 16 Farbtafeln, 93 Zeichnungen, Pappband. **DM 26,80**/S 218,–
**Tee für Genießer.**
Sorten · Riten · Rezepte. (0356) Von M. Nicolin, 64 S., 4 Farbtafeln, kart. **DM 5,80**/S 49,–
**Tee**
Herkunft · Mischungen · Rezepte. (0515) Von S. Ruske, 96 S., 4 Farbtafeln, 16 s/w Abbildungen, Pappband. **DM 9,80**/S 79,–
**Kinder lernen spielend backen**
(5110) Von M. Gutta, 64 S., 45 Farbfotos, Pappband. **DM 14,80**/S 119,–
**Kinder lernen spielend kochen**
Lieblingsgerichte mit viel Spaß selbst zubereitet. (5096) Von M. Gutta, 64 S., 45 Farbfotos, Pappband. **DM 14,80**/S 119,–

# Hobby

**Aquarellmalerei**
als Kunst und Hobby. (4147) Von H. Haack und B. Wersche, 136 S., 62 Farbfotos, 119 Zeichnungen, gebunden **DM 39,–**/S 319,–
**Aquarellmalerei**
Materialien · Techniken · Motive. (5099) Von T. Hinz, 64 S., 79 Farbfotos, Pappband. **DM 14,80**/S 119,–
**Aquarellmalerei leicht gelernt**
Materialien · Techniken · Motive. (0787) Von T. Hinz, R. Braun, B. Zeidler, 32 S., 38 Farbfotos, 1 Zeichnung, **DM 7,80**/S 69,–
**Origami –**
Die Kunst des Papierfaltens. (0280) Von R. Harbin, 160 S., 633 Zeichnungen, kart. **DM 9,80**/S 79,–
**Hobby Origami**
Papierfalten für groß und klein. (0756) Von Z. Aytüre-Scheele, 88 S., über 800 Farbfotos, kart. **DM 19,80**/S 159,–
**Neue zauberhafte Origami-Ideen**
Papierfalten für groß und klein. (0805) Von Z. Aytüre-Scheele, 80 S., 720 Farbfotos, kart. **DM 19,80**/S 159,–
**Weihnachtsbasteleien**
(0667) Von M. Kühnle und S. Beck, 32 S., 56 Farbfotos, 6 Zeichnungen, Pappband. **DM 7,80**/S 69,–
Falken-Handbuch
**Zeichnen und Malen**
(4167) Von B. Bagnall, 336 S., 1154 Farbabb., Pappband. **DM 68,–**/S 549,–
**Naive Malerei**
Materialien · Motive · Techniken (5083) Von F. Krettek, 64 S., 76 Farbfotos, Pappband. **DM 14,80**/S 119,–
**Bauernmalerei**
als Kunst und Hobby. (4057) Von A. Gast und H. Stegmüller, 128 S., 239 Farbfotos, 26 Riß-Zeichnungen, Pappband. **DM 39,–**/S 319,–
**Hobby Bauernmalerei**
(0436) Von S. Ramos und J. Roszak, 80 S., 116 Farbfotos und 28 Motivvorlagen, kart. **DM 19,80**/S 159,–
**Bauernmalerei**
Kreatives Hobby nach alter Volkskunst (5039) Von S. Ramos, 64 S., 85 Farbfotos, Pappband. **DM 14,80**/S 119,–
**Glasmalerei**
als Kunst und Hobby. (4088) Von F. Krettek und S. Beeh-Lustenberger, 132 S., 182 Farbfotos, 38 Motivvorlagen, Pappband. **DM 39,–**/S 319,–
**Naive Hinterglasmalerei**
Materialien · Techniken · Bildvorlagen (5145) Von F. Krettek, 64 S., 87 Farbfotos, 6 Zeichnungen, Pappband. **DM 16,80**/S 139,–
**Glasritzen**
Materialien · Formen · Motive. (5109) Von G. Mégroz, 64 S., 110 Farbfotos, 15 Zeichnungen, Pappband. **DM 14,80**/S 119,–
**Kalligraphie**
Die Kunst des schönen Schreibens (4263) Von C. Hartmann, 120 S., 44 Farbvorlagen, 29 s/w-Vorlagen, 2 s/w-Zeichnungen, 38 Farbfotos, Pappband. **DM 49,–**/S 398,–

**Seidenmalerei als Kunst und Hobby**
(4264) Von S. Hahn, 136 S., 256 Farbfotos, 1 s/w-Foto, 34 Farbzeichnungen, Pappband. **DM 39,–**/S 319,–
**Kunstvolle Seidenmalerei**
Mit zauberhaften Ideen zum Nachgestalten. (0783) Von I. Demharter, 32 S., 56 Farbfotos, Pappband. **DM 7,80**/S 74,–
**Zauberhafte Seidenmalerei**
Materialien · Techniken · Gestaltungsvorschläge. (0664) Von E. Dorn, 32 S., 62 Farbfotos, Pappband. **DM 7,80**/S 69,–
**Hobby Seidenmalerei**
(0611) Von R. Henge, 88 S., 106 Farbfotos, 28 Zeichnungen, kart. **DM 19,80**/S 159,–
**Hobby Stoffdruck und Stoffmalerei**
(0555) Von A. Ursin, 80 S., 68 Farbfotos, 68 Zeichnungen, kart. **DM 19,80**/S 159,–
**Stoffmalerei und Stoffdruck**
Materialien · Techniken · Ideen · Modelle (5074) Von H. Gehring, 64 S., 110 Farbfotos, Pappband. **DM 14,80**/S 119,–
**Batik**
leicht gemacht. Materialien · Färbetechniken · Gestaltungsideen. (5112) Von A. Gast, 64 S., 105 Farbfotos, Pappband. **DM 14,80**/S 119,–
**Textilfärben**
Färben so einfach wie Waschen. (0693) Von W. Siegrist, P. Schärli, 32 S., 47 Farbfotos, 3 Zeichnungen, Spiralbindung. **DM 7,80**/S 69,–
**Kreatives Bilderweben**
Materialien – Vorlagen – Motive (0814) Von A. Schulte-Huxel, 32 S., 58 Farbfotos, 8 Zeichnungen, Pappband. **DM 9,80**/S 79,–
**Flechten**
mit Bast, Stroh und Peddigrohr. (5098) Von H. Hangleiter, 64 S., 47 Farbfotos, 76 Zeichnungen, Pappband. **DM 14,80**/S 119,–
**Makramee**
Knüpfarbeiten leicht gemacht. (5075) Von B. Pröttel, 64 S., 95 Farbfotos, Pappband. **DM 12,80**/S 99,–
Falken-Handbuch
**Häkeln**
ABC der Häkeltechniken und Häkelmuster in ausführlichen Schritt-für-Schritt-Bildfolgen.
(4194) Von H. Fuchs, M. Natter, 288 S., 597 Farbfotos, 476 farbige Zeichnungen. Pappband. **DM 39,–**/S 319,–
**Häkeln**
Schritt für Schritt für Rechts- und Linkshänder. (5134) Von H. Klaus, 64 S., 120 Farbfotos, 144 Zeichnungen, Pappband. **DM 14,80**/S 119,–
**Klöppeln**
Schritt für Schritt leicht gelernt. (0788) Von U. Seiffer, 32 S., 42 Farb-, 1 s/w-Foto, 25 Zeichnungen, mit Klöppelbriefen, Pappband. **DM 9,80**/S 79,–
**Sticken**
Schritt für Schritt für Rechts- und Linkshänder. (5135) Von U. Werner, 64 S., 196 Farbfotos, 96 Zeichnungen, Pappband. **DM 14,80**/S 119,–
**Monogrammstickerei**
Mit Vorlagen für Initialen, Vignetten und Ornamente. (5148) Von H. Fuchs, 64 S., 50 Farbfotos, 50 Zeichnungen, Pappband. **DM 14,80**/S 119,–

Falken-Handbuch
**Stricken**
ABC der Stricktechniken und Strickmuster in ausführlichen Schritt-für-Schritt-Bildfolgen. (4137) Von M. Natter, 312 S., 106 Farb- und 922 s/w-Fotos, 318 Zeichnungen, Pappband.
**DM 36,–**/S 298,–

Bestrickend schöne Ideen
**Pullover, Westen, Ensembles, Jacken**
(4178) Von R. Weber, 208 S., 220 Farbfotos, 358 Zeichnungen, Pappband.
**DM 29,80**/S 239,–

Chic in Strick
**Neue Pullover**
Westen · Jacken · Kleider · Ensembles. (4224) Hrsg. R. Weber, 192 S., 25 Farbabb., Pappband. **DM 29,80**/S 239,–

Das moderne Standardwerk von der Expertin
**Perfekt Stricken**
Mit Sonderteil Häkeln
(4250) Von H. Jaacks, 256 S., 703 Farbfotos, 169 Farb- und 121 s/w-Zeichnungen, Pappband.
**DM 29,80**/ S 239,–

**Videokassette Stricken**
(6007/VHS, 6008/Video 2000, 6009/Beta). Von P. Krolikowski-Habicht, H. Jaacks, 51 Min., in Farbe.
**DM 49,80**/S 448,–
(unverbindliche Preisempfehlung)

**Stricken**
Schritt für Schritt für Rechts- und Linkshänder. (5142) Von S. Oelwein-Schefczik, 64 S., 148 Farbfotos, 173 Zeichnungen, Pappband. **DM 14,80**/S 119,–

**Die schönsten Handarbeiten zum Verschenken**
(4225) Von B. Wenzelburger, 128 S., 156 Farbfotos, 70 2-farbige Zeichnungen, Pappband. **DM 39,–**/S 319,–

**Kuscheltiere stricken und häkeln**
Arbeitsanleitungen und Modelle. (0734) Von B. Wehrle, 32 S., 60 Farbfotos, 28 Zeichnungen, Spiralbindung.
**DM 7,80**/S 69,–

**Hobby Patchwork und Quilten**
(0768) Von B. Staub-Wachsmuth, 80 S., 108 Farbabb., 43 Zeichnungen, kart.
**DM 19,80**/S 159,–

**Hobby Spitzencollagen**
Bezaubernde Motive aus edlem Material. (0847) Von H. Westphal, 80 S., 186 Farbfotos, kart. **DM 19,80**/S 159,–

**Textiles Gestalten**
Weben, Knüpfen, Batiken, Sticken, Objekte und Strukturen. (5123) Von J. Fricke, 136 S., 67 Farb- und 189 s/w-Fotos, 15 Zeichnungen, kart.
**DM 16,80**/S 139,–

**Gestalten mit Glasperlen**
fädeln · sticken · weben (0640) Von A. Köhler, 32 S., 55 Farbfotos, Spiralbindung. **DM 6,80**/S 59,–

**Schmuck, Accessoires und Dekoratives**
aus Fimo modelliert
(0873) Von A. Aurich, 32 S., 54 Farbfotos, Pappband. **DM 9,80**/S 79,–

**Neue zauberhafte Salzteig-Ideen**
(0719) Von I. Kiskalt, 80 S., 320 Farbfotos, 12 Zeichnungen, kart.
**DM 19,80**/S 159,–

**Hobby Salzteig**
(0662) Von I. Kiskalt, 80 S., 150 Farbfotos, 5 Zeichnungen, Schablonen, kart.
**DM 19,80**/S 159,–

**Gestalten mit Salzteig**
formen · bemalen · lackieren. (0613) Von W.-U. Cropp, 32 S., 56 Farbfotos, 17 Zeichnungen, Pappband.
**DM 7,80**/S 69,–

Originell und dekorativ
**Salzteig mit Naturmaterialien**
(0833) Von A. und H. Wegener, 80 S., 166 Farbfotos, kart. **DM 19,80**/S 159,–

**Buntbemalte Kunstwerke aus Salzteig**
Figuren, Landschaften und Wandbilder. (5141) Von G. Belli, 64 S., 165 Farbfotos, 1 Zeichnung, Pappband.
**DM 14,80**/S 119,–

**Kreatives Gestalten mit Salzteig**
Originelle Motive für Fortgeschrittene. (0769) Hrsg. I. Kiskalt, 80 S., 168 Farbfotos, kart. **DM 19,80**/S 159,–

**Videokassette Salzteig**
(6010/VHS, 6011/Video 2000, (6012/Beta) Von I. Kiskalt, Dr. A. Teuchert, in Farbe, ca. 35 Min. **DM 69,–**/ S 619,–
(Unverbindliche Preisempfehlung)

**Tiffany-Spiegel selbermachen**
Materialien · Arbeitsanleitung · Vorlagen. (0761) Von R. Thomas, 32 S., 53 Farbfotos, Pappband. **DM 7,80**/S 69,–

**Tiffany-Schmuck selbermachen**
Materialien · Arbeitsanleitungen · Modelle (0871) Von B. Poludniak, H. W. Scheib, 32 S., 54 Farbfotos, 3 Zeichnungen, Pappband. **DM 9,80**/S 79,–

**Tiffany-Lampen selbermachen**
Arbeitsanleitung · Materialien · Modelle. (0684) Von I. Spliethoff, 32 S., 60 Farbfotos, Pappband. **DM 7,80**/S 69,–

**Hobby Glaskunst in Tiffany-Technik**
(0781) Von N. Köppel, 80 S., 194 Farbfotos, 6 s/w-Abb., kart.,
**DM 19,80**/S 159,–

**Hobby Holzschnitzen**
Von der Astholzfigur zur Vollplastik. (5101) Von H.-D. Wilden, 112 S., 16 Farbtafeln, 135 s/w-Fotos, kart.
**DM 16,80**/S 139,–

**Bastelspaß mit der Laubsäge**
Mit Schnittmusterbogen für viele Modelle in Originalgröße. (0741) Von L. Giesche, M. Bausch, 32 S., 61 Farbfotos, 7 Zeichnungen, Schnittmusterbogen, Pappband.
**DM 9,80**/S 79,–

Falken-Heimwerker-Praxis
**Tapezieren**
(0743) Von W. Nitschke, 112 S., 186 Farbfotos, 9 Zeichnungen, kart.
**DM 19,80**/S 159,–

Falken-Heimwerker-Praxis
**Anstreichen und Lackieren**
(0771) Von P. Müller, 120 S., 186 Farbfotos, 2 s/w Fotos, 3 Zeichnungen, kart.
**DM 19,80**/S 159,–

Falken-Heimwerker-Praxis
**Fahrrad-Reparaturen**
(0796) Von R. van der Plas, 112 S., 140 Farbfotos, 113 farbige Zeichnungen, kart. **DM 19,80**/S 159,–

Falken-Handbuch
**Heimwerken**
Reparieren und Selbermachen in Haus und Wohnung – über 1100 Farbfotos. Praktische Tips vom Profi: Selbermachen, Reparieren, Renovieren, Kostensparen. (4117) Von Th. Pochert, 440 S., 1103 Farbfotos, 100 ein- und zweifarbige Abb., Pappband. **DM 49,–**/S 398,–

**Restaurieren von Möbeln**
Stilkunde, Materialien, Techniken, Arbeitsanleitungen in Bildfolgen. (4120) Von E. Schnaus-Lorey, 152 S., 37 Farbfotos, 75 s/w Fotos, 352 Zeichnungen, Pappband. **DM 39,–**/ S 319,–

**Möbel aufarbeiten, reparieren und pflegen**
(0386) Von E. Schnaus-Lorey, 96 S., 28 Fotos, 101 Zeichnungen, kart.,
**DM 9,80**/S 79,–

**Vogelhäuschen, Nistkästen, Vogeltränken** mit Plänen und Anleitungen zum Selbstbau. (0695) Von J. Zech, 32 S., 42 Farbfotos, 5 Zeichnungen, Pappband. **DM 7,80**/S 69,–

**Strohschmuck selbstgebastelt**
Sterne, Figuren und andere Dekorationen (0740) Von E. Rombach, 32 S., 60 Farbfotos, 17 Zeichnungen, Pappband.
**DM 7,80**/S 69,–

**Das Herbarium**
Pflanzen sammeln, bestimmen und pressen. (5113) Von I. Gabriel, 96 S., 140 Farbfotos, Pappband.
**DM 16,80**/S 139,–

**Gestalten mit Naturmaterialien**
Zweige, Kerne, Federn, Muscheln und anderes. (5128) Von I. Krohn, 64 S., 101 Farbfotos, 11 farbige Zeichnungen, Pappband. **DM 14,80**/S 119,–

**Blütenbilder aus Blumen und Blättern**
Phantasievolle Naturcollagen. (0872) Von G. Schamp, 32 S., 57 Farbfotos, 1 Zeichnung, Pappband.
**DM 9,80**/S 79,–

**Dauergestecke**
mit Zweigen, Trocken- und Schnittblumen. (5121) Von G. Vocke, 64 S., 57 Farbfotos, Pappband. **DM 14,80**/S 119,–

**Ikebana**
Einführung in die japanische Kunst des Blumensteckens. (0548) Von G. Vocke, 152 S., 47 Farbfotos, kart.
**DM 19,80**/S 159,–

**Blumengestecke im Ikebanastil**
(5041) Von G. Vocke, 64 S., 37 Farbfotos, viele Zeichnungen, Pappband.
**DM 14,80**/S 119,–

**Hobby Trockenblumen**
Gewürzsträuße, Gestecke, Kränze, Buketts. (0643) Von R. Strobel-Schulze, 88 S., 170 Farbfotos, kart.
**DM 19,80**/S 159,–

**Hobby Gewürzsträuße**
und zauberhafte Gebinde nach Salzburger Art. (0726) Von A. Ott, 80 S., 101 Farbfotos, 51 farbige Zeichnungen, kart. **DM 19,80**/S 159,–

**Trockenblumen und Gewürzsträuße**
(5084) Von G. Vocke, 64 S., 63 Farbfotos, Pappband. **DM 12,80**/S 99,–

**Arbeiten mit Ton**
Töpfern mit und ohne Scheibe. (5048) Von J. Fricke, 128 S., 15 Farbtafeln, 166 s/w-Fotos, kart.
**DM 14,80**/S 119,–

**Töpfern**
als Kunst und Hobby. (4073) Von J. Fricke, 132 S., 37 Farbfotos, 222 s/w-Fotos, Pappband. **DM 39,–**/S 319,–

**Schöne Sachen modellieren**
Originelles aus Cernit – ideenreich gestaltet. (0762) Von G. Thelen, 32 S., 105 Farbfotos, Pappband.
**DM 9,80**/S 79,–



FALKEN VERLAG

Die Preise entsprechen dem Status beim Druck dieses

**Modellieren**
mit selbsthärtendem Material. (5085) Von K. Reinhardt, 64 S., 93 Farbfotos, Pappband. **DM 14,80**/S 119,–

**Porzellanpuppen**
Zauberhafte alte Puppen selbst nachbilden. (5138) Von C. A. und D. Stanton, 64 S., 58 Farbfotos, 22 Zeichnungen, Pappband. **DM 16,80**/S 139,–

**Marionetten**
entwerfen · gestalten · führen (5118) Von A. Krause und A. Bayer, 64 S., 83 Farbfotos, 2 s/w-Fotos, 40 Zeichnungen, Pappband. **DM 14,80**/S 119,–

**Stoffpuppen**
Liebenswerte Modelle selbermachen. (5150) Von I. Wolff, 56 S., 115 Farbfotos, 15 Zeichnungen, mit Schnittmusterbogen, Pappband. **DM 16,80**/S 139,–

**Hobby Puppen**
Bezaubernde Modelle selbst gestalten. (0742) Von B. Wenzelburger, 88 S., 163 Farbfotos, 41 Zeichnungen, 11 Schnittmuster, kart. **DM 19,80**/S 159,–

**Puppen und Figuren aus Kunstporzellan**
gießen, bemalen und gestalten. (0735) Von G. Baumgarten, 32 S., 86 Farbfotos, Pappband. **DM 9,80**/ S 79,–

**Selbstgestrickte Puppen**
Materialien und Arbeitsanleitungen. (0638) Von B. Wehrle, 32 S., 23 Farbfotos, 24 Zeichnungen, Pappband. **DM 9,80**/S 79,–

**Dekorative Rupfenpuppen**
Arbeitsanleitungen und Gestaltungsvorschläge. (0733) Von B. Wenzelburger, 32 S., 57 Farbfotos, 14 Zeichnungen, Spiralbindung. **DM 7,80**/S 69,–

**Phantasiepuppen stricken und häkeln**
Märchenhafte Modelle mit Arbeitsanleitungen. (0813) Von B. Wehrle, 32 S., 26 Farbfotos, 30 einfarbige und 16 dreifarbige Zeichnungen, Pappband. **DM 9,80**/ S 79,–

**Schritt für Schritt zum Scherenschnitt**
Materialien · Techniken · Gestaltungsvorschläge. (0732) Von H. Klingmüller, 32 S., 38 Farbfotos, 34 Vorlagen, Pappband. **DM 7,80**/S 69,–

**Garagentore selbst bemalt**
Techniken und Motive. (0786) Von H. u. Y. Nadolny, 32 S., 24 Farbfotos, 12 s/w-Zeichnungen, Pappband. **DM 9,80**/S 79,–

Alle Jahre wieder...
**Advent und Weihnachten**
Basteln – Backen – Schmücken – Singen – Vorlesen – Feiern
(4260) Von H. und Y. Nadolny, 256 S., 105 Farbfotos, 130 Zeichnungen, Pappband. **DM 25,–**/S 200,–

# Freizeit

**Aktfotografie**
Interpretationen zu einem unerschöpflichen Thema.
Gestaltung · Technik · Spezialeffekte. (0737) Von H. Wedewardt, 88 S., 144 Farb- und 6 s/w-Fotos, 6 Zeichnungen, kart. **DM 19,80**/S 159,–

**Videokassette Aktfotografie**
Laufzeit ca. 60 Min. In Farbe. (6001/VHS, 6002/Video 2000, 6003/Beta) **DM 69,–**/S 619,–
(unverbindliche Preisempfehlung)

**So macht man bessere Fotos**
Das meistverkaufte Fotobuch der Welt. (0614) Von M. L. Taylor, 192 S., 457 Farbfotos, 15 Abb., kart. **DM 14,80**/S 119,–

Falken-Handbuch
**Dunkelkammerpraxis**
Laboreinrichtung · Arbeitsabläufe Fehlerkatalog. (4140) Von E. Pauli, 200 S., 54 Farbfotos, 239 s/w-Fotos, 171 Zeichnungen, Pappband. **DM 39,–**/S 319,–

Falken-Handbuch **Trickfilmen**
Flach-, Sach- und Zeichentrickfilme – von der Idee zur Ausführung. (4131) Von H.-D. Wilden, 144 S., über 430 überwiegend farbige Abb., Pappband. **DM 39,–**/S 319,–

**Moderne Schmalfilmpraxis**
Ausrüstungen · Drehbuch · Aufnahme Schnitt · Vertonung. (4043) Von U. Ney, 328 S., 29 Farbfotos, 177 s/w-Fotos, 57 Zeichnungen, gebunden. **DM 29,80**/S 239,–

**Schmalfilmen**
Ausrüstung · Aufnahmepraxis · Schnitt Ton. (0342) Von U. Ney, 108 S., 4 Farbtafeln, 25 s/w-Fotos, kart. **DM 9,80**/S 79,–

**Schmalfilme selbst vertonen**
(0593) Von U. Ney, 96 S., 57 s/w-Fotos, 14 Zeichnungen, kart. **DM 9,80**/S 79,–

**Fotografie – Das Schöne als Ziel**
Zur Ästhetik und Psychologie der visuellen Wahrnehmung. (4122) Von E. Stark, 208 S., 252 Farbfotos, 63 Zeichnungen, Ganzleinen. **DM 78,–**/S 624,–

Videokassette
**Videografieren**
Filmen mit Video 8
Technik – Bildgestaltung – Schnitt – Vertonung
(6031) VHS, (6033) Beta, (6034) Sony 8 mm, von M. Wild, 60 Min., in Farbe. **DM 69,–**/S 619,–
(unverbindliche Preisempfehlung)

**Ferngelenkte Motorflugmodelle**
bauen und fliegen. (0400) Von W. Thies, 184 S., mit Zeichnungen und Detailplänen, kart. **DM 16,80**/S 139,–

**Modellflug-Lexikon**
(0549) Von W. Thies, 280 S., 98 s/w-Fotos, 234 Zeichnungen, Pappband. **DM 36,–**/S 298,–

**Flugmodelle**
bauen und einfliegen. (0361) Von W. Thies und W. Rolf, 160 S., 63 Abb., 7 Faltpläne, kart. **DM 12,80**/S 99,–

**Kleine Welt auf Rädern**
Das faszinierende Spiel mit **Modelleisenbahnen** (4175) Von F. Eisen, 256 S., 72 Farb- und 180 s/w-Fotos, 25 Zeichnungen, Pappband. **DM 29,80**/S 239,–

**Modelleisenbahnen im Freien**
Mit Volldampf durch den Garten. (4245) Von F. Eisen, 96 S., 115 Farb-, 4 s/w-Fotos, 5 Zeichnungen, Pappband. **DM 29,80**/S 239,–

Videokassette
**Die Modelleinsenbahn**
Anlagenbau in Modultechnik.
Neue kreative Gestaltung.
Neue raffinierte Techniken.
(6028) VHS, (6029) Video 2000, (6030) Beta, von J. Grahn, 30 Min., in Farbe, **DM 49,80**/S 448,–
(unverbindliche Preisempfehlung)

**Raketen auf Rädern**
Autos und Motorräder an der Schallgrenze. (4220) Von H. G. Isenberg, 96 S., 112 Farbfotos, 21 s/w-Fotos, Pappband. **DM 24,80**/S 198,–

**Die rasantesten Rallyes der Welt**
(4213) Von H. G. Isenberg und D. Maxeiner, 96 S., 116 Farbfotos, Pappband. **DM 24,80**/S 198,–

**Trucks**
Giganten der Landstraßen in aller Welt. (4222) Von H. G. Isenberg, 96 S., 131 Farbfotos, Pappband. **DM 24,80**/S 198,–

**Die Super-Trucks der Welt**
(4257) Von H. G. Isenberg, 194 S., 205 Farbfotos, 87 s/w-Fotos, 7 Farbzeichnungen, 4 Ausklapptafeln, Pappband. **DM 39,–**/S 319,–

**Ferngelenkte Elektromodelle**
bauen und fliegen. (0700) Von W. Thies, 144 S., 52 s/w-Fotos, 50 Zeichnungen, kart. **DM 16,80**/139,–

**Schiffsmodelle**
selber bauen. (0500) Von D. und R. Lochner, 200 S., 93 Zeichnungen, 2 Faltpläne, kart. **DM 14,80**/S 119,–

**Dampflokomotiven**
(4204) Von W. Jopp, 96 S., 134 Farbfotos, Pappband. **DM 24,80**/S 198,–

**Zivilflugzeuge**
Vom Kleinflugzeug zum Überschall-Jet. (4218) Von R. J. Höhn und H. G. Isenberg, 96 S., 115 Farbfotos, Pappband. **DM 24,80**/S 198,–

**Ferngelenkte Segelflugmodelle**
bauen und fliegen. (0446) Von W. Thies, 176 S., 22 s/w-Fotos, 115 Zeichnungen, kart. **DM 14,80**/S 119,–

**Die schnellsten Motorräder der Welt**
(4206) Von H. G. Isenberg und D. Maxeiner, 96 S., 100 Farbfotos, Pappband. **DM 24,80**/S 198,–

**Motorrad-Hits**
Chopper, Tribikes, Heiße Öfen. (4221) Von H. G. Isenberg, 96 S., 119 Farbfotos, Pappband. **DM 24,80**/S 198,–

**Die Super-Motorräder der Welt**
(4193) Von H. G. Isenberg, 192 S., 170 Farb- und 100 s/w-Fotos, 8 Zeichnungen, Pappband. **DM 39,–**/S 319,–

**Motorrad-Faszination**
Heiße Öfen, von denen jeder träumt. (4223) Von H. G. Isenberg, 96 S., 103 Farb- und 20 s/w-Fotos, Pappband. **DM 24,80**/S 198,–

**Münzen**
Ein Brevier für Sammler. (0353) Von E. Dehnke, 128 S., 4 Farbtafeln, 17 s/w-Abb., kart. **DM 12,80**/S 99,–

**Astronomie als Hobby**
Sternbilder und Planeten erkennen und benennen. (0572) Von D. Block, 176 S., 16 Farbtafeln, 49 s/w-Fotos, 93 Zeichnungen, kart. **DM 14.80**/S 119,–

**Gitarre spielen**
Ein Grundkurs für den Selbstunterricht. (0534) Von A. Roßmann, 96 S., 1 Schallfolie, 150 Zeichnungen, kart. **DM 24,80**/S 198,–

Falken-Handbuch **Zaubern**
Über 400 verblüffende Tricks. (4063)
Von F. Stutz, 368 S., 1200 Zeichnungen, Pappband. **DM 36,–**/S 298.–

**Zaubern**
einfach – aber verblüffend. (2018) Von D. Buoch, 84 S., 41 Zeichnungen, kart. **DM 6,80**/S 59.–

**Magische Zaubereien**
(0672) Von W. Widenmann, 64 S., 31 Zeichnungen, kart. **DM 7,80**/S 69.–

Mit vollem Genuß
**Pfeife rauchen**
Alles über Tabaksorten, Pfeifen und Zubehör. (4227) Von H. Behrens, H. Frickert, 168 S., 127 Farbfotos, 18 Zeichnungen, Pappband.
**DM 39,–**/S 319.–

**Mineralien, Steine und Fossilien**
Grundkenntnisse für Hobby-Sammler. (0437) Von D. Stobbe, 96 S., 16 Farbtafeln, 14 s/w-Fotos, 10 Zeichnungen, kart. **DM 9,80**/S 79.–

**Freizeit mit dem Mikroskop**
(0291) Von M. Deckart, 132 S., 8 Farbtafeln, 64 s/w Abb., 2 Zeichnungen, kart. **DM 9,80**/S 79.–

**Briefmarken**
sammeln für Anfänger. (0481) Von D. Stein, 120 S., 4 Farbtafeln, 98 s/w-Abb., kart. **DM 9,80**/S 79.–

**Wir lernen tanzen**
Standard- und lateinamerikanische Tänze. (0200) Von E. Fern, 168 S., 118 s/w-Fotos, 47 Zeichnungen, kart. **DM 9,80**/S 79.–

**Tanzstunde**
Das Welttanzprogramm · Party-Tanzstunde. (5018) Von G. Hädrich, 172 S., 443 s/w-Fotos, 140 Zeichnungen, Pappband. **DM 19.80**/S 159,–

**So tanzt man Rock'n'Roll**
Grundschritte · Figuren · Akrobatik. (0573) Von W. Steuer und G. Marz, 224 S., 303 Abb., kart.
**DM 16,80**/ S 139,–

**Disco-Tänze**
(0491) Von B. und F. Weber, 104 S., 104 Abb., kart. **DM 6,80**/S 59,–

**Tanzen überall**
Discofox, Rock'n'Roll, Blues, Langsamer Walzer, Cha-Cha-Cha zum Selberlernen. (0760) Von H. M. Pritzer, 112 S., 128 Farbfotos, kart. **DM 19,80**/S 159,–

Videokassette **Tanzen überall**
Discofox, Rock'n'Roll, Blues. (6004/VHS, 6005/Video 2000, 6006/Beta) Von H. M. Pritzer, G. Steinheimer, in Farbe, ca. 45 Min. **DM 69,–**/S 619,–
(unverbindliche Preisempfehlung)

**Unser schönes Deutschland neu gesehen**
(4199) Hrsg. U. Moll, 208 S., 800 Farbfotos, Pappband. **DM 29,80**/S 239,–

**Schwarzwald-Romantik**
Vom Zauber einer deutschen Landschaft. (4232) Hrsg. A. Rolf, 184 S., 273 Farbfotos, Pappband. **DM 29,80**/S 239,–

# Sport

**Judo**
Grundlagen des Stand- und Bodenkampfes. (4013) Von W. Hofmann, 244 S., 589 Fotos, Pappband.
**DM 29,80**/S 239.–

**Neue Lehrmethoden der Judo-Praxis**
(0424) Von P. Herrmann, 223 S., 475 Abb., kart. **DM 16,80**/S 139.–

**Judo**
Grundlagen – Methodik. (0305) Von M. Ohgo, 208 S., 1025 Fotos, kart.
**DM 14,80**/S 119.–

**Fußwürfe**
für Judo, Karate und Selbstverteidigung. (0439) Von H. Nishioka, 96 S., 260 Abb., kart. **DM 9,80**/S 79.–

**Karate für alle**
Karate-Selbstverteidigung in Bildern. (0314) Von A. Pflüger, 112 S., 356 s/w-Fotos, kart. **DM 9,80**/S 79.–

**Karate für Frauen und Mädchen**
Sport und Selbstverteidigung. (0425) Von A. Pflüger, 168 S., 259 s/w-Fotos, kart. **DM 12,80**/S 99.–

**Nakayamas Karate perfekt 1**
Einführung. (0487) Von M. Nakayama, 136 S., 605 s/w-Fotos, kart.
**DM 19,80**/S 159.–

**Nakayamas Karate perfekt 2**
Grundtechniken. (0512) Von M. Nakayama, 136 S., 354 s/w-Fotos, 53 Zeichnungen, kart.
**DM 19,80**/S 159.–

**Nakayamas Karate perfekt 3**
Kumite 1: Kampfübungen. (0538) Von M. Nakayama, 128 S., 424 s/w-Fotos, kart. **DM 19,80**/S 159.–

**Nakayamas Karate perfekt 4**
Kumite 2: Kampfübungen. (0547) Von M. Nakayama, 128 S., 394 s/w-Fotos, kart. **DM 19,80**/S 159.–

**Nakayamas Karate perfekt 5**
Kata 1: Heian, Tekki. (0571) Von M. Nakayama, 144 S., 1229 s/w-Fotos, kart. **DM 19,80**/S 159.–

**Nakayamas Karate perfekt 6**
Kata 2: Bassai-Dai, Kanku-Dai, (0600) Von M. Nakayama, 144 S., 1300 s/w-Fotos, 107 Zeichnungen, kart.
**DM 19,80**/S 159.–

**Nakayamas Karate perfekt 7**
Kata 3: Jitte, Hangetsu, Empi. (0618) Von M. Nakayama, 144 S., 1988 s/w-Fotos, 105 Zeichnungen, kart.
**DM 19,80**/S 159.–

**Nakayamas Karate perfekt 8**
Gankaku, Jion. (0650) Von M. Nakayama, 144 S., 1174 s/w-Fotos, 99 Zeichungen, kart. **DM 19,80**/S 159.–

**Kontakt-Karate**
Ausrüstung · Technik · Training. (0396) Von A. Pflüger, 112 S., 238 s/w-Fotos, kart. **DM 14,80**/S 119.–

**Karate-Do**
Das Handbuch des modernen Karate. (4028) Von A. Pflüger, 360 S., 1159 Abb., Pappband. **DM 39,–**/S 319.–

**Bo-Karate**
Kukishin-Ryu – die Techniken des Stockkampfes. ((0447) Von G. Stiebler, 176 S., 424 s/w-Fotos, 38 Zeichnungen, kart.
**DM 16,80**/S 139.–

**Karate I**
Einführung · Grundtechniken. (0227) Von A. Pflüger, 148 S., 195 s/w-Fotos, 120 Zeichnungen, kart.
**DM 9,80**/S 79.–

**Karate II**
Kombinationstechniken · Katas. (0239) Von A. Pflüger, 176 S., 452 s/w-Fotos und Zeichnungen, kart.
**DM 9,80**/S 79.–

**Karate Kata 1**
Heian 1-5, Tekki 1, Bassai Dai. (0683) Von W.-D. Wichmann, 164 S., 703 s/w-Fotos, kart. **DM 19,80**/S 159,–

**Karate Kata 2**
Jion, Empi, Kanku-Dai, Hangetsu. (0723) Von W.-D. Wichmann, 140 S., 661 s/w Fotos, 4 Zeichnungen, kart.
**DM 19,80**/S 159,–

**Ninja 1**
Die Lehre der Schattenkämpfer. (0758) Von S. K. Hayes, 144 S., 137 s/w-Fotos, kart. **DM 16,80**/S 139,–

**Ninja 2**
Die Wege zum Shoshin (0763) Von S. K. Hayes, 160 S., 309 s/w-Fotos, kart.
**DM 16,80**/S 139,–

**Ninja 3**
Der Pfad des Togakure-Kämpfers. (0764) Von S. K. Hayes, 144 S., 197 s/w-Fotos, 2 Zeichnungen, kart.
**DM 16,80**/S 139,–

**Ninja 4**
Das Vermächtnis der Schattenkämpfer. (0807) Von S. K. Hayes, 196 S., 466 s/w-Fotos, kart. **DM 16,80**/S 139,–

Der König des Kung-Fu
**Bruce Lee**
Sein Leben und Kampf. (0392) Von seiner Frau Linda. 136 S., 104 s/w-Fotos, kart. **DM 19,80**/S 159.–

**Bruce Lees Kampfstil 1**
Grundtechniken. (0473) Von B. Lee und M. Uyehara, 109 S., 220 Abb., kart.
**DM 9,80**/S 79.–

**Bruce Lees Kampfstil 2**
Selbstverteidigungs-Techniken. (0486) Von B. Lee und M. Uyehara, 128 S., 310 Abb., kart. **DM 9,80**/S 79.–

**Bruce Lees Kampfstil 3**
Trainingslehre. (0503) Von B. Lee und M. Uyehara, 112 S., 246 Abb., kart.
**DM 9,80**/S 79.–

**Bruce Lees Kampfstil 4**
Kampftechniken. (0523) Von B. Lee und M. Uyehara, 104 S., 211 Abb., kart.
**DM 9,80**/S 79.–

**Bruce Lees Jeet Kune Do**
(0440) Von B. Lee, 192 S., mit 105 eigenhändigen Zeichnungen von B. Lee, kart.
**DM 19,80**/S 159.–

**Ju-Jutsu 1**
Grundtechniken – Moderne Selbstverteidigung. (0276) Von W. Heim und F. J. Gresch, 160 S., 460 s/w-Fotos, 8 Zeichnungen, kart. **DM 9,80**/S 79.–

**Ju-Jutsu 2**
für Fortgeschrittene und Meister. (0378) Von W. Heim und F. J. Gresch, 164 S., 798 s/w-Fotos, kart. **DM 19,80**/S 159.–

**Ju-Jutsu 3**
Spezial-, Gegen- und Weiterführungs-Techniken. (0485) Von W. Heim und F. J. Gresch, 214 S., über 600 s/w-Fotos, kart. **DM 19,80**/S 159.–

**Ju-Jutsu als Wettkampf**
(0826) Von G. Kulot, 168 S., 418 s/w-Fotos, 2 Zeichnungen, kart.
**DM 19,80**/S 159.–

**Nunchaku**
Waffe · Sport · Selbstverteidigung. (0373) Von A. Pflüger, 144 S., 247 Abb., kart. **DM 16,80**/S 139.–

**Shuriken · Tonfa · Sai**
Stockfechten und andere bewaffnete Kampfsportarten aus Fernost. (0397) Von A. Schulz, 96 S., 253 s/w-Fotos, kart. **DM 12,80**/S 99.–

FALKEN VERLAG



Die Preise entsprechen dem Status beim Druck dieses

**Illustriertes Handbuch des Taekwondo**
Koreanische Kampfkunst und Selbstverteidigung. (4053) Von K. Gil, 248 S., 1026 Abb., Pappband. **DM 29,80**/S 239.–

**Taekwon-Do**
Koreanischer Kampfsport. (0347) Von K. Gil, 152 S., 408 Abb., kart.
**DM 12,80**/S 99.–

**Aikido**
Lehren und Techniken des harmonischen Weges. (0537) Von R. Brand, 280 S., 697 Abb., kart. **DM 19,80**/S 159.–

**Kung-Fu und Tai-Chi**
Grundlagen und Bewegungsabläufe. (0367) Von B. Tegner, 182 S., 370 s/w-Fotos, kart. **DM 14,80**/S 119.–

**Kung-Fu**
Theorie und Praxis klassischer und moderner Stile. (0376) Von M. Pabst, 160 S., 330 Abb., kart.
**DM 12,80**/S 99.–

**Shaolin-Kempo – Kung-Fu**
Chinesisches Karate im Drachenstil. (0395) Von R. Czerni und K. Konrad. 246 S., 723 Abb., kart.
**DM 19,80**/S 159.–

**Hap Ki Do**
Grundlagen und Techniken koreanischer Selbstverteidigung. (0379) Von Kim Sou Bong, 112 S., 153 Abb., kart.
**DM 14,80**/S 119.–

**Dynamische Tritte**
Grundlagen für den Zweikampf. (0438) Von C. Lee, 96 S., 398 s/w-Fotos, 10 Zeichnungen, kart. **DM 9,80**/S 79.–

**Kickboxen**
Fitneßtraining und Wettkampfsport. (0795) Von G. Lemmens, 96 S., 208 s/w-Fotos, 23 Zeichnungen, kart.
**DM 16,80**/S 139.–

**Muskeltraining mit Hanteln**
Leistungssteigerung für Sport und Fitness. (0676) Von H. Schulz, 108 S., 92 s/w-Fotos, 2 Zeichnungen, kart.
**DM 9,80**/ S 79.–

**Leistungsfähiger durch Krafttraining**
Eine Anleitung für Fitness-Sportler, Trainer und Athleten (0617) Von W. Kieser, 100 S., 20 s/w-Fotos, 62 Zeichnungen, kart. **DM 9,80**/S 79.–

**Bodybuilding**
Anleitung zum Muskel- und Konditionstraining für sie und ihn. (0604) Von R. Smolana. 160 S., 171 s/w-Fotos, kart.
**DM 9,80**/S 79.–

**Hanteltraining zu Hause**
(0800) Von W. Kieser, 80 S., 71 s/w-Fotos, 4 Zeichnungen, kart.
**DM 9,80**/S 79,–

**Fit und gesund**
Körpertraining und Bodybuilding zu Hause. (0782) Von H. Schulz, 80 S., 100 Farbfotos, 3 Zeichnungen, kart.
**DM 14,80**/S 119,–

Video-Kassette:
**Fit und gesund**
VHS (6013), Video 2000 (6014), Beta (6015), Laufzeit 30 Minuten, in Farbe.
**DM 49,80**/ S 448,–
(unverbindliche Preisempfehlung)

**Bodybuilding für Frauen**
Wege zu Ihrer Idealfigur (0661) Von H. Schulz, 108 S., 84 s/w-Fotos, 4 Zeichnungen, kart. **DM 14,80**/S 119.–

**Isometrisches Training**
Übungen für Muskelkraft und Entspannung. (0529) Von L. M. Kirsch, 140 S., 162 s/w-Fotos, kart. **DM 9,80**/S 79.–

**Spaß am Laufen**
Jogging für die Gesundheit. (0470) Von W. Sonntag, 140 S., 41 s/w-Fotos, 1 Zeichnung, kart. **DM 9,80**/S 79.–

**Mein bester Freund, der Fußball**
(5107) Von D. Brüggemann und D. Albrecht, 144 S., 171 Abb., kart.
**DM 16,80**/S 139.–

**Fußball**
Training und Wettkampf. (0448) Von H. Obermann und P. Walz, 166 S., 92 s/w-Fotos, 15 Zeichnungen, 29 Diagramme, kart. **DM 12,80**/S 99.–

**Handball**
Technik · Taktik · Regeln. (0426) Von F. und P. Hattig, 128 S., 91 s/w-Fotos, 121 Zeichnungen, kart. **DM 14,80**/S 119.–

**Volleyball**
Technik · Taktik · Regeln. (0351) Von H. Huhle, 104 S., 330 Abb., kart.
**DM 9,80**/S 79.–

**Basketball**
Technik und Übungen für Schule und Verein. (0279) Von C. Kyriasoglou, 116 S., mit 252 Übungen zur Basketballtechnik, 186 s/w-Fotos und 164 Zeichnungen, kart. **DM 12,80**/S 99.–

**Hockey**
Technische und taktische Grundlagen. (0398) Von H. Wein, 152 S., 60 s/w-Fotos, 30 Zeichnungen, kart.
**DM 16,80**/S 139.–

**Eishockey**
Lauf- und Stocktechnik, Körperspiel, Taktik, Ausrüstung und Regeln. (0414) Von J. Čapla, 264 S., 548 s/w-Fotos, 163 Zeichnungen, kart. **DM 19,80**/S 159.–

**Badminton**
Technik · Taktik · Training. (0699) Von K. Fuchs, L. Sologub, 168 S., 51 Abb., kart., **DM 16,80**/S 139.–

**Golf**
Ausrüstung · Technik · Regeln. (0343) Von J. C. Jessop, übersetzt von H. Biemer, mit einem Vorwort von H. Krings, Präsident des Deutschen Golf-Verbandes, 160 S., 65 Abb., Anhang Golfregeln des DGV, kart. **DM 16,80**/S 139.–

**Pool-Billard**
(0484) Herausgegeben vom Deutschen Pool-Billard-Bund, von M. Bach und K.-W. Kühn, 88 S., mit über 80 Abb., kart. **DM 7,80**/S 69.–

**Sportschießen**
für jedermann. (0502) Von A. Kovacic, 124 S., 116 s/w-Fotos, kart.
**DM 14,80**/S 119.–

**Fechten**
Florett · Degen · Säbel. (0449) Von E. Beck, 88 S., 219 Fotos und Zeichnungen, kart. **DM 11,80**/S 94.–

**Reiten**
Dressur · Springen · Gelände. (0415) Von U. Richter, 168 S., 235 Abb., kart.
**DM 12,80**/S 99.–

**Fibel für Kegelfreunde**
Sport- und Freizeitkegeln · Bowling. (0191) Von G. Bocsai, 72 S., 62 Abb., kart. **DM 5,80**/S 49.–

**Beliebte und neue Kegelspiele**
(0271) Von G. Bocsai, 92 S., 62 Abb., kart. **DM 5,80**/S 49.–

**111 spannende Kegelspiele**
(2031) Von H. Regulski, 88 S., 53 Zeichnungen, kart., **DM 7,80**/S 69.–

**Ski-Gymnastik**
Fit für Piste und Loipe. (0450) Von H. Pilss-Samek, 104 S., 67 s/w-Fotos, 20 Zeichnungen, kart. **DM 6,80**/S 59.–

**Die neue Skischule**
Ausrüstung · Technik · Trickskilauf · Gymnastik. (0369) Von C. und R. Kerler, 128 S., 100 Abb., kart. **DM 9,80**/S 79.–

**Skilanglauf, Skiwandern**
Ausrüstung · Techniken · Skigymnastik. (5129) Von T. Reiter und R. Kerler, 80 S., 8 Farbtafeln, 85 Zeichnungen und s/w-Fotos, kart. **DM 14,80**/S 119,–

**Alpiner Skisport**
Ausrüstung · Techniken · Skigymnastik (5130) Von K. Meßmann, 128 S., 8 Farbtafeln, 93 s/w-Fotos, 45 Zeichnungen, kart. **DM 14,80**/S 119.–

**Die neue Tennis-Praxis**
Der individuelle Weg zu erfolgreichem Spiel. (4097) Von R. Schönborn, 240 S., 202 Farbzeichnungen, 31 s/w-Abb., Pappband. **DM 39,–**/S 319.–

**Erfolgreiche Tennis-Taktik**
(4086) Von R. Ford Greene, übersetzt von M. R. Fischer, 182 S., 87 Abb., kart.
**DM 19,80**/S 159.–

**Moderne Tennistechnik**
(4187) Von G. Lam, 192 S., 339 s/w-Fotos, 91 Zeichnungen, kart.
**DM 24,80**/S 198,–

**Tennis kompakt**
Der erfolgreiche Weg zu Spiel, Satz und Sieg. (5116) Von W. Taferner, 128 S., 82 s/w-Fotos, 67 Zeichnungen, kart.
**DM 14,80**/S 119.–

**Tennis**
Technik · Taktik · Regeln. (0375) Von H. Elschenbroich, 112 S., 81 Abb., kart.
**DM 6,80**/S 59.–

**Tischtennis-Technik**
Der individuelle Weg zu erfolgreichem Spiel. (0775) Von M. Perger, 144 S., 296 Abb. kart. **DM 16,80**/S 139,–

**Squash**
Ausrüstung · Technik · Regeln. (0539) Von D. von Horn und H.-D. Stünitz, 96 S., 55 s/w-Fotos, 25 Zeichnungen, kart.
**DM 8,80**/S 74.–

**Sporttauchen**
Theorie und Praxis des Gerätetauchens. (0647) Von S. Müßig, 144 S., 8 Farbtafeln, 35 s/w-Fotos, 89 Zeichnungen, kart., **DM 14,80**/S 119.–

**Windsurfing**
Lehrbuch für Grundschein und Praxis. (5028) Von C. Schmidt, 64 S., 60 Farbfotos, Pappband. **DM 12,80**/S 99.–

**Segeln**
Der neue Grundschein – Vorstufe zum A-Schein – Mit Prüfungsfragen. (5147) Von C. Schmidt, 80 S., 8 Farbtafeln, 18 Farbfotos, 82 Zeichnungen, kart., **DM 14,80**/S 119,–

**Sportfischen**
Fische – Geräte – Technik. (0324) Von H. Oppel, 144 S., 49 s/w-Fotos, 8 Farbtafeln, kart. **DM 9,80**/S 79.–

Falken-Handbuch
**Angeln**
in Binnengewässern und im Meer. (4090) Von H. Oppel, 344 S., 24 Farbtafeln, 66 s/w-Fotos, 151 Zeichnungen, gebunden. **DM 39,–**/S 319.–

**Angeln**
Kleine Fibel für den Sportfischer. (0198) Von E. Bondick, 96 S., 116 Abb., kart.
**DM 8,80**/S 74.–

Die Erben Lilienthals
**Sportfliegen heute**
(4054) Von G. Brinkmann, 240 S., 32 Farbtafeln, 176 s/w-Fotos, 33 Zeichnungen, gebunden. **DM 39,–**/S 319.–

**Einführung in das Schachspiel**
(0104) Von W. Wollenschläger und K. Colditz, 92 S., 116 Diagramme, kart. **DM 6,80**/S 59.–

**Schach mit dem Computer**
(0747) Von D. Frickenschmidt, 140 S., 112 Diagramme, 29 s/w-Fotos, 5 Zeichnungen, kart. **DM 16,80**/S 139,–

**Spielend Schach lernen**
(2002) Von T. Schuster, 128 S., kart. **DM 6,80**/S 59.–

**Kinder- und Jugendschach**
Offizielles Lehrbuch des Deutschen Schachbundes zur Erringung der Bauern-, Turm- und Königsdiplome. (0561) Von B. J. Withuis und H. Pfleger, 144 S., 220 Zeichnungen u. Diagramme, kart. **DM 12,80**/S 99.–

**Neue Schacheröffnungen**
(0478) Von T. Schuster, 108 S., 100 Diagramme, kart. **DM 8,80**/S 74.–

**Schach für Fortgeschrittene**
Taktik und Probleme des Schachspiels. (0219) Von R. Teschner, 96 S., 85 Diagramme, kart. **DM 5,80**/S 49.–

**Taktische Schachendspiele**
(0752) Von J. Nunn, 200 S., 151 Diagramme, kart. **DM 16,80**/S 139,–

**Schach-WM '85 Karpow – Kasparow.**
Mit ausführlichen Kommentaren zu allen Partien. (0785) Von H. Pfleger, O. Borik, M. Kipp-Thomas, 128 S., zahlreiche Abb. und Diagramme, kart. **DM 14,80**/S 119,–

**Schachstrategie**
Ein Intensivkurs mit Übungen und ausführlichen Lösungen. (0584) Von A. Koblenz, dt. Bearb. von K. Colditz, 212 S., 240 Diagramme, kart. **DM 16,80**/S 139.–

Falken-Handbuch **Schach**
(4051) Von T. Schuster, 360 S., über 340 Diagramme, gebunden. **DM 36,–**/S 298.–

**Die besten Partien deutscher Schachgroßmeister**
(4121) Von H. Pfleger, 192 S., 29 s/w-Fotos, 89 Diagramme, Pappband. **DM 29,80**/S 239.–

**Turnier der Schachgroßmeister '83**
Karpow · Hort · Browne · Miles · Chandler · Garcia · Rogers · Kindermann. (0718) Von H. Pfleger, E. Kurz, 176 S., 29 s/w-Fotos, 71 Diagramme, kart. **DM 16,80**/S 139.–

**Lehr-, Übungs- und Testbuch der Schachkombinationen**
(0649) Von K. Colditz, 184 S., 227 Diagramme, kart. **DM 14,80**/S 119.–

**Zug um Zug**
**Schach für jedermann 1**
Offizielles Lehrbuch des Deutschen Schachbundes zur Erringung des Bauerndiploms. (0648) Von H. Pfleger und E. Kurz, 80 S., 24 s/w-Fotos, 8 Zeichnungen, 60 Diagramme, kart. **DM 6,80**/ S 59.–

**Zug um Zug**
**Schach für jedermann 2**
Offizielles Lehrbuch des Deutschen Schachbundes zur Erringung des Turmdiploms. (0659) Von H. Pfleger und E. Kurz, 132 S., 8 s/w-Fotos, 14 Zeichnungen, 78 Diagramme, kart. **DM 9,80**/S 79.–

**Zug um Zug**
**Schach für jedermann 3**
Offizielles Lehrbuch des Deutschen Schachbundes zur Erringung des Königdiploms. (0728) Von H. Pfleger, G. Treppner, 128 S., 4 s/w-Fotos, 84 Diagramme, 10 Zeichnungen, kart. **DM 9,80**/S 79.–

**Schachtraining mit den Großmeistern**
(0670) Von H. Bouwmeester, 128 S., 90 Diagramme, kart. **DM 14,80**/ S 119.–

**Schach als Kampf**
Meine Spiele und mein Weg. (0729) Von G. Kasparow, 144 S., 95 Diagramme, 9 s/w-Fotos, kart. **DM 14,80**/S 119,–

## Spiele, Denksport, Unterhaltung

**Kartenspiele**
(2001) Von C. D. Grupp, 144 S., kart. **DM 9,80**/S 79.–

**Neues Buch der siebzehn und vier Kartenspiele**
(0095) Von K. Lichtwitz, 96 S., kart. **DM 6,80**/S 59.–

**Alles über Pokern**
Regeln und Tricks. (2024) Von C. D. Grupp, 120 S., 29 Kartenbilder, kart. **DM 8,80**/S 74.–

**Rommé und Canasta**
in allen Variationen. (2025) Von C. D. Grupp, 124 S., 24 Zeichnungen, kart., **DM 9,80**/S 79.–

**Schafkopf, Doppelkopf, Binokel, Cego, Gaigel, Jaß, Tarock und andere „Lokalspiele".**
(2015) Von C. D. Grupp, 152 S., kart. **DM 12,80**/S 99.–

**Spielend Skat lernen**
unter freundlicher Mitarbeit des deutschen Skatverbandes. (2005) Von Th. Krüger, 156 S., 181 s/w-Fotos, 22 Zeichnungen, kart. **DM 9,80**/S 79,–

**Das Skatspiel**
Eine Fibel für Anfänger. (0206) Von K. Lehnhoff, überarb. von P. A. Höfges, 96 S., kart. **DM 6,80**/S 59.–

**Black Jack**
Regeln und Strategien des Kasinospiels. (2032) Von K. Kelbratowski, 88 S., kart. **DM 9,80**/S 79,–

Falken-Handbuch **Patiencen**
Die 111 interessantesten Auslagen. (4151) Von U. v. Lyncker, 216 S., 108 Abbildungen, Pappband. **DM 29,80**/S 239.–

**Patiencen**
in Wort und Bild. (2003) Von I. Wolter, 136 S., kart. **DM 7,80**/S 69.–

Falken-Handbuch **Bridge**
Von den Grundregeln zum Turnierspiel. (4092) Von W. Voigt und K. Ritz, 276 S., 792 Zeichnungen, gebunden. **DM 39,-**/S 319.–

**Spielend Bridge lernen**
(2012) Von J. Weiss, 108 S., 58 Zeichnungen, kart. **DM 7,80**/S 69.–

**Spieltechnik im Bridge**
(2004) Von V. Mollo und N. Gardener, deutsche Adaption von D. Schröder, 216 S., kart. **DM 16,80**/S 139.–

**Besser Bridge spielen**
Reiztechnik, Spielverlauf und Gegenspiel. (2026) Von J. Weiss, 144 S., 60 Diagramme, kart. **DM 14,80**/S 119.–

**Herausforderung im Bridge**
200 Aufgaben mit Lösungen. (2033) Von V. Mollo, 152 S., kart. **DM 19,80**/S 159.–

**Kartentricks**
(2010) Von T. A. Rosee, 80 S., 13 Zeichnungen, kart. **DM 6,80**/S 59.–

**Mah-Jongg**
Das chinesische Glücks-, Kombinations- und Gesellschaftsspiel. (2030) Von U. Eschenbach, 80 S., 30 s/w-Fotos, 5 Zeichnungen, kart. **DM 9,80**/S 79.–

**Neue Kartentricks**
(2027) Von K. Pankow, 104 S., 20 Abb., kart. **DM 7,80**/S 69,–

**Backgammon**
für Anfänger und Könner. (2008) Von G. W. Fink und G. Fuchs, 116 S., 41 Abb., kart. **DM 9,80**/S 79.–

**Würfelspiele**
für jung und alt. (2007) Von F. Pruss, 112 S., 21 s/w-Zeichnungen, kart. **DM 7,80**/S 69.–

**Gesellschaftsspiele**
für drinnen und draußen. (2006) Von H. Görz, 128 S., kart. **DM 6,80**/S 59.–

**Spiele für Party und Familie**
(2014) Von Rudi Carrell, 160 S., 50 Abb., kart. **DM 9,80**/S 79.–

**Dame**
Das Brettspiel in allen Variationen. (2028) Von C. D. Grupp, 104 S., 122 Diagramme, kart. **DM 9,80**/S 79.–

**Das japanische Brettspiel Go**
(2020) Von W. Dörholt, 104 S., 182 Diagramme, kart. **DM 9,80**/S 79.–

**Roulette richtig gespielt**
Systemspiele, die Vermögen brachten. (0121) Von M. Jung, 96 S., zahlreiche Tabellen, kart. **DM 7,80**/S 69.–

**Spielend Roulette lernen**
(2034) Von E. P. Caspar, 152 S., 1 s/w-Foto, 45 Zeichnungen, kart. **DM 14,80**/S 119,–

**Denksport und Schnickschnack**
für Tüftler und fixe Köpfe. (0362) Von J. Barto, 100 S., 45 Abb., kart. **DM 6,80**/S 59.–

**Rätselspiele, Quiz- und Scherzfragen**
für gesellige Stunden. (0577) Von K.-H. Schneider, 168 S., über 100 Zeichnungen, Pappband. **DM 16,80**/S 139.–

**Knobeleien und Denksport**
(2019) Von K. Rechberger, 142 S., 105 Zeichnungen, kart. **DM 7,80**/S 69.–

**Rubik's Magische Ringe**
Die 5-Sekunden-Lösung. Das Geheimnis des Systems. Die schönsten Figuren. (0878 Von Dr. Ch. Bandelow, 96 S., 198 Zeichnungen, 8 Cartoons, kart. **DM 6,80**/S 59,–

**Quiz**
Mehr als 1500 ernste und heitere Fragen aus allen Gebieten. (0129) Von R. Sautter und W. Pröve, 92 S., 9 Zeichnungen, kart. **DM 7,80**/S 69,–

**500 Rätsel selberraten**
(0681) Von E. Krüger, 272 S., kart. **DM 9,95**/S 79.–

**Das Super-Kreuzwort-Rätsel-Lexikon**
Über 150.000 Begriffe. (4126) Von H. Schiefelbein, 684 S., Pappband. **DM 19,80**/S 159.–

**365 Schwedenrätsel**
(4173) Von Günther Borutta, 336 S., kart. **DM 16,80**/S 139,–

**501 Rätsel selberraten**
(0711) Von E. Krüger, 272 S., kart. **DM 9,95**/S 79,–

FALKEN VERLAG


Die Preise entsprechen dem Status beim Druck dieses

**Riesen-Kreuzwort-Rätsel-Lexikon**
über 250.000 Begriffe. (4197) Von H. Schiefelbein, 1024 S., Pappband.
**DM 29,80**/ S 239,–

**Das große farbige Kinderlexikon**
(4195) Von U. Kopp, 320 S., 493 Farbabb., 17 s/w-Fotos, Pappband.
**DM 29,80**/S 239,–

Das große farbige
**Bastelbuch für Kinder**
(4254) Von U. Barff, I. Burkhardt, J. Maier, 224 S., 157 Farbfotos, 430 Farb- und 69 s/w-Zeichnungen, Pappband. **DM 29,80**/ S 239,–

**Punkt, Punkt, Komma, Strich**
Zeichenstunden für Kinder. (0564) Von H. Witzig, 144 S., über 250 Zeichnungen, kart. **DM 6,80**/S 59,–

**Einmal grad und einmal krumm**
Zeichenstunden für Kinder. (0599) Von H. Witzig, 144 S., 363 Abb., kart.
**DM 6,80**/S 59,–

**Kinderspiele**
die Spaß machen. (2009) Von H. Müller-Stein, 112 S., 28 Abb., kart.
**DM 6,80**/S 59,–

**Spiele für Kleinkinder**
(2011) Von D. Kellermann, 80 S., 23 Abb., kart. **DM 5,80**/S 49,–

**Kasperletheater**
Spieltexte und Spielanleitungen · Basteltips für Theater und Puppen. (0641) Von U. Lietz, 136 S., 4 Farbtafeln, 12 s/w-Fotos, 39 Zeichnungen, kart.
**DM 9,80**/S 79,–

**Tri-tra-trullalla**
Neue Texte mit Spielanleitungen fürs Kasperletheater.
(0681) Von U. Lietz, 96 S., 18 s/w-Zeichnungen, kart. **DM 8,80**/S 74,–

**Kindergeburtstag**
Vorbereitung, Spiel und Spaß. (0287) Von Dr. I. Obrig, 104 S., 40 Abb., 11 Zeichnungen, 9 Lieder mit Noten, kart.
**DM 5,80**/S 49,–

**Kindergeburtstage die keiner vergißt**
Planung, Gestaltung, Spielvorschläge. (0698) Von G. und G. Zimmermann, 102 S., 80 Vignetten, kart. **DM 9,80**/ S 79,–

**Kinderfeste**
daheim und in Gruppen. (4033) Von G. Blechner, 240 S., 320 Abb., kart.
**DM 19,80**/S 159,–

**Scherzfragen, Drudel und Blödeleien**
gesammelt von Kindern. (0506) Hrsg. von W. Pröve, 112 S., 57 Zeichnungen, kart. **DM 5,80**/S 49,–

Kein schöner Land...
**Das große Buch unserer beliebtesten Volkslieder.** (4150) 208 S., 108 Farbzeichnungen, Pappband. **19,80**/S 159,–

**Komm mit ins Land der Lieder**
Das große Buch der Kinder-, Volks- und Chorlieder. (4261) Hrsg. von H. Rauhe, 176 S., 146 Farbzeichnungen, Pappband.
**DM 25,–**/S 200,–

**Die schönsten Wander- und Fahrtenlieder**
(0462) Hrsg. von F. R. Miller, empfohlen vom Deutschen Sängerbund, 80 S., mit Noten und Zeichnungen, kart.
**DM 5,80**/S 49,–

**Die schönsten Volkslieder**
(0432) Hrsg. von D. Walther, 128 S., mit Noten und Zeichnungen, kart.
**DM 6,80**/ S 59,–

**Neue Spiele für Ihre Party**
(2022) Von G. Blechner, 120 S., 54 Zeichnungen, kart. **DM 9,80**/S 79,–

**Lustige Tanzspiele und Scherztänze**
für Parties und Feste. (0165) Von E. Bäulke, 80 S., 53 Abb., kart.
**DM 6,80**/S 59,–

**Straßenfeste, Flohmärkte und Basare**
Praktische Tips für Organisation und Durchführung. (0592) Von H. Schuster, 96 S., 52 Fotos, 17 Zeichnungen, kart.
**DM 12,80**/S 99,–

# Humor

**Heitere Vorträge und witzige Reden**
Lachen, Witz und gute Laune. (0149) Von E. Müller, 104 S., 44 Abb., kart.
**DM 9,80**/S 79,–

**Tolle Sketche**
mit zündenden Pointen – zum Nachspielen. (0656) Von E. Cohrs, 112 S., kart. **DM 9,80**/S 79,–

**Vergnügliche Sketche**
(0476) Von H. Pillau, 96 S., mit 7 Zeichnungen, kart. **DM 6,80**/S 59,–

**Heitere Vorträge**
(0528) Von E. Müller, 128 S., 14 Zeichnungen, kart. **DM 9,80**/S 79,–

**Die große Lachparade**
Neue Texte für heitere Vorträge und Ansagen. (0188) Von E. Müller, 80 S., kart. **DM 7,80**/S 69,–

**So feiert man Feste fröhlicher**
Heitere Vorträge und Gedichte. (0098) Von Dr. Allos, 96 S., 15 Abb., kart. **DM 7,80**/S 69,–

**Lustige Vorträge für fröhliche Feiern**
(0284) Von K. Lehnhoff, 96 S., kart.
**DM 6,80**/S 59,–

**Vergnügliches Vortragsbuch**
(0091) Von J. Plaut, 192 S., kart.
**DM 8,80**/S 74,–

**Tolle Sachen zum Schmunzeln und Lachen**
Lustige Ansagen und Vorträge. (0163) Von E. Müller, 92 S., kart.
**DM 6,80**/S 59,–

**Locker vom Hocker**
Witzige Sketche zum Nachspielen. (4262) Von W. Giller, 144 S., 41 Zeichnungen, Pappband. **DM 19,80**/S 159,–

**Fidele Sketche und heitere Vorträge**
Humor zum Nachspielen. (0157) Von H. Ehnle. 96 S., kart. **DM 6,80**/S 59,–

**Sketche und spielbare Witze**
für bunte Abende und andere Feste. (0445) Von H. Friedrich, 120 S., 7 Zeichnungen, kart. **DM 6,80**/S 59,–

**Sketsche**
Kurzspiele zu amüsanter Unterhaltung. (0247) Von M. Gering, 132 S., 16 Abb., kart., **DM 6,80**/59,–

**Dalli-Dalli-Sketche**
aus dem heiteren Ratespiel von und mit Hans Rosenthal. (0527) Von H. Pillau, 144 S., 18 Zeichnungen, kart.
**DM 9,80**/S 79,–

**Witzige Sketche zum Nachspielen**
(0511) Von D. Hallervorden, 160 S., kart.
**DM 14,80**/S 119,–

**Gereimte Vorträge**
für Bühne und Bütt. (0567) Von G. Wagner, 96 S., kart. **DM 7,80**/S 69,–

**Damen in der Bütt**
Scherze, Büttenreden, Sketsche. (0354) Von T. Müller, 136 S., kart.
**DM 9,80**/S 79,–

**Narren in der Bütt**
Leckerbissen aus dem rheinischen Karneval. (0216) Zusammengestellt von T. Lücker, 112 S., kart.
**DM 8,80**/S 74,–

**Rings um den Karneval**
Karnevalsscherze und Büttenreden. (0130) Von Dr. Allos, 136 S., kart.
**DM 9,80**/S 79,–

**Helau und Alaaf 1**
Närrisches aus der Bütt. (0304) Von E. Müller, 112 S., kart.
**DM 6,80**/S 59,–

**Helau und Alaaf 2**
Neue Büttenreden. (0477) Von E. Luft, 104 S., kart.
**DM 7,80**/S 69,–

**Helau und Alaaf 3**
Neue Reden für die Bütt. (0832) Von H. Fauser, 144 S., 13 Zeichnungen, kart.
**DM 9,80**/S 79,–

**Humor und Stimmung**
Ein heiteres Vortragsbuch. (0460) Von G. Wagner, 112 S., kart. **DM 6,80**/S 59,–

**Humor und gute Laune**
Ein heiteres Vortragsbuch. (0635) Von G. Wagner, 112 S., 5 Zeichnungen, kart. **DM 8,80**/S 74,–

**Das große Buch der Witze**
(0384) Von E. Holz, 320 S., 36 Zeichnungen, Pappband. **DM 16,80**/S 139,–

**Da lacht das Publikum**
Neue lustige Vorträge für viele Gelegenheiten. (0716) Von H. Schmalenbach, 104 S., kart. **DM 9,80**/S 79,–

**Witzig, witzig**
(0507) Von E. Müller, 128 S., 16 Zeichnungen, kart. **DM 6,80**/S 59,–

**Die besten Witze und Cartoons des Jahres 1**
(0454) Hrsg. von K. Hartmann, 288 S., 125 Zeichnungen, geb. **DM 16,80**/S 139,–

**Die besten Witze und Cartoons des Jahres 2**
(0488) Hrsg. von K. Hartmann, 288 S., 148 Zeichnungen, geb. **DM 16,80**/S 139,–

**Die besten Witze und Cartoons des Jahres 3**
(0524) Hrsg. von K. Hartmann, 288 S., 105 Zeichnungen, Pappband.
**DM 16,80**/S 139,–

**Die besten Witze und Cartoons des Jahres 4**
(0579) Hrsg. von K. Hartmann, 288 S., 140 Zeichnungen, Pappband.
**DM 16,80**/S 139,–

**Die besten Witze und Cartoons des Jahres 5**
(0642) Hrsg. von K. Hartmann, 288 S., 88 Zeichnungen, Pappband.
**DM 16,80**/S 139,–

**Das Superbuch der Witze**
(4146) Von B. Bornheim, 504 S., 54 Cartoons, Pappband.
**DM 16,80**/S 139,–

**Witze**
Lachen am laufenden Band (4241) Von J. Burkert, D. Kroppach, 400 S., 41 Zeichnungen, Pappband.
**DM 15,–**/S 120,–

**Die besten Beamtenwitze**
(0574) Hrsg. von W. Pröve, 112 S., 59 Cartoons, kart. **DM 5,80**/S 49,–

**Die besten Kalauer**
(0705) Von K. Frank, 112 S., 12 Zeichnungen, kart., **DM 5,80**/S 49.–
**Robert Lembkes Witzauslese**
(0325) Von Robert Lembke, 160 S., 10 Zeichnungen von E. Köhler, Pappband. **DM 14,80**/S 119.–
**Fred Metzlers Witze mit Pfiff**
(0368) Von F. Metzler, 120 S., kart. **DM 6,80**/ S 59.–
**O frivol ist mir am Abend**
Pikante Witze von Fred Metzler. (0388) Von F. Metzler, 128 S., mit Karikaturen, kart. **DM 5,80**/S 49.–
**Herrenwitze**
(0589) Von G. Wilhelm, 112 S., 31 Zeichnungen, kart. **DM 5,80**/S 49.–
**Witze am laufenden Band**
(0461) Von F. Asmussen, 118 S., kart. **DM 6,80**/S 59.–
Horror zum Totlachen
**Gruselwitze**
(0536) Von F. Lautenschläger, 96 S., 44 Zeichnungen, kart. **DM 5,80**/S 49.–
**Die besten Ostfriesenwitze**
(0495) Hrsg. von O. Freese, 112 S., 17 Zeichnungen, kart. **DM 5,80**/S 49.–
**Die Kleidermotte ernährt sich von nichts, sie frißt nur Löcher**
Stilblüten, Sprüche und Widersprüche aus Schule, Zeitung, Rundfunk und Fernsehen. (0738) Von P. Haas, D. Kroppach, 112 S., zahlr. Abb., kart. **DM 6,80**/S 59,–
**Olympische Witze**
Sportlerwitze in Wort und Bild. (0505) Von W. Willnat, 112 S., 126 Zeichnungen, kart. **DM 5,80**/S 49.–
**Ich lach mich kaputt! Die besten Kinderwitze**
(0545) Von E. Hannemann, 128 S., 15 Zeichnungen, kart. **DM 5,80**/S 49.–
**Lach mit!**
Witze für Kinder, gesammelt von Kindern. (0468) Hrsg. von W. Pröve, 128 S., 17 Zeichnungen, kart. **DM 6,80**/S 59,–
**Die besten Kinderwitze**
(0757) Von K. Rank, 120 S., 28 Zeichnungen, kart. **DM 6,80**/S 59,–
**Lustige Sketche für Jungen und Mädchen**
Kurze Theaterstücke für Jungen und Mädchen. (0669) Von U. Lietz und U. Lange, 104 S., kart. **DM 7,80**/S 69,–
**Spielbare Witze für Kinder**
(0824) Von H. Schmalenbach, 128 S., 30 Zeichnungen, kart. **DM 9,80**/S 79.–

# Natur

**Faszination Berg**
zwischen Alpen und Himalaya. (4214) Von T. Hiebeler, 96 S., 100 Farbfotos, Pappband. **DM 24,80**/S 198.–
**Hilfe für den Wald**
Ursachen, Schadbilder, Hilfsprogramme. Was jeder wissen muß, um unser wichtigstes Öko-System zu retten. (4164) Von K. F. Wentzel, R. Zundel, 128 S., 178 Farb- und 6 s/w-Fotos, 60 Zeichnungen, kart. **DM 19,80**/S 159,–
**Pilze**
erkennen und benennen. (0380) Von J. Raithelhuber, 136 S., 110 Farbfotos, kart. **DM 14,80**/S 119.–

Falken-Handbuch **Pilze**
Mit über 250 Farbfotos und Rezepten. (4061) Von M. Knoop, 276 S., 250 Farbfotos, Pappband. **DM 39,–**/S 319.–
**Das Gartenjahr**
Arbeitsplan für den Hobbygärtner. (4075) Von G. Bambach, 152 S., 16 Farbtafeln, 141 Abb., kart. **DM 16,80**/S 139.–
**Gartenteiche und Wasserspiele**
planen, anlegen und pflegen. (4083) Von H. R. Sikora, 160 S., 31 Farb- und 31 s/w-Fotos, 73 Zeichnungen, Pappband. **DM 29,80**/S 239.–
**Wasser im Garten**
Von der Vogeltränke zum Naturteich – Natürliche Lebensräume selbst gestalten. (4230) Von H. Hendel, 240 S., 247 Farbfotos, 68 Farbzeichnungen, Pappband. **DM 59,–**/S 479,–
**Gärtnern**
(5004) Von I. Manz, 64 S., 38 Farbfotos, Pappband. **DM 14,80**/S 119.–
**Gärtner Gustavs Gartenkalender**
Arbeitspläne · Pflanzenporträts · Gartenlexikon. (4155) Von G. Schoser, 120 S., 146 Farbfotos, 13 Tabellen, 203 farbige Zeichnungen, Pappband. **DM 24,80**/S 198.–
**Ziersträucher und -bäume im Garten**
(5071) Von I. Manz, 64 S., 91 Farbfotos, Pappband. **DM 14,80**/S 119.–
**Das Blumenjahr**
Arbeitsplan für drinnen und draußen. (4142) Von G. Vocke, 136 S., 15 Farbtafeln, kart. **DM 14,80**/S 119.–
**Der richtige Schnitt von Obst- und Ziergehölzen, Rosen und Hecken**
(0619) Von E. Zettl, 88 S., 8 Farbtafeln, 39 Zeichnungen, 21 s/w-Fotos, kart. **DM 7,80**/S 69.–
**Blumenpracht im Garten**
(5014) Von I. Manz, 64 S., 93 Farbfotos, Pappband. **DM 14,80**/S 119.–
**Blütenpracht in Haus und Garten**
(4145) Von M. Haberer, u. a., 352 S., 1012 Farbfotos, Pappband. **DM 39,–**/S 319,–
**Sag's mit Blumen**
Pflege und Arrangieren von Schnittblumen. (5103) Von P. Möhring, 64 S., 68 Farbfotos, 2 s/w-Abb., Pappband. **DM 14,80**/S 119.–
**Grabgestaltung**
Bepflanzung und Pflege zu jeder Jahreszeit. (5120) Von N. Uhl, 64 S., 77 Farbfotos, 2 Zeichnungen, Pappband. **DM 16,80**/S 139.–
**Wintergärten**
Das Erlebnis, mit der Natur zu Wohnen. Planen, Bauen und Gestalten. (4256) Von LOG, ID, 136 S., 130 Farbfotos, 107 Zeichnungen, Pappband. **DM 49,–**/S 398,–
**Leben im Naturgarten**
Der Biogärtner und seine gesunde Umwelt. (4124) Von N. Jorek, 128 S., 68 s/w-Fotos, kart. **DM 14,80**/S 119.–
**So wird mein Garten zum Biogarten**
Alles über die Umstellung auf naturgemäßen Anbau. (0706) Von I. Gabriel, 128 S., 73 Farbfotos, 54 Farbzeichnungen, kart. **DM 14,80**/S 119,–
**Gesunde Pflanzen im Biogarten**
Biologische Maßnahmen bei Schädlingsbefall und Pflanzenkrankheiten. (0707) Von I. Gabriel, 128 S., 126 Farbfotos, 12 Farbzeichnungen, kart. **DM 14,80**/ S 119,–

**Kosmische Einflüsse auf unsere Gartenpflanzen**
Sterne beeinflussen Wachstum und Gesundheit der Pflanzen (0708) Von I. Gabriel, 112 S., 57 Farbfotos, 43 Farbzeichnungen, kart. **DM 14,80**/S 119,–
**Der Biogarten unter Glas und Folie**
Ganzjährig erfolgreich ernten. (0722) Von I. Gabriel, 128 S., 62 Farbfotos, 45 Farbzeichnungen, kart. **DM 14,80**/S 119,–
**Obst und Beeren im Biogarten**
Gesunde und schmackhafte Früchte durch natürlichen Anbau. (0780) Von I. Gabriel, 128 S., 38 Farbfotos, 71 Farbzeichnungen, kart. **DM 14,80**/S 119,–
**Neuanlage eines Biogartens**
Planung, Bodenvorbeitung, Gestaltung. (0721) Von I. Gabriel, 128 S., 73 Farbfotos, 39 Zeichnungen, kart. **DM 14,80**/ S 119,–
**Der biologische Zier- und Wohngarten**
Planen, Vorbereiten, Bepflanzen und Pflegen. (0748) Von I. Gabriel, 128 S., 72 Farbfotos, 46 Farbzeichnungen, kart. **DM 14,80**/S 119.–
**Gemüse im Biogarten**
Gesunde Ernte durch naturgemäßen Anbau (0830) Von I. Gabriel, 128 S., 26 Farbfotos, 86 Farbzeichnungen, kart. **DM 14,80**/S 119,–

**Erfolgreich gärtnern**
durch naturgemäßen Anbau (4252) Von I. Gabriel, 416 S., 176 Farbfotos, 212 Farbzeichnungen, Pappband. **DM 19,80**/S 159,–
**Das Bio-Gartenjahr**
Arbeitsplan für naturgemäßes Gärtnern. (4169) Von N. Jorek, 128 S., 8 Farbtafeln, 70 s/w-Abb. kart. **DM 14,80**/S 119,–
**Selbstversorgung aus dem eigenen Anbau**
Reichen Erntesegen verwerten und haltbar machen. (4182) Von M. Bustorf-Hirsch, M. Hirsch, 216 S., 270 Zeichnungen, Pappband. **DM 29,80**/S 239,–
**Mischkultur im Nutzgarten**
Mit Jahreskalender und Anbauplänen. (0651) Von H. Oppel, 112 S., 8 Farbtafeln, 23 s/w-Fotos, 29 Zeichnungen, kart. **DM 9,80**/S 79,–

FALKEN VERLAG



Die Preise entsprechen dem Status beim Druck dieses

Erfolgreich gärtnern mit
**Frühbeet und Folie**
(0828) Von Dr. Gustav Schoser, 88 S., 8 Farbtafeln, 46 s/w-Fotos, kart.
**DM 8,80**/S 74,–

**Erfolgstips für den Gemüsegarten**
Mit naturgemäßem Anbau zu höherem Ertrag. (0674) Von F. Mühl, 80 S., 30 s/w-Fotos, 4 Zeichnungen, kart.
**DM 7,80**/ S 69.–

**Erfolgstips für den Obstgarten**
Gesunde Früchte durch richtige Sortenwahl und Pflege. (0827) Von F. Mühl, 184 S., 16 Farbtafeln, 33 Zeichnungen, kart. **DM 14,80**/S 119.–

**Gemüse, Kräuter, Obst aus dem Balkongarten**
– Erfolgreich ernten auf kleinstem Raum. (0694) Von S. Stein, 32 S., 34 Farbfotos, 6 Zeichnungen, Spiralbindung, kart.**DM 7,80**/S 69.–

**Keime, Sprossen, Küchenkräuter**
am Fenster ziehen – rund ums Jahr. (0658) Von F. und H. Jantzen, 32 S., 55 Farbfotos, Pappband.
**DM 6,80**/S 59.–

**Balkons in Blütenpracht**
zu allen Jahreszeiten.
(5047) Von N. Uhl, 64 S., 80 Farbfotos, Pappband. **DM 14,80**/S 119.–

**Kübelpflanzen**
für Balkon, Terrasse und Dachgarten. (5132) Von M. Haberer, 64 S., 70 Farbfotos, Pappband. **DM 14,80**/S 119.–

**Kletterpflanzen**
Rankende Begrünung für Fassade, Balkon und Garten. (5140) Von M. Haberer, 64 S., 70 Farbabb., 2 Zeichnungen, Pappband. **DM 14,80**/S 119.–

**Mein Kräutergarten rund ums Jahr**
Täglich schnittfrisch und gesund würzen. (4192) Von Prof. Dr. G. Lysek, 136 S., 15 Farbtafeln, 91 Zeichnungen, kart.
**DM 16,80**/S 139,–

**Blühende Zimmerpflanzen**
94 Arten mit Pflegeanleitungen. (5010) Von R. Blaich, 64 S., 107 Farbfotos, Pappband. **DM 14,80**/S 119.–

Falken-Handbuch **Zimmerpflanzen**
1600 Pflanzenporträts. (4082) Von R. Blaich, 432 S., 480 Farbfotos, 84 Zeichnungen, 1600 Pflanzenbeschreibungen, Pappband. **DM 39,–**/S 319.–

**Blütenpracht in Grolit 2000**
Der neue, mühelose Weg zu farbenprächtigen Zimmerpflanzen. (5127) Von G. Vocke, 64 S., 50 Farbfotos, Pappband.
**DM 14,80**/S 119.–

**Ziergräser**
Über 100 Arten erfolgreich kultivieren. (0829) Von H. Jantra, 104 S., 73 Farbfotos, 6 Farbzeichnungen, kart.
**DM 16,80**/S 139.–

**Bonsai**
Japanische Miniaturbäume und Miniaturlandschaften. Anzucht, Gestaltung und Pflege. (4091) Von B. Lesniewicz, 160 S., 106 Farbfotos, 46 s/w-Fotos, 115 Zeichnungen, gebunden. **DM 68,–**/S 549.–

**Zimmerbäume, Palmen und andere Blattpflanzen**
Standort, Pflege, Vermehrung, Schädlinge. (5111) Von G. Schoser, 96 S., 98 Farbfotos, 7 Zeichnungen, Pappband.
**DM 19,80**/S 159.–

**Biologisch zimmergärtnern**
Zier- und Nutzpflanzen natürlich pflegen. (4144) Von N. Jorek, 152 S., 15 Farbtafeln, 120 s/w-Fotos, Pappband.
**DM 19,80**/S 159.–

**Hydrokultur**
Pflanzen ohne Erde – mühelos gepflegt. (4080) Von H.-A. Rotter, 120 S., 82 Abb., Pappband. **DM 19,80**/S 159.–

**Zimmerpflanzen in Hydrokultur**
Leitfaden für problemlose Blumenpflege. (0660) Von H.-A. Rotter, 32 S., 76 Farbfotos, 8 farbige Zeichnungen, Pappband.
**DM 7,80**/S 69.–

**Sukkulenten**
Mittagsblumen, Lebende Steine, Wolfsmilchgewächse u. a. (5070) Von W. Hoffmann, 64 S., 82 Farbfotos, Pappband.
**DM 14,80**/S 119.–

**Kakteen und andere Sukkulenten**
300 Arten mit über 500 Farbfotos. (4116) Von G. Andersohn, 316 S., 520 Farbfotos, 193 Zeichnungen, Pappband.
**DM 49,–**/S 398.–

**Fibel für Kakteenfreunde**
(0199) Von H. Herold, 102 S., 23 Farbfotos, 37 s/w-Abb., kart. **DM 9,80**/S 79.–

**Kakteen**
Herkunft, Anzucht, Pflege, Arten. (5021) Von W. Hoffmann, 64 S., 70 Farbfotos, Pappband. **DM 14,80**/S 119.–

Faszinierende Formen und Farben
**Kakteen**
(4211) Von K. und F. Schild, 96 S., 127 Farbfotos, Pappband.
**DM 24,80**/S 198.–

**Orchideen**
(4215) Von G. Schoser, 96 S., 143 Farbfotos, Pappband. **DM 24,80**/S 198.–

Falken-Handbuch **Orchideen**
Lebensraum, Kultur, Anzucht und Pflege. (4231) Von G. Schoser, 144 S., 121 Farbfotos, 28 Farbzeichnungen, Pappband.
**DM 29,80**/S 239.–

Falken-Handbuch **Katzen**
(4158) Von B. Gerber, 176 S., 294 Farbund 88 s/w-Fotos, Pappband.
**DM 39,–**/S 319.–

**Katzen**
Rassen · Haltung · Pflege. (4216) Von B. Eilert-Overbeck, 96 S., 82 Farbfotos, Pappband. **DM 24,80**/S 198.–

**Das neue Katzenbuch**
Rassen – Aufzucht – Pflege. (0427) Von B. Eilert-Overbeck, 136 S., 14 Farbfotos, 26 s/w-Fotos, kart. **DM 8,80**/S 74.–

**Katzenkrankheiten**
Erkennung und Behandlung. Steuerung des Sexualverhaltens. (0652) Von Dr. med. vet. R. Spangenberg, 176 S., 64 s/w-Fotos, 4 Zeichnungen, kart.
**DM 9,80**/S 79.–

Falken-Handbuch **Hunde**
(4118) Von H. Bielfeld, 176 S., 222 Farbabbildungen, 73 s/w-Abb., Pappband.
**DM 39,–**/S 319.–

**Hunde**
Rassen · Erziehung · Haltung. (4209) Von H. Bielfeld, 96 S., 101 Farbfotos, Pappband. **DM 24,80**/S 198.–

**Das neue Hundebuch**
Rassen · Aufzucht · Pflege. (0009) Von W. Busack, überarbeitet von Dr. med. vet. A. H. Hacker und H. Bielfeld, 112 S., 8 Farbtafeln, 27 s/w-Fotos, 6 Zeichnungen, kart. **DM 8,80**/S 74.–

Falken-Handbuch
**Der Deutsche Schäferhund**
(4077) Von U. Förster, 228 S., 160 Abb., Pappband. **DM 29,80**/S 239.–

**Der Deutsche Schäferhund**
Aufzucht, Pflege und Ausbildung. (0073) Von A. Hacker, 104 S., 56 Abb., kart.
**DM 7,80**/S 69.–

**Dackel, Teckel, Dachshund**
Aufzucht · Pflege · Ausbildung. (0508) Von M. Wein-Gysae, 112 S., 4 Farbtafeln, 43 s/w-Fotos, 2 Zeichnungen, kart.
**DM 9,80**/S 79.–

**Hundeausbildung**
Verhalten – Gehorsam – Abrichtung. (0346) Von Prof. Dr. R. Menzel, 96 S., 18 Fotos, kart. **DM 7,80**/S 69.–

**Grundausbildung für Gebrauchshunde**
Schäferhund, Boxer, Rottweiler, Dobermann, Riesenschnauzer, Airedaleterrier, Hovawart und Bouvier. (0801) Von M. Schmidt und W. Koch, 104 S., 8 Farbtafeln, 51 s/w-Fotos, 5 s/w-Zeichnungen, kart. **DM 9,80**/S 79.–

**Hundekrankheiten**
Erkennung und Behandlung, Steuerung des Sexualverhaltens. (0570) Von Dr. med. vet. R. Spangenberg, 128 S., 68 s/w-Fotos, 10 Zeichnungen, kart.
**DM 9,80**/S 79.–

Falken-Handbuch **Pferde**
(4186) Von H. Werner, 176 S., 196 Farbund 50 s/w-Fotos, 100 Zeichnungen, Pappband. **DM 48,–**/S 389.–

**Ponys**
Rassen, Haltung, Reiten. (4205) Von S. Braun, 96 S., 84 Farbfotos, Pappband.
**DM 24,80**/S 198.–

**Wellensittiche**
Arten · Haltung · Pflege · Sprechunterricht · Zucht. (5136) Von H. Bielfeld, 64 S., 59 Farbfotos, Pappband.
**DM 14,80**/S 119.–

**Papageien und Sittiche**
Arten · Pflege · Sprechunterricht. (0591) Von H. Bielfeld, 112 S., 8 Farbtafeln, kart. **DM 9,80**/S 79.–

**Geflügelhaltung als Hobby**
(0749) Von M. Baumeister, H. Meyer, 184 S., 8 Farbtafeln, 47 s/w-Fotos, 15 Zeichnungen, kart. **DM 16,80**/S 139,–

DIE TIERSPRECHSTUNDE
**Alles über Igel in Natur und Garten**
(0810) Von Dr. med. vet. E. M. Bartenschlager, 68 S., 51 Farbfotos, kart.
**DM 9,80**/S 79.–

DIE TIERSPRECHSTUNDE
**Alles über Meerschweinchen**
(0809) Von Dr. med. vet. E. M. Bartenschlager, 72 S., 43 Farbfotos, 11 Farbzeichnungen, kart. **DM 9,80**/S 79.–

DIE TIERSPRECHSTUNDE
**Tiere im Wassergarten**
(0808) Von Dr. med. vet. E. M. Bartenschlager, 96 S., 82 Farbfotos, 7 Zeichnungen, kart. **DM 9,80**/S 79,–

**Das Süßwasser-Aquarium**
Einrichtung · Pflege · Fische · Pflanzen. (0153) Von H. J. Mayland, 152 S., 16 Farbtafeln, 43 s/w-Zeichnungen, kart.
**DM 12,80**/S 99,–

Falken-Handbuch
**Süßwasser-Aquarium**
(4191) Von H. J. Mayland, 288 S., 564 Farbfotos, 75 Zeichnungen, Pappband. **DM 49,–**/S 398.–

**Cichliden**
Pflege, Herkunft und Nachzucht der wichtigsten Buntbarscharten. (5144) Von Jo in't Veen, 96 S., 163 Farbfotos, Pappband. **DM 19,80**/S 159,–

# Gesundheit

**Die Frau als Hausärztin**
Der unentbehrliche Ratgeber für die Gesundheit. (4072) Von Dr. med. A. Fischer-Dückelmann, 808 S., 14 Farbtafeln, 146 s/w-Fotos, 203 Zeichnungen, Pappband. **DM 29,80**/S 239,–

**Heiltees und Kräuter für die Gesundheit**
(4123) Von G. Leibold, 136 S., 15 Farbtafeln, 16 Zeichnungen, kart. **DM 14,80**/S 119.–

Falken-Handbuch
**Heilkräuter**
Modernes Lexikon der Pflanzen und Anwendungen (4076) Von G. Leibold, 392 S., 183 Farbfotos, 22 Zeichnungen, geb. **DM 39,–**/S 319.–

**Die farbige Kräuterfibel**
Heil- und Gewürzpflanzen. (0245) Von I. Gabriel, 196 S., 49 farbige und 97 s/w-Abb., kart. **DM 14,80**/ S 119.–

Falken-Handbuch
**Bio-Medizin**
Alles über die moderne Naturheilpraxis. (4136) Von G. Leibold, 552 S., 38 Farbfotos, 232 s/w-Abb., Pappband. **DM 39,–**/ S 319.–

**Enzyme**
(0677) Von G. Leibold, 96 S., kart. **DM 9,80**/S 79.–

**Heilfasten**
(0713) Von G. Leibold, 108 S., kart. **DM 9,80**/S 79.–

**Besser leben durch Fasten**
(0841) Von G. Leibold, 100 S., kart. **DM 9,80**/S 79,–

**Krebsangst und Krebs behandeln**
Mit einem Vorwort von Prof. Dr. med. Friedrich Douwes (0839) Von G. Leibold, 104 S., kart. **DM 9,80**/S 79,–

**Allergien behandeln und lindern**
Mit einem Vorwort von Prof. Dr. med. Axel Stemmann (0840) Von G. Leibold, 104 S., 4 Zeichnungen, kart. **DM 9,80**/S 79,–

**Rheuma behandeln und lindern**
Mit einem Vorwort von Dr. med. Max-Otto-Bruker (0836) Von G. Leibold, 104 S., kart. **DM 9,80**/S 79,–

**Die echte Schroth-Kur**
(0797) Von Dr. med. R. Schroth, 88 S., 2 s/w-Fotos, kart. **DM 9,80**/S 79,–

**Streß bewältigen durch Entspannung**
(0834) Von Dr. med. Chr. Schenk, 88 S., 29 Zeichnungen, kart. **DM 9,80**/S 79,–

**So lebt man länger nach Dr. Le Comptes Erfolgsmethode!**
Vital und gesund bis ins hohe Alter. (4129) Von Dr. H. Le Compte, P. Pervenche, 224 S., gebunden. **DM 24,80**/S 198.–

**Gesundheit und Spannkraft durch Yoga**
(0321) Von L. Frank und U. Ebbers, 112 S., 50 s/w-Fotos, kart. **DM 7,80**/S 69.–

**Yoga für jeden**
(0341) Von K. Zebroff, 156 S., 135 Abb., Spiralbindung, **DM 20,–**/S 160.–

**Yoga für Schwangere**
Der Weg zur sanften Geburt. (0777) Von V. Bolesta-Hahn, 108 S., 76 2-farbige Abb. **DM 12,80**/S 99,–

**Yoga gegen Haltungsschäden und Rückenschmerzen**
(0394) Von A. Raab, 104 S., 215 Abb., kart. **DM 6,80**/S 59.–

**Hypnose und Autosuggestion**
Methoden – Heilwirkungen – praktische Beispiele. (0483) Von G. Leibold, 116 S., kart. **DM 7,80**/S 69.–

**Gesund durch Gedankenenergie**
Heilung im gemeinsamen Kraftfeld (6035) Nur VHS, 45 Min., in Farbe **DM 69,–**/S 619,– (unverbindliche Preisempfehlung)

**Autogenes Training**
Anwendung · Heilwirkungen · Methoden. (0541) Von R. Faller, 128 S., 3 Zeichnungen, kart. **DM 9,80**/S 79.–

**Die fernöstliche Fingerdrucktherapie Shiatsu**
Anleitungen zur Selbsthilfe – Heilwirkungen. (0615) Von G. Leibold, 196 S., 180 Abb., kart. **DM 16,80**/S 139.–

**Eigenbehandlung durch Akupressur**
Heilwirkungen – Energielehre – Meridiane. (0417) Von G. Leibold, 152 S., 78 Abb., kart. **DM 9,80**/S 79.–

**Chinesische Naturheilverfahren**
Selbstbehandlung mit bewährten Methoden der physikalischen Therapie. Atemtherapie · Heilgymnastik · Selbstmassage · Vorbeugen · Behandeln · Entspannen. (4247) Von F. Tjoeng Lie, 160 S., 292 zweifarbige Zeichnungen, Pappband. **DM 29,80**/S 239.–

Bauch, Taille und Hüfte gezielt formen durch **Aktiv-Yoga**
(0709) Von K. Zebroff, 112 S., 102 Farbfotos, Spiralbindung, **DM 14,80**/S 119,–

**10 Minuten täglich Tele-Gymnastik**
(5102) Von B. Manz und K. Biermann, 128 S., 381 Abb., kart. **DM 14,80**/S 119.–

**Gesund und fit durch Gymnastik**
(0366) Von H. Pilss-Samek, 132 S., 150 Abb., kart. **DM 9,80**/S 79.–

**Stretching**
Mit Dehnungsgymnastik zu Entspannung, Geschmeidigkeit und Wohlbefinden. (0717) Von H. Schulz, 80 S., 90 s/w-Fotos, kart. **DM 7,80**/S 69.–

Gesund und leistungsfähig durch
**Konditionsübungen, Fitneßtraining, Wirbelsäulengymnastik**
(0844) Von R. Milser, K. Grafe, 104 S., 99 Farbfotos, 12 Farbzeichnungen, 5 s/w-Zeichnungen kart. **DM 16,80**/ S 139.–

Gesundheit durch altbewährte Kräuterrezepte und Hausmittel aus der
**Natur-Apotheke**
(4156) Von G. Leibold, 236 S., 8 Farbtafeln, 100 Zeichnungen, kart., **DM 19,80**/S 159.–
(4157) Pappband, **29,80**/S 239.–

**Diät bei Krankheiten des Magens und Zwölffingerdarms**
Rezeptteil von B. Zöllner. (3201) Von Prof. Dr. med. H. Kaess, 96 S., 4 Farbtafeln, kart. **DM 10,80**/S 85.–

**Diät bei Herzkrankheiten und Bluthochdruck**
Salzarme (natriumarme) Kost. Rezeptteil von B. Zöllner. (3202) Von Prof. Dr. med. H. Rottka, 92 S., 4 Farbtafeln, kart. **DM 10,80**/S 85.–

**Diät bei Erkrankungen der Nieren, Harnwege und bei Dialysebehandlung**
Völlig überarbeitete Neuauflage, durchgehend farbig bebildert. Rezeptteil von B. Zöllner. (3203) Von Prof. Dr. med. H. J. Sarre und Prof. Dr. med. R. Kluthe, ca. 100 S., ca. 50 Farbfotos, kart. **DM 12,80**/S 99.– (erscheint März '87)

**Richtige Ernährung wenn man älter wird**
Völlig überarbeitete Neuauflage, durchgehend farbig bebildert. Rezeptteil von B. Zöllner. (3204) Von Priv.-Doz. Dr. med. H.-J. Pusch und Dr. med. W. Koch, ca. 100 S., ca. 50 Farbfotos, kart. **DM 12,80**/S 99.– (erscheint Juni '87)

**Diät bei Gicht und Harnsäuresteinen**
Rezeptteil von B. Zöllner. (3205) Von Prof. Dr. med. N. Zöllner, 80 S., 4 Farbtafeln, kart. **DM 10,80**/S 85.–

**Diät bei Zuckerkrankheit**
Rezeptteil von B. Zöllner. (3206) Von Prof. Dr. med. P. Dieterle, 80 S., 4 Farbtafeln, kart. **DM 10,80**/S 85.–

**Diät bei Krankheiten der Gallenblase, Leber und Bauchspeicheldrüse**
Rezeptteil von B. Zöllner. (3207) Von Prof. Dr. med. H. Kasper, 88 S., 4 Farbtafeln, kart. **DM 10,80**/S 85.–

**Diät bei Störungen des Fettstoffwechsels und zur Vorbeugung der Arteriosklerose**
Rezeptteil von B. Zöllner. (3208) Von Prof. Dr. med. G. Wolfram und Dr. med. O. Adam, 104 S., 4 Farbtafeln, kart. **DM 10,80**/S 85.–

**Diät bei Übergewicht**
Völlig überarbeitete Neuauflage, durchgehend farbig bebildert. Rezeptteil von B. Zöllner. (3209) Von Priv.-Doz. Dr. med. Ch. Keller, ca. 100 S., ca. 50 Farbfotos, kart. **DM 12,80**/S 99.– (erscheint August '87)

**Diät bei Darmkrankheiten**
Durchfall – Divertikulose, Reizdarm und Darmträgheit – einheimische Sprue (Zöliakie) – Disaccharidasemangel – Dünndarmresektion – Dumping Syndrom. Rezeptteil von B. Zöllner. (3211) Von Prof. Dr. med. G. Strohmeyer, 88 S., 4 Farbtafeln, kart. **DM 10,80**/S 85.–

**Ballaststoffreiche Kost bei Funktionsstörungen des Darms**
Rezeptteil von B. Zöllner. (3212) Von Prof. Dr. med. H. Kasper, ca. 100 S., ca. 50 Farbfotos, kart. **DM 12,80**/S 98,–

**Bildatlas des menschlichen Körpers**
(4177) Von G. Pogliani, V. Vannini, 112 S., 402 Farbabb., 28 s/w-Fotos, Pappband, **DM 29,80**/S 239.–

**Fußmassage**
Reflexzonentherapie am Fuß (0714) Von G. Leibold, 96 S., 38 Zeichnungen, kart. **DM 9,80**/S 79.–



FALKEN VERLAG

Die Preise entsprechen dem Status beim Druck dieses

**Rheuma und Gicht**
Krankheitsbilder, Behandlung, Therapieverfahren, Selbstbehandlung, richtige Lebensführung und Ernährung. (0712) Von Dr. J. Höder, J. Bandick, 104 S., kart. **DM 9,80**/S 79.–

**Krampfadern**
Ursachen, Vorbeugung, Selbstbehandlung, Therapieverfahren. (0727) Von Dr. med. K. Steffens, 96 S., 38 Abb., kart. **DM 9,80**/S 79.–

**Gallenleiden**
Krankheitsbilder, Behandlung, Therapieverfahren, Selbstbehandlung, Richtige Lebensführung und Ernährung. (0673) Von Dr. med. K. Steffens, 104 S., 34 Zeichnungen, kart. **DM 9,80**/S 79,–

**Asthma**
Pseudokrupp, Bronchitis und Lungenemphysem. (0778) Von Prof. Dr. med. W. Schmidt, 120 S., 56 Zeichnungen, kart. **DM 9,80**/S 79,–

**Fastenkuren**
Wege zur gesunden Lebensführung. Rezepte und Tips für die Nachfastenzeit. Kurzfasten · Saftfastenkuren · Fastenschalttage · Heilfasten (4248) Von Ha. A. Mehler, H. Keppler, 144 S., 16 s/w-Fotos, 9 Zeichnungen, Pappband. **DM 29,80**/S 239,–

**Vitamine und Ballaststoffe**
So ermittle ich meinen täglichen Bedarf (0746) Von Prof. Dr. M. Wagner, I. Bongartz, 96 S., 6 Farbabb., zahlreiche Tabellen, kart. **DM 9,80**/S 79,–

**Darmleiden**
Krankheitsbilder, Behandlung, Selbstbehandlung, Richtige Lebensführung und Ernährung. (0798) Von Dr. med. K. Steffens, 112 S., 46 Zeichnungen, kart. **DM 9,80**/S 79,–

**Massage**
(0750) Von B. Rumpler, K. Schutt, 112 S., 116 2-farbige Zeichnungen, kart. **DM 12,80**/S 99,–

**Ratgeber Aids**
Entstehung, Ansteckung, Krankheitsbilder, Heilungschancen, Schutzmaßnahmen. (0803) Von B. Baartman, Vorwort von Dr. med. H. Jäger, 112 S., 8 Farbtafeln, 4 Grafiken, kart. **DM 16,80**/S 139,–

**Wenn Kinder krank werden**
Medizinischer Ratgeber für Eltern. (4240) Von Dr. med. I. J. Chasnoff, B. Nees-Delaval, 232 S., 163 Zeichnungen, Pappband. **DM 29,80**/S 239,–

## Ratgeber Lebenshilfe

**Umgangsformen heute**
Die Empfehlungen des Fachausschusses für Umgangsformen. (4015) 282 S., 160 s/w-Fotos, 25 Zeichnungen, Pappband. **DM 29,80**/S 239.–

**Der gute Ton**
Ein moderner Knigge. (0063) Von I. Wolter, 168 S., 38 Zeichnungen, 53 s/w-Fotos, kart. **DM 9,80**/S 79.–

**Haushaltstips von A bis Z**
(0759) Von A. Eder, 80 S., 30 Zeichnungen, kart. **DM 7,80**/S 69,–

**Wir heiraten**
Ratgeber zur Vorbereitung und Festgestaltung der Verlobung und Hochzeit. (4188) Von C. Poensgen, 216 S., 8 s/w-Fotos, 30 s/w-Zeichnungen, 8 Farbtafeln, Pappband. **DM 19,80**/S 159,–

**Der schön gedeckte Tisch**
Vom einfachen Gedeck bis zur Festtafel stimmungsvoll und perfekt arrangiert (4246) Von H. Tapper, 112 S., 206 Farbabbildungen, 21 s/w-Abbildungen, Pappband. **DM 24,80**/S 198,–

**Familienforschung · Ahnentafel · Wappenkunde**
Wege zur eigenen Familienchronik. (0744) Von P. Bahn, 128 S., 8 Farbtafeln, 30 Abbildungen, kart. **DM 14,80**/S 119.–

**Die Kunst der freien Rede**
Ein Intensivkurs mit vielen Übungen, Beispielen und Lösungen. (4189) Von G. Hirsch, 232 S., 11 Zeichnungen, Pappband. **DM 29,80**/S 239,–

**Reden zur Taufe, Kommunion und Konfirmation**
(0751) Von G. Georg, 96 S., kart. **DM 6,80**/S 59,–

**Der richtige Brief zu jedem Anlaß**
Das moderne Handbuch mit 400 Musterbriefen. (4179) Von H. Kirst, 376 S., Pappband. **DM 26,80**/S 218,–

**Von der Verlobung zur Goldenen Hochzeit**
(0393) Von E. Ruge, 120 S., kart. **DM 6,80**/S 59.–

**Reden zur Hochzeit**
Musteransprachen für Hochzeitstage. (0654) Von G. Georg, 112 S., kart. **DM 6,80**/S 59.–

**Glückwünsche, Toasts und Festreden zur Hochzeit.**
(0264) Von I. Wolter, 128 S., 18 Zeichnungen, kart. **DM 7,80**/S 69.–

**Hochzeits- und Bierzeitungen**
Muster, Tips und Anregungen. (0288) Von H.-J. Winkler, mit vielen Text- und Gestaltungsanregungen, 116 S., 15 Abb., 1 Musterzeitung, kart. **DM 6,80**/ S 59.–

**Kindergedichte zur Grünen, Silbernen und Goldenen Hochzeit**
(0318) Von H.-J. Winkler, 104 S., 20 Abb., kart. **DM 6,80**/S 59.–

**Die Silberhochzeit**
Vorbereitung · Einladung · Geschenkvorschläge · Dekoration · Festablauf · Menüs · Reden · Glückwünsche. (0542) Von K. F. Merkle, 120 S., 41 Zeichnungen, kart. **DM 9,80**/S 79.–

**Großes Buch der Glückwünsche**
(0255) Hrsg. von O. Fuhrmann, 240 S., 77 Zeichnungen und viele Gestaltungsvorschläge, kart. **DM 9,80**/S 79.–

**Neue Glückwunschfibel**
für Groß und Klein. (0156) Von R. Christian-Hildebrandt, 96 S., kart. **DM 5,80**/S 49.–

**Glückwunschverse für Kinder**
(0277) Von B. Ulrici, 80 S., kart. **DM 5,80**/S 49.–

**Die Redekunst**
Rhetorik · Rednererfolg (0076) Von K. Wolter, überarbeitet von Dr. W. Tappe, 80 S., kart. **DM 5,80**/S 49.–

**Reden und Ansprachen**
für jeden Anlaß. (4009) Hrsg. von F. Sicker, 454 S., gebunden. **DM 39,–**/S 319.–

**Reden zum Jubiläum**
Musteransprachen für viele Gelegenheiten (0595) Von G. Georg, 112 S., kart. **DM 6,80**/S 59.–

**Reden zum Ruhestand**
Musteransprachen zum Abschluß des Berufslebens (0790) Von G. Georg, 104 S., kart. **DM 7,80**/S 69,–

**Reden und Sprüche zu Grundsteinlegung, Richtfest und Einzug**
(0598) Von A. Bruder, G. Georg, 96 S., kart. **DM 6,80**/S 59.–

**Reden zu Familienfesten**
Musteransprachen für viele Gelegenheiten. (0675) Von G. Georg, 108 S., kart. **DM 6,80**/S 59.–

**Reden zum Geburtstag**
Musteransprachen für familiäre und offizielle Anlässe. (0773) Von G. Georg, 104 S., kart. **DM 7,80**/S 69,–

**Festreden und Vereinsreden**
Ansprachen für festliche Gelegenheiten. (0069) Von K. Lehnhoff, E. Ruge, 88 S., kart. **DM 5,80**/S 49.–

**Reden im Verein**
Musteransprachen für viele Gelegenheiten. (0703) Von G. Georg, 112 S., kart., **DM 6,80**/S 59.–

**Trinksprüche**
Fest- und Damenreden in Reimen. (0791) Von L. Metzner, 88 S., 14 s/w-Zeichnungen, kart. **DM 7,80**/S 69,–

**Trinksprüche, Richtsprüche, Gästebuchverse**
(0224) Von D. Kellermann, 80 S., kart. **DM 5,80**/S 49.–

**Ins Gästebuch geschrieben**
(0576) Von K. H. Trabeck, 96 S., 24 Zeichnungen, kart. **DM 7,80**/S 69.–

**Poesiealbumverse**
Heiteres und Besinnliches. (0578) Von A. Göttling, 112 S., 20 Zeichnungen, Pappband. **DM 14,80**/S 119.–

**Verse fürs Poesiealbum**
(0241) Von I. Wolter, 96 S., 20 Abb., kart. **DM 5,80**/S 49.–

Rosen, Tulpen, Nelken . . .
**Beliebte Verse fürs Poesiealbum**
(0431) Von W. Pröve, 96 S., 11 Faksimile-Abb., kart. **DM 5,80**/S 49.–

**Der Verseschmied**
Kleiner Leitfaden für Hobbydichter. Mit Reimlexikon. (0597) Von T. Parisius, 96 S., 28 Zeichnungen, kart. **DM 7,80**/S 69.–

**Moderne Korrespondenz**
Handbuch für erfolgreiche Briefe. (4014) Von H. Kirst und W. Manekeller, 544 S., gebunden. **DM 39,–**/S 319.–

**Der neue Briefsteller**
Musterbriefe für alle Gelegenheiten. (0060) Von I. Wolter-Rosendorf, 112 S., kart. **DM 5,80**/S 49.–

**Geschäftliche Briefe**
des Privatmanns, Handwerkers, Kaufmanns. (0041) Von A. Römer, 120 S., kart. **DM 6,80**/S 59.–

**Behördenkorrespondenz**
Musterbriefe – Anträge – Einsprüche. (0412) Von E. Ruge, 120 S., kart. **DM 7,80**/S 69.–

**Musterbriefe**
für alle Gelegenheiten. (0231) Hrsg. von O. Fuhrmann, 240 S., kart. **DM 9,80**/S 79.–

**Privatbriefe**
Muster für alle Gelegenheiten. (0114) Von I. Wolter-Rosendorf, 132 S., kart. **DM 6,80**/S 59.–

**Briefe zu Geburt und Taufe**
Glückwünsche und Danksagungen. (0802) Von H. Beitz, 96 S., 12 Zeichnungen, kart. **DM 9,80**/S 79.–

**Briefe zum Geburtstag**
Glückwünsche und Danksagungen (0822) Von H. Beitz, 104 S., 22 Zeichnungen, kart. **DM 7,80**/S 69,–

FALKEN VERLAG

**Erfolgstips für den Schriftverkehr**
Briefwechsel leicht gemacht durch einfachen Stil und klaren Ausdruck (0678) Von U. Schoenwald, 120 S., kart.
**DM 9,80**/S 79.–

**Worte und Briefe der Anteilnahme**
(0464) Von E. Ruge, 128 S., mit vielen Abb., kart. **DM 9,80**/S 79.–

**Reden in Trauerfällen**
Musteransprachen für Beerdigungen und Trauerfeiern (0736) Von G. Georg, 104 S., kart. **DM 6,80**/S 59.–

**Lebenslauf und Bewerbung**
Beispiele für Inhalt, Form und Aufbau. (0428) Von H. Friedrich, 112 S., kart.
**DM 6,80**/S 59.–

**Erfolgreiche Bewerbungsbriefe und Bewerbungsformen.**
(0138) Von W. Manekeller, 88 S., kart.
**DM 5,80**/S 49.–

**Die erfolgreiche Bewerbung**
Bewerbung und Vorstellung. (0173) Von W. Manekeller, 156 S., kart.
**DM 9,80**/S 79.–

**Die Bewerbung**
Der moderne Ratgeber für Bewerbungsbriefe, Lebenslauf und Vorstellungsgespräche. (4138) Von W. Manekeller, 264 S., Pappband. **DM 19,80**/S 159.–

**Vorstellungsgespräche**
sicher und erfolgreich führen. (0636) Von H. Friedrich, 144 S., kart.
**DM 9,80**/S 79.–

**Keine Angst vor Einstellungstests**
Ein Ratgeber für Bewerber. (0793) Von Ch. Titze, 120 S., 67 Zeichnungen, kart.
**DM 9,80**/S 79.–

**Zeugnisse im Beruf**
richtig schreiben, richtig verstehen. (0544) Von H. Friedrich, 112 S., kart.
**DM 9,80**/S 79.–

In Anerkennung Ihrer . . .
**Lob und Würdigung in Briefen und Reden.**
(0535) Von H. Friedrich, 136 S., kart.
**DM 9,80**/S 79.–

**Erfolgreiche Kaufmannspraxis**
Wirtschaftliche Grundlagen, Geld, Kreditwesen, Steuern, Betriebsführung, Recht, EDV. (4046) Von W. Göhler, H. Gölz, M. Heibel, Dr. D. Machenheimer, 544 S., gebunden. **DM 39,–**/S 319.–

**Arbeitsrecht**
Praktischer Ratgeber für Arbeitnehmer und Arbeitgeber, (0594) Von J. Beuthner, 192 S., kart. **DM 16,80**/S 139.–

**Mietrecht**
Leitfaden für Mieter und Vermieter. (0479) Von J. Beuthner, 196 S., kart.
**DM 14,80**/S 119.–

**Familienrecht**
Ehe – Scheidung – Unterhalt. (4190) Von T. Drewes, R. Hollender, 368 S., Pappband. **DM 29,80**/S 239.–

**Erziehungsgeld, Mutterschutz, Erziehungsurlaub**
Alles über das neue Recht für Eltern. Mit den Gesetzestexten. (0835) Von J. Grönert, 144 S., kart. **DM 12,80**/S 99.–

**Scheidung und Unterhalt**
nach dem neuen Eherecht. Mit dem Unterhaltsänderungsgesetz 1986. (0403) Von Rechtsanwalt H. T. Drewes, 112 S., mit Kosten- und Unterhaltstabellen, kart. **DM 7,80**/S 69.–

**Testament und Erbschaft**
Erbfolge, Rechte und Pflichten der Erben, Erbschafts- und Schenkungssteuer, Mustertestamente. (4139) Von T. Drewes, R. Hollender, 304 S., Pappband.
**DM 26,80**/S 218.–

**Erbrecht und Testament**
Mit Erläuterungen des Erbschaftssteuergesetzes von 1974. (0046) Von Dr. jur. H. Wandrey, 124 S., kart. **DM 6,80**/S 59.–

**Endlich 18 und nun?**
Rechte und Pflichten mit der Volljährigkeit. (0646) Von R. Rathgeber, 224 S., 27 Zeichnungen, kart. **DM 14,80**/S 119.–

**Was heißt hier minderjährig?**
(0765) Von R. Rathgeber, C. Rummel, 148 S., 50 Fotos, 25 Zeichnungen, kart.
**DM 14,80**/S 119.–

**Erfolgreiche Bewerbung um einen Ausbildungsplatz**
(0715) Von H. Friedrich, 136 S., kart.
**DM 9,80**/S 79.–

**Elternsache Grundschule**
(0692) Hrsg. von K. Meynersen, 324 S., kart. **DM 26,80**/S 218.–

**Sexualberatung**
(0402) Von Dr. M. Röhl, 168 S., 8 Farbtafeln, 17 Zeichnungen, Pappband.
**DM 19,80**/S 159.–

**Die Kunst des Stillens**
nach neuesten Erkenntnissen (0701) Von Prof. Dr. med. E. Schmidt/ S. Brunn, 112 S., 20 Fotos und Zeichnungen, kart. **DM 9,80**/S 79.–

**Wenn Sie ein Kind bekommen**
(4003) Von U. Klamroth, Dr. med. H. Oster, 240 S., 86 s/w-Fotos, 30 Zeichnungen, Pappband. **DM 24,80**/S 198.–

**Vorbereitung auf die Geburt**
Schwangerschaftsgymnastik, Atmung, Rückbildungsgymnastik. (0251) Von S. Buchholz, 112 S., 98 s/w-Fotos, kart.
**DM 6,80**/S 59.–

**Wie soll es heißen?**
(0211) Von D. Köhr, 136 S., kart.
**DM 5,80**/S 49.–

**Das Babybuch**
Pflege · Ernährung · Entwicklung. (0531) Von A. Burkert, 128 S., 16 Farbtafeln, 38 s/w-Fotos, 30 Zeichnungen, kart.
**DM 12,80**/ S 99.–

**Wenn der Mensch zum Vater wird**
Ein heiter-besinnlicher Ratgeber. (4259) Von D. Zimmer, 160 S., 20 Zeichnungen, Pappband. **DM 19,80**/S 159.–

Falken-Handbuch
**Umweltschutz**
Das Öko-Testbuch zur Eigeninitiative. Sonderteil Radioaktivität: Folgen und Maßnahmen. (4160) Von M. Häfner, 352 S., 400 Farbfotos, 137 farbige Zeichnungen, Pappband.
**DM 39,–**/ S 319.–

Die neue Lebenshilfe **Biorhythmik**
Höhen und Tiefen der persönlichen Lebenskurven vorausberechnen und danach handeln. (0458) Von W. A. Appel, 157 S., 63 Zeichnungen, Pappband.
**DM 12,80**/S 99.–

**Vom Urkrümel zum Atompilz**
Evolution – Ursache und Ausweg aus der Krise. (4181) Von J. Voigt, 188 S., 20 Farb- und 70 s/w-Fotos, 32 Zeichnungen, kart. **DM 19,80**/S 159.–

**Neues Denken – alte Geister**
New Age unter der Lupe.
(4278) Von G. Myrell, Dr. W. Schmandt, J. Voigt, 176 S., 54 Farbfotos, 3 Zeichnungen, kart. **DM 19,80**/S 159.–

**Dinosaurier**
und andere Tiere der Urzeit. (4219) Von G. Alschner, 96 S., 81 Farbzeichnungen, 4 Fotos, Pappband. **DM 24,80**/S 198.–

**Der Sklave Calvisius**
Alltag in einer römischen Provinz 150 n. Chr. (4058) Von A. Ammermann, T. Röhrig, G. Schmidt, 120 S., 99 Farbabb., 47 s/w-Abb., Pappband.
**DM 19,80**/S 159.–

ZDF · ORF · DRS
**Kompaß Jugend-Lexikon**
(4096) Von R. Kerler, J. Blum, 336 S., 766 Farbfotos, 39 s/w-Abb., Pappband.
**DM 39,–**/S 319.–

**Psycho-Tests**
– Erkennen Sich sich selbst. (0710) Von B. M. Nash, R. B. Monchick, 304 S., 81 Zeichnungen, kart. **DM 16,80**/S 139.–

Falken-Handbuch **Astrologie**
Charakterkunde · Schicksal · Liebe und Beruf · Berechnung und Deutung von Horoskopen · Aszendenttabelle. (4068) Von B. A. Mertz, 342 S., mit 60 erläuternden Grafiken, gebunden.
**DM 29,80**/S 239.–

**Selbst Wahrsagen mit Karten**
Die Zukunft in Liebe, Beruf und Finanzen. (0404) Von R. Koch, 112 S., 252 Abb., Pappband. **DM 12,80**/S 99.–

**Weissagen, Hellsehen, Kartenlegen . . .**
Wie jeder die geheimen Kräfte ergründen und für sich nutzen kann. (4153) Von G. Haddenbach, 192 S., 40 Zeichnungen, Pappband. **DM 19,80**/S 159.–

**Frauenträume, Männerträume**
und ihre Bedeutung. (4198) Von G. Senger, 272 S., mit Traumlexikon, Pappband. **DM 29,80**/S 239.–

Wie Sie im Schlaf das Leben meistern
**Schöpferisch träumen**
Der Klartraum als Lebenshilfe. (4258) Von Prof. Dr. P. Tholey, K. Utecht, 256 S., 1 s/w-Foto, 20 Zeichnungen, Pappband. **DM 29,80**/S 239.–

**Wahrsagen mit Tarot-Karten**
(0482) Von E. J. Nigg, 112 S., 4 Farbtafeln, 52 s/w-Abb., Pappband.
**DM 14,80**/S 119.–

**Aztekenhoroskop**
Deutung von Liebe und Schicksal nach dem Aztekenkalender. (0543) Von C.-M. und R. Kerler, 160 S., 20 Zeichnungen, Pappband. **DM 9,80**/S 79.–

**Was sagt uns das Horoskop?**
Praktische Einführung in die Astrologie. (0655) Von B. A. Mertz, 176 S., 25 Zeichnungen, kart. **DM 9,80**/S 79.–

**Das Super-Horoskop**
Der neue Weg zur Deutung von Charakter, Liebe und Schicksal nach chinesischer und abendländischer Astrologie. (0465) Von G. Haddenbach, 175 S., kart.
**DM 9,80**/S 79.–

**Liebeshoroskop für die 12 Sternzeichen**
Alles über Chancen, Beziehungen, Erotik, Zärtlichkeit, Leidenschaft. (0587) Von G. Haddenbach, 144 S., 11 Zeichnungen, kart. **DM 7,80**/S 69.–

**Die 12 Sternzeichen**
Charakter, Liebe und Schicksal. (0385) Von G. Haddenbach, 160 S., Pappband.
**DM 12,80**/S 99.–

FALKEN VERLAG



Die Preise entsprechen dem Status beim Druck dieses

**Die 12 Tierzeichen im chinesischen Horoskop**
(0423) Von G. Haddenbach, 128 S., Pappband. **DM 9,80**/S 79,–

**Sternstunden**
für Liebe, Glück und Geld, Berufserfolg und Gesundheit. Das ganz persönliche Mitbringsel für Widder (0621), Stier (0622), Zwillinge (0623), Krebs (0624), Löwe (0625), Jungfrau (0626), Waage (0627), Skorpion (0628), Schütze (0629), Steinbock (0630), Wassermann (0631), Fische (0632) Von L. Cancer, 62 S., durchgehend farbig, Zeichnungen, Pappband. **DM 5,–**/S 39,–

**So deutet man Träume**
Die Bildersprache des Unbewußten. (0444) Von G. Haddenbach, 160 S., Pappband. **DM 9,80**/S 79,–

**Die Famillie im Horoskop**
Glück und Harmonie gemeinsam erleben – Probleme und Gegensätze verstehen und tolerieren. (4161) Von B. A. Mertz, 296 S., 40 Zeichnungen, kart.
**DM 19,80**/S 159,–

Erkennen Sie Psyche und Charakter durch **Handdeutung**
(4176) Von B. A. Mertz, 252 S., 9 s/w-Fotos, 160 Zeichnungen, Pappband.
**DM 36,–**/S 298,–

Falken-Handbuch
**Kartenlegen**
Wahrsagen mit Tarot-, Skat-, Lenormand- und Zigeunerblättern. (4226) Von B. A. Mertz, 288 S., 38 Farb- und 108 s/w-Abb. Pappband.
**DM 39,–**/S 319,–

**I Ging der Liebe**
Das altchinesische Orakel für Partnerschaft und Ehe. (4244) Von G. Damian-Knight, 320 S., 64 s/w-Zeichnungen, Pappband. **DM 29,80**/S 239,–

**Bauernregeln, Bauernweisheiten, Bauernsprüche**
(4243) Von G. Haddenbach, 192 S., 62 Farbabb. 9 s/w-Fotos, 144 s/w-Zeichnungen, Pappband. **DM 29,80**/S 239,–

# Neue Medien

**Programm und Publikum**
Der ständige Versuch einer Annäherung. Beiträge und Reden über das öffentlich-rechtliche Fernsehen.
(0874) Von A. Schardt, 167 S., kart.
**DM 19,80**/S 159,–

**Computer Grundwissen**
Eine Einführung in Funktion und Einsatzmöglichkeiten. (4302) Von W. Bauer, 176 Seiten, 193 Farb- und 12 s/w-Fotos, 37 Computergrafiken, kart.,
**DM 29,80**/S 239,–
(4301) Pappband, **DM 39,–**/S 319,–

**Einführung in die Programmiersprache BASIC.** (4303) Von S. Curran und R. Curnow, 192 S., 92 Zeichnungen, kart. **DM 19,80**/S 159,–

**Lernen mit dem Computer.** (4304) Von S. Curran und R. Curnow, 144 S., 34 Zeichnungen, Spiralbindung,
**DM 19,80**/S 159,–

**Computerspiele, Grafik und Musik**
(4305) Von S. Curran und R. Curnow, 147 S., 46 Zeichnungen, Spiralbindung.
**DM 19,80**/S 159,–

**dBase III**
Einführung für Einsteiger und Nachschlagewerk für Profis. (4310) Von J. Brehm, G. A. Karl, 211 S., 23 Abb., kart. **DM 58,–**/S 460,–

**Das Medienpaket**
Buch und Programmdiskette „dBase III" zusammen (4312) **DM 98,–**/S 784,–

**Garantiert BASIC lernen mit dem C 128**
Mit kompletter Kurs-Diskette
(4321) Von A. Görgens, 288 S., 4 s/w-Fotos, 83 Zeichnungen, kart.
**DM 49,–**/S 398,–

**Grundwissen Informationsverarbeitung**
(4314) Von H. Schiro, 312 S., 59 s/w-Fotos, 133 s/w-Zeichnungen, Pappband.
**DM 58,–**/S 460,–

**Heimcomputer-Bastelkiste**
Messen, Steuern, Regeln mit C 64-, Apple II-, MSX-, TANDY-, MC-, Atari- und Sinclair-Computern. (4309) Von G. A. Karl, 256 S., 160 Zeichnungen, kart.
**DM 39,–**/S 319,–

**WORDSTAR 2000**
Textverarbeitung für Einsteiger und Profis Mit erprobten Anwendungen aus der Praxis
(4317) Von D. Nasser, 200 S., 9 s/w-Fotos, 3 Zeichnungen, kart.
**DM 59,–**/S 469,–

**Drucker und Plotter**
Text und Grafik für Ihren Computer. (4315) Von K.-H. Koch, 192 S., 12 Farbtafeln, 5 s/w-Fotos, kart.
**DM 39,–**/S 319,–

**Textverarbeitung mit Home- und Personal-Computern**
Systeme – Vergleiche – Anwendungen. (4316) Von A. Görgens, 128 S., 49 s/w-Fotos, kart. **DM 29,80**/S 239,–

**Maschinenschreiben**
In 10 Tagen spielend gelernt.
Von Unterrichtsmedien Hoppius.
(7008) Diskette für den C 64 und C 128 PC **DM 49,80**/S 448,–*
(Best.-Nr. Ariolasoft: 72631)
(7009) für IBM + kompatible,
**DM 79,–**/S 719,–*
(Best.-Nr. Ariolasoft: 78631)
(7010) für Schneider CPC 464, 664, 6128, **DM 69,–**/S 619,–*
(Best.-Nr. Ariolasoft: 74631)
*(unverbindliche Preisempfehlung)
Vertrieb ausschließlich über Ariolasoft.
An Falken gerichtete Bestellungen werden weitergeleitet.

**The Grammar Master**
Englische Grammatik üben und beherrschen.
(7002) Von Data Beutner. Diskette für den C 64, C 128 (im 64er Modus)
**DM 49,80**/S 448,– (unverbindliche Preisempfehlung)
Vertrieb ausschließlich über Ariolasoft
(Best.-Nr. Ariolasoft: 72630)
An Falken gerichtete Bestellungen werden weitergeleitet

# Lernhilfen

**Deutsch für Ausländer im Selbstunterricht**
**Ausgabe für Jugoslawen**
(0261) Von I. Hladek und E. Richter, 132 S., 62 Zeichnungen, kart.
**DM 9,80**/S 79,–

**Deutsch – Ihre neue Sprache.**
Grundbuch (0327) Von H.-J. Demetz und J. M. Puente, 204 S., mit über 200 Abb., kart. **DM 14,80**/S 119,–

**Das Deutschbuch**
**Ein Sprachprogramm für Ausländer, Erwachsene und Jugendliche.**
Autorenteam: J. M. Puente, H.-J. Demetz, S. Sargut, M. Spohner.

**Grundbuch Jugendliche**
(4915) Von Puente, Demetz, Sargut, Spohner, Hirschberger, Kersten, von Stolzenwaldt, 256 S., durchgehend zweifarbig, kart. **DM 19,80**/S 159,–

**Grundbuch Erwachsene**
(4901) Von Puente, Demetz, Sargut, Spohner, 292 S., durchgehend zweifarbig, kart. **DM 24,80**/S 198,–

**Arbeitsheft**
zu Grundbuch Erwachsene und Jugendliche. (4903) Von Puente, Demetz, Sargut, Spohner, 160 S., durchgehend zweifarbig, kart. **DM 16,80**/S 139,–

**Aufbaukurs**
(4902) Von Puente, Sargut, Spohner, 232 S., durchgehend zweifarbig, kart.
**DM 22,80**/S 182,–

**Lehrerhandbuch Grundbuch Erwachsene**
(4904) 144 S., kart. **DM 14,80**/S 119,–

**Lehrerhandbuch Grundbuch Jugendliche**
(4929) 120 S., kart. **DM 14,80**/S 119,–

**Lehrerhandbuch Aufbaukurs**
(4930) 64 S., kart. **DM 9,80**/S 79,–

**Glossare Erwachsene:**

**Türkisch**
(4906) 100 S., kart. **DM 9,80**/S 79,–

**Englisch**
(4912) 100 S., kart. **DM 9,80**/S 79,–

**Französisch**
(4911) 104 S., kart. **DM 9,80**/S 79,–

**Spanisch**
(4909) 98 S., kart. **DM 9,80**/S 79,–

**Italienisch**
(4908) 100 S., kart. **DM 9,80**/S 79,–

**Serbokroatisch**
(4914) 100 S., kart. **DM 9,80**/S 79,–

**Griechisch**
(4907) 102 S., kart. **DM 9,80**/S 79,–

**Portugiesisch**
(4910) 100 S., kart. **DM 9,80**/S 79,–

**Polnisch**
(4913) 102 S., kart. **DM 9,80**/S 79,–

**Arabisch**
(4905) 100 S., kart. **DM 9,80**/S 79,–

**Glossare Jugendliche:**

**Türkisch**
(4927) 104 S., kart. **DM 9,80**/S 79,–

**Italienisch**
(4932) Von A. Baumgartner, 104 S., kart.
**DM 9,80**/S 79,–

**Spanisch**
(4933) Von M. Weidemann, 104 S., kart.
**DM 9,80**/S 79,–

**Serbokroatisch**
(4934) Von M. Vuckovic, 104 S., kart.
**DM 9,80**/S 79,–

**Griechisch**
(4936) Von Dr. G. Tzounakis, 112 S., kart.
**DM 9,80**/S 79.–
**Tonband Grundbuch Erwachsene**
(4916) Ø 18 cm. **DM 125,–**/S 1.000.–
**Tonband Grundbuch Jugendliche**
(4917) Ø 18 cm. **DM 125,–**/S 1.000.–
**Tonband Aufbaukurs**
(4918) Ø 18 cm. **DM 125,–**/S 1.000.–
**Tonband Arbeitsheft**
(4919) Ø 18 cm. **DM 89,–**/S 712.–
**Kassetten Grundbuch Erwachsene**
(4920) 2 Stück à 90 Min. Laufzeit.
**DM 39,–**/S 319.–
**Kassetten Grundbuch Jugendliche**
(4921) 2 Stück à 90 Min. Laufzeit.
**DM 39,–**/S 319.–
**Kassetten Aufbaukurs**
(4922) 2 Stück à 90 Min. Laufzeit.
**DM 39,–**/S 319.–
**Kassette Arbeitsheft Grundbuch**
(4923) 60 Min. Laufzeit.
**DM 19,80**/S 159.–
**Overheadfolien Grundbuch Erwachsene**
(4924) 60 Stück **DM 159,–**/S 1.270.–
**Overheadfolien Grundbuch Jugendliche**
(4925) 59 Stück. **DM 159,–**/S 1.270.–
**Overheadfolien Aufbaukurs**
(4931) 54 Stück. **DM 159,–**/S 1.270.–
**Diapositive Grundbuch Erwachsene**
(4926) 300 Stück. **DM 398,–**/S 3.184.–
**Bildkarten**
zum Grundbuch Jugendliche und Erwachsene. (4928) 200 Stück.
**DM 159,–**/S 1.270.–
**Maschinenschreiben für Kinder**
(0274) Von H. Kaus, 48 S., farbige Abb., kart. **DM 5,80**/S 49.–
So lernt man leicht und schnell
**Maschinenschreiben**
Lehrbuch für Selbstunterricht und Kurse. (0568) Von J. W. Wagner, 112 S., 31 s/w-Fotos, 36 Zeichnungen, kart.
**DM 19,80**/ S 159.–

**Maschinenschreiben durch Selbstunterricht**
(0170) Von A. Fonfara, 84 S., kart.
**DM 5,80**/S 49.–
**Stenografie leicht gelernt**
im Kursus oder Selbstunterricht. (0266) Von H. Kaus, 64 S., kart.
**DM 6,80**/S 59.–
**Buchführung**
leicht gefaßt. Ein Leitfaden für Handwerker und Gewerbetreibende. (0127) Von R. Pohl. 104 S., kart.
**DM 7,80**/S 69.–
**Buchführung leicht gemacht**
Ein methodischer Grundkurs für den Selbstunterricht. (4238) Von D. Machenheimer, R. Kersten, 252 S., Pappband.
**DM 29,80**/S 239.–
**Schülerlexikon der Mathematik**
Formeln, Übungen und Begriffserklärungen für die Klassen 5–10. (0430) Von R. Müller, 176 S., 96 Zeichnungen, kart.
**DM 9,80**/S 79.–
**Mathematik verständlich**
Zahlenbereiche Mengenlehre, Algebra, Geometrie, Wahrscheinlichkeitsrechnung, Kaufmännisches Rechnen. (4135) Von R. Müller, 652 S., 10 s/w- und 109 Farbfotos, 802 farbige und 79 s/w-Zeichnungen, über 2500 Beispiele und Übungen mit Lösungen, Pappband.
**DM 68,–**/S 549.–
**Mathematische Formeln für Schule und Beruf**
Mit Beispielen und Erklärungen. (0499) Von R. Müller, 156 S., 210 Zeichnungen, kart. **DM 9,80**/S 79.–
**Rechnen aufgefrischt**
für Schule und Beruf. (0100) Von H. Rausch, 144 S., kart. **DM 6,80**/S 59.–
Mehr Erfolg in Schule und Beruf

Mehr Erfolg in Schule und Beruf
**Besseres Deutsch**
Mit Übungen und Beispielen für Rechtschreibung, Diktate, Zeichensetzung, Aufsätze, Grammatik, Literaturbetrachtung, Stil, Briefe, Fremdwörter, Reden. (4115) Von K. Schreiner, 444 S., 7 s/w-Fotos, 27 Zeichnungen, Pappband.
**DM 29,80**/S 239.–
**Richtiges Deutsch**
Rechtschreibung · Zeichensetzung · Grammatik · Stilkunde. (0551) Von K. Schreiner, 128 S., 7 Zeichnungen, kart.
**DM 9,80**/S 79.–
**Diktate besser schreiben**
Übungen zur Rechtschreibung für die Klassen 4–8. (0469) Von K. Schreiner, 152 S., 31 Zeichnungen, kart.
**DM 9,80**/S 79.–
**Aufsätze besser schreiben**
Förderkurs für die Klassen 4–10. (0429) Von K. Schreiner, 144 S., 4 s/w-Fotos, 27 Zeichnungen, kart. **DM 9,80**/S 79.–
**Deutsche Grammatik**
Ein Lern- und Übungsbuch. (0704) Von K. Schreiner, 112 S., kart.
**DM 9,80**/S 79.–
**Besseres Englisch**
Grammatik und Übungen für die Klassen 5 bis 10. (0745) Von E. Henrichs, 144 S.,
**DM 12,80**/S 99.–
**Richtige Zeichensetzung**
durch neue, vereinfachte Regeln. Erläuterungen der Zweifelsfragen anhand vieler Beispiele. (0774) Von Prof. Dr. Ch. Stetter, 160 S., kart. **DM 9,80**/S 79.–

# Bestellschein

**Erfüllungsort und Gerichtsstand für Vollkaufleute ist der jeweilige Sitz der Lieferfirma. Für alle übrigen Kunden gilt dieser Gerichtsstand für das Mahnverfahren. Falls durch besondere Umstände Preisänderungen notwendig werden, erfolgt Auftragserledigung zu dem bei der Lieferung gültigen Preis. Ich bestelle hiermit aus dem Falken-Verlag GmbH, Postfach 1120, D-6272 Niedernhausen/Ts., durch die Buchhandlung:**

Ex. ____________________

Ex. ____________________

Ex. ____________________

Ex. ____________________

Name: ____________________

Straße: ____________________ Ort: ____________________

Datum: ____________________ Unterschrift: ____________________

FALKEN VERLAG



Für die Schweiz: sFr.-Preise gemäß Preisauszeichnung in der Buchhandlung